BACKPACKING
バックパッキング入門

BACKPACKING
バックパッキング入門

芦沢一洋

アラスカ・マッキンレー国立公園

FOREWORD ── 〈友〉たちへ

★フォレスト・ローン，forest lawn. 森の中の小さな空地。深い針葉樹林の中，そこだけが太陽の光と熱のスポットを浴びている小さな芝生。その淡い緑の土地は，森にとってどんな意味をもっているのでしょうか。森を破壊する力なのか，それとも森を護り，育てる力となるのでしょうか。

★この本は自然の中を歩き，その自然を心の中に育てる行為，バックパッキングの入門書です。スポーツとも，レジャーとも，哲学ともとれるこのバックパッキングをとおして，ひとつの言葉を確かめあいたいというのが願いなのです。その言葉は〈ウィズダム Wisdom 叡智〉です。

★自らの手で環境を破壊しつづけている人間，それがもたらす結果について，人間は正しい認識をもっているのでしょうか。少なくとも，いくつかの基本的な原理に関心を示す態度は，誰もが要求されているはずなのです。地球という有限の財産をまもるために必要な〈ニュー・パワー〉を賢明に，また責任をもって活用する〈ウィズダム〉。それは自然をみつめる目と，そこから集められた無限の知識を織りあわし，関係づけて理解するところから生

まれるものなのでしょう。

★エコロジーは膨大な数の，そして無限に細分化されたエレメントの集積を必要とします。これは明らかにボランティアの活動の場であり，ウィルダネスを愛する〈友〉たちの活躍の場だと思います。

★「バッファローの風」それは自由の精神です。バックパッキングはその心と，生きものであることの衝動をもちつづける人たちのための，そして宇宙や地球を常に考え，その中で人間が生きるためのシステムづくりに協力できる〈友〉たちのための，フリーなアウトドアーライフです。叡智の森で芝生の生態を学ぼうとする新しい〈友〉たちに，この本が少しでも役立てば幸いです。

★英語やカタカナの多い本ですが，これは自然科学やスポーツの分野に適切な言葉をもたなかった日本語だけでは，とてもカバーしきれなかったからです。オリジナルの言葉をそのまま使用し，そのまま理解しようというねらいからなのです。

芦沢一洋

CONTENTS 目次

〈友〉たちへ　　　　　　　　　　　　　　Foreword　　　　　　　　　　4

PART:1　SPIRIT & MIND
成り立ちと背景。バックパッカーの誕生　　　　　　　　　　　　　　13

世界はひとつ―いま求められるノマディクスへの回帰　　　　　　　　14
新しい価値観の追求とともに定着したバックパッキング　　　　　　　22
H. D. ソーローとジョン・ミュア，この偉大な先駆者が残したもの　　26
自然に対する加害者でなく，融和し共存する生きものに　　　　　　　35
インディアンの生活に学ぶサバイバルの技術　　　　　　　　　　　　40
新たな可能性を発見する旅，それは個人としての課題　　　　　　　　47

PART:2　EQUIPMENT
イクイプメント。バックパッカーの用具　　　　　　　　　　　　　　53

1. フットギアー　　　　　　　　　　foot gear　　　　　　　　　　55
   マウンテニアリング・ブーツ　　　mountaineering boots　　　　 59
   スポーツ・ブーツ　　　　　　　　sports boots　　　　　　　　 73
   キャンプ・フットウェア　　　　　camp footwear　　　　　　　　84

2. バックパック　　　　　　　　　　backpacks　　　　　　　　　　89
   ファニーパック　　　　　　　　　fanny pack　　　　　　　　　 91
   デイパック　　　　　　　　　　　day packs　　　　　　　　　　93
   ルックサック　　　　　　　　　　rucksacks　　　　　　　　　　96
   フルフレーム・バック　　　　　　full frame packs　　　　　　103

3. タープ & テント　　　　　　　　 tarp & tents　　　　　　　　123
   プラスティック・タープ　　　　　plastic tarp　　　　　　　　125
   チューブ・テント　　　　　　　　tube tents　　　　　　　　　128

	インフレタ・テント	inflata tents	129
	ポール・テント	pole tents	132
4.	スリーピング・バッグ	sleeping bags	153
	スリーピング・バッグ	sleeping bags	155
	マットレス	mattresses	168
	スリーピング・バッグ・カバー	sleeping bag covers	173
	スリーピング・バッグ・ライナー	sleeping bag liners	174
	ピロー	pillows	175
	スタッフ・バッグ	stuff bags	175
5.	ストーブ	stoves	179
	ホワイトガス・ストーブ	white gas stoves	184
	ブタン・カートリッジ？ストーブ	butane cartridge stoves	191
	ファイアー・スターター	fire starters	196
6.	クッキング・アイテムズ	cooking items	203
	ポット	pots	204
	グリル	grills	208
	カップ	cups	210
	スプーン	spoons	212
	ナイフ	knives	214
	ソルト＆ペパー・シェーカー	salt & pepper shaker	215
	スクイーズ・チューブ	squeeze tubes	217
	フーズ・コンテナー	foods containers	218
	スカウアリング・クロス＆ペーパー	scouring clothes & papers	218
	ウォーター・コンテナー	water containers	221
7.	フーズ	foods	225
	罐詰	canned foods	228
	デハイドレイテッド・フード	dehydrated foods	230

日本語	English	Page
コーンフレイク	corn flakes	236
ビーフ・ジャーキー	beef jerkey	236
エナジー・バー	energy bars	237
スープ	soup	239
ミート・バー	meat bars	239
野菜	vegetables	241
ミルク	milk	241
シュガー	sugar	242
チョコレート	chocolate	242
ティーバッグ	tea bags	243
フルーツ・ドリンク・ミックス	fruit drink mix	243
バター	butter	244
塩	salt	244
包装	packing	245
水	water	246
水の浄化剤	water purification tablets	247
8. クロージング	clothing	251
色	color	254
材質	materials	255
レイヤー・システム	layer system	256
ストリング・シャツ	string shirts	259
コットン・シャツ	cotton shirts	264
ペンドルトン・シャツ	pendleton shirts	268
スタッグ・シャツ	stag shirts	273
アラスカン・シャツ	alaskan shirts	274
クルーザー・ジャケット	cruisers jackets	275
スエーター	sweaters	278
ショートパンツ	short pants	281
ロングパンツ	long pants	283
ニッカーズ	knickers	286
ベルト	belts	287

ライトウエイト・ダウン・ジャケット	light weight down jackets	288
ダウン・ベスト	down vests	293
シック・ダウン・ジャケット	thick down jackets	294
ダウン・パンツ	down pants	296
パーカ,アノラック	parkas or anoraks	297
レインウェア	rain jackets & pants	301
ポンチョ	ponchos	305
カグール	cagoules	308
手 袋	gloves	309
靴 下	socks	313
帽 子	head gears	315
フェースマスク	face masks	320
バンダナ	bandannas	321
9. マップ&コンパス	map & compasses	325
地形図	topo maps	327
コンパス	compasses	332
ガイドブック	guide books	343
10. ランプ	lamps	347
フラッシュライト	flash lights	348
ヘッドストラップ・フラッシュライト	head-strap flashlights	348
キャンドル・ランタン	candle lanterns	355
ガス・カートリッジ・ランタン	gas-cartridge lanterns	357
11. トイレット・ギアー	toilet gear	359
石 鹸	soap	361
歯ブラシ	toothbrush	362
爪切り,爪ブラシ	clip & nail brush	364
ハサミ	scissors	365
レイザー,シェーバー	razors & shavers	365
フライ・ドープ	fly dope	366

ヘッドネット	mosquitos head nets	367
サンタン・ローション	suntan lotion	368
リップ・サーブ	lip salves	370
ファースト・エイド	first aid	371
ファースト・エイド・キット	first aid kits	372
スネークバイト・キット	snake bite kits	378
インフレイタブル・エア・スプリント	inflatable air splints	382

12. サバイバル	survival	385
メタル・ミラー	metal mirror	386
スモーク・フレアー	smoke flare	388
ホイッスル	whistle	389
メタル・マッチ	metal matches	390
ロープ	ropes	392
エマージェンシー・ブランケット	emergency blankets	396
サバイバル・キット	survival kits	397

| 13. ケア&リペア | care & repair | 403 |

PART:3 ENTERTAINMENT
エンターテイメント。バックパッカーの行動 415

1. フライ・フィッシング&バード・ウォッチング	fly fishing & bird watching	417
フライ・フィッシング	fly fishing	419
ロッド, リール	rods & reels	421
ライン, リーダー	lines & leaders	425
フライ	flies	428
バード・ウォッチング	bird watching	430
双眼鏡	binoculars	432

| 2. バックパッキング・フォトグラフィー | backpacking photography | 439 |
| カメラ | cameras | 441 |

キャリアー	carriers	457
シネカメラ	cine-cameras	459
3. スノー・ツーリング	snow touring	463
アイスアックス，クランポン	ice axes & crampons	465
スノーシューズ	snow shoes	470
クロスカントリー・スキー	cross country skis	473
マウンテニアリング・スキー	mountaineering skis	485
クライミング・スキン	climbing skins	489
4. ウッド・クラフト	wood craft	495
アックス	axes	498
鋸	saws	502
ナイフ	knives	506
キャンプの炊事道具	cooking fireplace	519

PART:4 APPENDIX
アペンディックス。バックパッカーの頭脳　529

バックパッキング・コード	backpacking code	530
トレール・ケア	trail care	532
トレール&クロスカントリー	trails & cross country	538
セットアップ・キャンプ	setting up camp	543
マスター・チェック・リスト	master cheek list	547
ブックス・マガジン・リスト	recommended reading	550
メーカー・ディーラー・リテイラー・リスト	directory of outdoor stores	555
索　引	index	561
おわりに	acknowledgment	576

[文庫版の解説にかえて]　父・芦澤一洋のこと　　芦澤 牧　583

ワイオミング州グランド・ティトン国立公園

PART:1 SPIRIT & MIND
成り立ちと背景。バックパッカーの誕生

世界はひとつ
——いま求められるノマディクスへの回帰

1974年5月2日,東京新聞夕刊に一つの提言が掲載されました。その全文をコピーいたします。これは,バックパッカーのスピリット・エンド・マインドに大きくかかわりをもつ発言であり,私たちすべてに,充分に記憶されなければならない問題を提起していると考えるからです。

東レ科学振興会（民間の科学振興助成のため東レが設けた財団法人　会長：田代茂樹東レ名誉会長）の人類・環境研究会は,約2年にわたり,わが国の環境問題のバック・ボーンとなるべき原理につき研究討議を重ねてきたが,2日「人類の立場からの提言」として発表した。提言は「現代の人類にとって,科学文明の諸結果が,無視しえないほど危険な問題をはらむようになってきている」という共通認識に基づき,ローマ・クラブ日本会員の田代会長を始め東畑精一（東大名誉教授）今西錦司（前岐阜大学長）藤井隆（東大名誉教授）矢野一郎（第一生命保険相談役）松本重治（国際文化会館理事長）加藤秀俊（社会学者）笠井章弘（政策科学研常務理事）の8名の同研究会メンバー全員が署名しているが,民間企業の研究機関が環境問題についてこのような提言を行なうことは異例であり注目される。

なお東レ科学振興会は,今回の提言をもって人類・環境研究会を解散し,今後は提言の趣旨を生かした科学技術研究につき積極的な資金援助を行なう考えだ。

提言の要旨はつぎのとおり。

一，環境問題は，大きく人類という種の生存の条件の問題として考えられなければならない。(人類は種としての永生を願う生物であり，その願いを人類共通の基本的な欲求として確認しなければならない。もしもわれわれのつくった人工的環境に片寄りが生じ，あるいはそれが一定の限度を越えることがあるとするならば，人類はかりに容易に絶滅することはないにしても，ほとんど再起不能に近いような壊滅的打撃を受けるであろうことは疑いない)

　一，いわゆる「環境問題」は，特定の地域の問題としてとらえるだけでなく，地球という有限の外延の上でとらえられなければならない。(空気も水も，一つの国家，一つの民族によって占有されるものではなく，地球という天体全体を循環している。汚染源がどこにあろうとも，汚染物質は直接に地球の表面に広がってゆく。先進工業国が，たとえば，汚染源となり得る工業をそのままの形で発展途上国に「輸出」するといったようなことは，当然許されるべきではない)

　一，環境問題についての長期的展望が開かれなければならない。(環境が人類に恵んでくれるものは有限であり，あるいは一定条件のもとにおいてのみ恒常的である。人類と環境との健全な関係を長期的な見通しのうえで設計できるものは，このような認識と反省を踏まえた科学技術の新たな開発と適用をおいて外にない)

　一，環境を搾取する立場でなく，環境と共生する姿勢が確立されなければならない。(反省しなければならないのは，少なくとも過去数世紀にわたって人類の少なからぬ部分が環境を搾取することをすなわち「進歩」と錯覚してきた事実である。地球上で他

のもろもろの生物とともに生き，相互に依存して生きる道をわれわれの多くは，ほとんど考えたことがなかった。人類として生き，あわせて個人が生きがいを感ずるための新たな哲学が，これから確立されなければならない）

一，現代に向けての理性的な批判精神が力付けられなければならない。（今日の環境問題の窮極的な解決のためには，現代日本の社会の根底にある価値体系にも大きな改変が要求されるかもしれない。政治，経済，社会のすべての面にわたって，現行のシステムが最良かつ不動のものであるとはいえないし，悪化した環境問題を解決する手段のすべてが現行のシステムの中に用意されているともいえない。

今日の日本を支配する哲学の根本に向けて，われわれは批判と反省をためらってはならないと考える。もしも，今日の思想，生活様式がそのまま持続するとするならば，人類の環境との間の共生ないし相互依存関係は急速に崩れて，近い将来に破滅的な結果を招くことになるに違いない）

新しいタイプのアウトドアースポーツとして，脚光を浴びているバックパッキング。もちろん生活用の荷を背負い，山野を旅するという行為そのものは別に新しいことではありません。バックパッキングが単独の名称を与えられて成り立っているのは，その行動を支えているスピリット・エンド・マインドが大きな要素になっているのです。

先に引用した提言のとおり，現在私たちがおかれている状況は，人間の生存という大きな問題を踏まえて価値観の転換を迫ってい

『ザ・ラスト・ホール・アース・カタログ』。71年6月発行以来軽く100万部を越えたベストセラー。ニューライフ・スタイルのハンドブック。446頁。変型タブロイド判。ペンギンブックス刊。

『ザ・ラスト・ホール・アース』の補填版『ホール・アース・エピローグ』。本文頁は『ラスト』に続いて450から始まり770ページまで。内容はシステムとエコロジー・マインドの解明にいっそうウエイトを置いている（上右）。『ホール・アース・カタログ』が「ラスト」の名をつけたあと，世界のあちこちにその志を受け継ぐカタログが現われた。〈左〉はその一つ，ニューイングランド地方版。LWECの意志を継承すると宣言している。

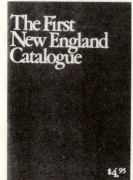

ます。「もしも今日の思想,生活様式がそのまま持続するとするならば,人類の環境との間の共生ないし相互依存関係は急速に崩れて,近い将来に破滅的な結果を招くことになる」という考えは,まったくバックパッキングのマインドそのものなのです。

現在のバックパッキングの新しい波が盛り上がってきたのは,1966年ごろからアメリカで,というのが正しい認識だと思います。ベトナム戦争という大きなエポックが,アメリカの人々に大きな精神的影響を与えたことは容易に推測できます。学園を中心に起こった戦争反対の思想は,やがて「ホール・アース」(whole earth)という広がりをもった思想へ発展していきました。世界はひとつ。このなんでもない当然の結論を,ただ言葉の上の問題としてではなく,具体的な行動をとることによっていっそう明確にしようと努めるというのがその姿勢なのです。「世界はひとつ」の認識は単に人間相互の連帯ということだけではありません。空気,水などを含めた環境のすべては一つの国などという単位で考えられる性質のものではなく,全世界という,あるいは地球という単位で思考されねばならないという発想です。

68年秋の号から始まった"Whole Earth Catalog"は,その思想を実践に移した人々へのア

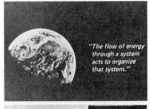

『ホール・アース・カタログ』のブリティッシュ版。WECの影響は限りなく広がっていく。

PART:1 成り立ちと背景。バックパッカーの誕生

ドバイザーとしての役割をもった貴重な本であり，バックパッカーにとって忘れてはならない資料の一つなのです。71年6月号を"The Last Whole Earth Catalog"として447頁に及ぶ集大成を終わったこのカタログ（その後1973年9月に"Whole Earth Epilog"が出たが，これはLWECの続編として頁数をそのまま受け継いでいるので，WECは実質的には770頁ある）で，ホール・アースの思想はそのシステム（whole system）を確立したといえます。

そのシステムの根元にあるのはエコロジー（ecology）——生態学です。人間は「環境と共生する姿勢」をとらねばならないとするこの思想が，このシステムの一番始めにあるのです。「過去数世紀にわたって人類の少なからぬ部分が環境を搾取することをすなわち『進歩』と錯覚してきた事実」を反省し，「地球上で他のもろもろの生物とともに生き，相互に依存して生きる道」を探し出そうとする生き方が，すでに71年のLWECではしっかり位置づけられています。「政治，経済，社会のすべての面にわたって，

現行のシステムが最良かつ不動のものであるとはいえないし,悪化した環境問題を解決する手段のすべてが現行のシステムの中に用意されているともいえない」とする見方が,「ホール・アース・システム」の根底にあります。

LWEC の目次をみると,①ホール・システム (whole system),②ランド・ユース (land use 土壌),③シェルター (shelter 家),④インダストリー (industry),⑤クラフト (craft),⑥コミュニティー (community),⑦ノマディクス (nomadics 遊牧・放浪),⑧コミュニケーション (communications),⑨ラーニング (learning) となっています。

今ここで注目したいのは⑦ノマディクスという項です。というのも,このチャプターの中でバックパッキングが重要な位置を占めているからなのです。新しい価値観を求めたホール・システムの大きな柱は,このノマディクス指向だったのです。定着農耕文明の現行システムでのいきづまりを打破する道を,放浪と狩猟採集,遊牧へと,文化の質の転換を求めたということです。もちろんそれは前近代的な,かつての姿そのままという意味ではありません。現代の文化の質を反省し,その中から新しいノマディクスの道を見出そうとするものです。

健康な肉体を使って自然の中に融合し,自然の,あるいは生命の仕組みと生態を知り,そこから自然の中に生存するに値する生物の一員としての人間をとらえなおそうとする考えが,バックパッキングに結びついてきたのです。

新しい価値観の追求とともに
定着したバックパッキング

　第2次大戦後のアメリカ，戦後の不安定さに続く朝鮮戦争やマッカーシー旋風の中に今日のバックパッキング隆盛の芽を見ることができるといったら，飛躍しすぎると思われるかもしれません。しかしそれは，まぎれもない事実です。

　1955年にジャック・ケラワックの『放浪』(On the Road)，56年にアレン・ギンズバーグの『吠える』(Howl and Other Poems)が出版され，ビート・ジェネレーションという言葉が新聞，雑誌をにぎわすようになりました。

　現代文明の体制的実利主義，順応主義にどっぷりとつかり，画一的な適合の中で敷かれたレールの上をただ走りつづけるだけのこの世界を離れ，人間の真の生活原理の発見に向かう旅をめざし

ケラワック（左端）とギンズバーグ（右写真）。ビート・ジェネレーションの代表的存在。ケラワックは『オン・ザ・ロード』ギンズバーグは『吠える』で50年代の旅の思想を定着させ，今日のニューライフ・スタイルの母胎を作った。この時代はまだバックパッキングの言葉はない。

たのがビート・ジェネレーションといえるでしょう。

その旅は、精神的にも物質的にも、新しい価値観を要求されるものであり、その自覚を実際の行動に移した最初の現代人だと考えられます。その姿勢は自然に帰り、自然と融和し、一体となることを自らに要求し、ノマディクスが持つ活力への憧れを強く示したものでした。この現代の状況の中で、自らに目を向け、人間の本質をさぐるために勇気をもって社会的制約の外に身を置き、文明社会の枠の中から脱出することを志した人々であったといってよいでしょう。

何ものかを求めて放浪する若者たちの姿は当然、多くの人々の関心をひき、それに共鳴する人間を生みました。「この荒涼たる情景に、ひとつの現象があらわれた。アメリカ的実存主義者——ヒップスターがそれである。それは、原子戦争による即死や、l'univers concentrationnaire（巨大な強制収容所）としての国家による比較的早い死、またはいっさいの創造的、反逆的本能をしめ殺された順応精神による緩慢な死（これが精神や心臓、肝臓神経などにどんなに有害であるかは、どこかのガン研究所でも急に発見することはできないだろう）とともに生きることが、われわれ全体の条件であり、青春期からまだ時いたらぬのに老衰してしまうまで、こうした死とともに生きることが20世紀の人間の運命であるとしたら、生命の糧となる唯一の答えは、死の条件への地図もない前人未踏の旅に立つことだということを、知っている人間である」（ノーマン・メイラー『ぼく自身のための広告』山西英一訳）

機械文明と物質的繁栄がもたらす荒廃をいちはやく察知し、警

告の鐘を鳴らしながら旅立ったビートは60年代のヒッピーを生む母体となりました。ビートは個人的な告発の形をとって、旅と原生への回帰を夢みましたが、ヒッピーはより強く共同体としての生活運動に、旅と原始指向を転回させはじめました。ドロップアウトというマイナス面を強調する言葉でかたづけられてしまいましたが、その旅はインドやヒマラヤへの、文明からより遠い場所へのものと、フロンティア以前の真にノマディクスであった時代のインディアンの生活を追い求めたものの2種類がありました。

やがてベトナム戦争を頂点として、反戦思想を革命のエネルギーに高めようとしたイッピーが現われ、不安定な60年代は終わっていきました。その中で旅と原始性へのあこがれは次第にはっきりしたイメージとなり、現在の社会の中での価値転換へ、つまり現実の時間と空間を旅と原始指向の方向へと導く力をもつようになりました。環境破壊、公害、人口増加、それらに対して向けられてきた一連の哲学が、ここに単なる反抗者の恨みの言葉としてではなく、もっと現実的なさしせまった問題として、大きな社会問題になってきたのです。ビートからヒッピーと続いた旅と原始指向は少数のマイナーの地位から、いつのま

ゲーリー・スナイダー。ミルバレー山腹のログキャビンで詩を書きティンバークルーザーなどの労働と放浪の生活から新しい哲学を生んだ。

にか「正」の地位へとその場所を転換させていたのです。

　かつてビートの詩人であったゲーリー・スナイダーは，現在はエコロジストとしても活躍しています。彼の最大のテーマは実に北海道の自然をいかに守るか，環境をいかに保全するかに向けられています。ノーマン・メイラーは67年の『なぜぼくらはヴェトナムへ行くのか？』という小説の中で「文明態と自然——原初文化複合態のあいだの限界線に位置する，衝撃と激突をはらんだ地域」アラスカを舞台としてグリズリー（灰色熊）狩りの体験を通しての自己確認をヒップスター，スクエア両サイドの人間に見ようとしていました。70年のジェームズ・ディキー『デリバランス』（救出—日本語訳『わが心の川』）でもカヌーによる川下りをテーマに，旅を通して日常の社会生活からの脱出を図る人間を描きました。

　これらの動きは決して一部の文学の上に起こった出来事としてではなく，広い範囲の人間たちに起こりつつあった当然の現象の具体例といえます。それは70年代に入ってから健康をすべてに優先させる思想となり，エコロジー・マインデッド・ピープルという人種をつくり出すことになったのです。物質文化への反発，旅と原始性へのあこがれ，自然への回帰と脱出，新しい価値観の発見へと続くこの流れの中で，常に中心となっているのは自然と旅です。

　その旅——バックパッキングがノマディクス指向の中心に据えられ，自然を学ぶうえでの第一の練習台になり，新しい価値観を手中にするための必修課目になったことは，これまでのビートやヒッピーが，ただいたずらに誤解され，批判を浴び続けた20年

間を振り返るとき，なにかほっとさせるものがあります。

H. D. ソーローとジョン・ミュア
この偉大な先駆者が残したもの

　ヘンリー・ディビッド・ソーロー（Henry D. Thoreau, 1817—1862）の名はバックパッキング愛好者，あるいはニューライフ・スタイルの人々の間では特に名高い存在です。ソーローの主著『森の生活』（Walden or Life in the Woods）は今やそれらの人々のバイブルとしての価値を与えられているほどです。それというのも1854年に出版されたこの『森の生活』の中に，今私たちが直面している価値観の転換，あるいは必要とされる思想のすべてが盛り込まれているからです。ソーローは1845年，Walden池の畔に自分の手で小屋を建て，そこに2年2カ月の間独りで生活しました。

　その意識的な生活記録が『森の生活』なのですが，その一語一句が1世紀を過ぎた今，私たちの生活ぶりに貴重な示唆を与える結果となったのです。

　何年か前，アレン・ギンズバーグのアピールの中に「ソーローへ帰ろう」という言葉がありました。これは単にビートやヒッピーたちの間だけでかわされている合言葉にとどまらず，「自然」を人間生活の基盤に据えねばならないと気づいた人々にとっては，たやすく受け入れることのできるアピールでした。ニューライフ・スタイル関係，エコロジー問題，バックパッキングをはじめとするアウトドアースポーツ，それらに関する図書のすべてにソーローの名と『森の生活』の内容が登場してきます。シェラ・クラ

ブ（33頁）が発行しているベストセラーに"In Wildness is the Preservation of the World"というエリオット・ポーターの写真集がありますが、この本の見開きページの片面はソローの『日記』（Journal）の抜粋で成り立っています。実に1967年の初版以来73年までに8版を数えています。ソローの思想は今、一部の研究家の手を離れ、広く一般の生活の中に根を張り始めているといえます。ここでソローの研究をしている余裕はありませんが、『森の生活』以外の著書、『マサチューセッツ博物誌』（Natural History of Massachusetts）『コンコード川とメリマック川での一週間』（A Week on the Concord and Merrimack Rivers）、それに『日記』（Journal）を含めて、詩人的自然研究家（poet naturalist）としてのソローの価値をバックパッカーたるものは正しく認識しなければならないと考え、少し話すことにします。

ヘンリー・D. ソロー。『ウォールデン―森の生活』を中心に、その思想と生活が今ニューライフ・スタイルのバイブルとなる。1817—62。

「ぼくが森へ行ったのは、意識的な生活をし、生活の本質的な事実だけに直面したかったからだ。ぼくとしては、生活でないものは一切生きたくなかった。生活とはそれほどに貴いものである。……生活の根を深く掘り下げ、生活を骨の髄までしゃぶりつくし、逞しいスパルタ人

WALDEN OR LIFE IN THE WOODS　Henry D.Thoreau

のように生きて，生活でないものはひとつ残らず追い散らし……生活を片隅に追いつめて，ぎりぎりの条件だけの姿に単純化したかった」として森に入ったソローは，やがて「人間は，なしですませる物が多いほど，それに比例して豊かなのだ」と考え，「生きる機会は，いわゆる生活手段としての『財産』が増えるほど，それに比例して減少する」と，日常生活で人間が求めつづけてきた「豊かさ」とは相対する，別の豊かさを提示します。

付加価値，あるいは雑多な剰余の中におぼれている現代の日常生活に照らし合わせて考えると，その剰余の一つ一つを剝ぎ

〈上左〉は『ウォールデン』の初版タイトルページ。〈上右〉は現在出されている『ウォールデン』ペーパーバックの一冊。〈左〉はシェラ・クラブ発行エリオット・ポーター写真集。右頁に写真，左頁にソローの『日記』からの抜粋が掲げられている。

とってゆき，生活の実体に直面しようとしたソローの思考は，現在のシンプル・ライフ，あるいはナチュラル・ライフ指向の先達であったことを納得させてくれます。森へ行って丸太小屋を造り，単純な，そして必要最少限の生産で自身の生を支えようとするソローの考えが，今，丸太小屋造り，あるいは自然食品の自己生産，太陽熱利用のソーラー・パネル，風車による自家発電などの新しい生活様式を生み，ハーブ（薬草），屋外風呂，裸足，アースシューズなどの健康をテーマとしたさまざまな流行をもたらしているといっても過言ではないでしょう。

森の生活に入るまえ，ソローは兄と二人で『コンコード川とメリマック川での一週間』に見られるボートの旅をし，またその後も『メインの森』『ケープコッド』に出てくる旅を，つまりバックパッキングの意識と行動をもった旅をしています。「散歩」（walking）というエッセイの中では sauntering（ぶらぶら歩く，散歩）という言葉（これはなんとバックパッキングの本質ではありませんか）の語源を考えて，散歩者（saunterer）とは，聖地探求者（sainte-terrer）だとしています。またもう一つの意味「土地喪失」（sans terre）を考え，「いい意味では，特定の故郷を持たず，しかもどこに居ても安住し得るということ」だとしています。

ソロー研究家として名高い酒本雅之氏はその著『アメリカ・ルネッサンス序説』（研究社）の中で，その旅について，「だから，『散歩』という言葉にソローが与えたこの二つの意味をまとめるなら，結局それは，一定の世界につなぎ止められることなく，自由に（つまり『身軽』になって）融和できる（つまり『安住し得る』）場所（つまり『聖地』）を探求する人間のことだ」と述べ

ています。ソーローの"walking"の線上に"backpacking"は乗っているのです。「こちらの側〔=東〕には都会があり,あちらの側〔=西〕には荒野があって,ぼくは次第に都会から離れ,荒野のなかへ入りこんでゆく」

バックパッキングが盛んになり,ニューライフ・スタイルが人口に膾炙(かいしゃ)し始めた近ごろ,1世紀前のソーローの生活ぶりが改めて見直されるのは当然かもしれません。しかしシンプル・ライフとか質素主義という言葉が流行語になるほどには生活の単純化,旅の単純化が簡単なことでないことは,これまた当然です。

「ソーローはウォールデンでの生活を通じて,『単純化する』ということを生活の原則にしたが,それはけっして簡素に生きるというようなことを意味するのではなく,精神の尺度に合わないもの(『生活でないもの』)を排除し,合うもの(『生活であるもの』)だけで生活を再構成していくという積極的な姿勢を意味していた」(酒本雅之「西部を志す狂気」)。生活でないものを排除し,生活であるものだけで生活を再構成するこの姿勢こそ,バックパッキングを通して,今私たちが学ぼうとしている精神の本質にほかなりません。

「とにかく僕らは,未来を目ざして旅に出なければならぬ。現在のさなかからぶらりとぬけ出して,身軽になることの出来る,自由で強靭な精神を持ち合わせていなければならぬ。1世紀の時間の経過を越えて,いまだにソーローが僕らに新鮮な魅力の源泉でありつづけているのは,ひとえに彼が,このような『散歩者』の『狂気』をはた目かまわず生きてみせたためだと僕は思う」(酒本雅之「西部を志す狂気」)。今私たちは,この狂気こそが,まさし

く唯一の正気であることを認識するのです。

　もう一人,バックパッキングに強い影響を与えた人物がいます。ジョン・ミュア(John Muir 1838—1914)がその人です。「およそ自然を愛し,山に憧れ,国立公園の秀麗な風光に思いを馳せ,自然保護に心を傾ける人ならば,ジョン・ミュアの名と,その遺業のあらましを知っておかねばなりません」(東良三『自然保護の父ジョン・ミュア』)。

　ジョン・ミュアの旅は28歳から2年間の五大湖周辺,カナディアン・ウィルダネスへのそれで始まります。その後すぐミシガン,インディアナを経てフロリダへ2000km,ひきつづいてヨセミテ・キャニオンに入り,シェラの氷河浸蝕活動の研究に没頭,シェラのすべてに足を伸ばします。35歳になった1873年には,ヘッチヘッチ高原からキングス・キャニオン,セコイア公園に旅し,マウント・ホイットニーほか十数座の高山の山頂にその足跡を印しています。翌年はカスケード山脈,グランド・キャニオン,アリゾナ,ネバダ。その後もセコイア,レッドウッドの森林地帯を探りつつ,1879年41歳のときアラスカ探検,翌年第2次アラスカ探検でグレーシャー・ベイ(Glacier Bay)を発見。さらにミュアの旅はベーリング海から北氷洋へと伸び,52歳で第3次アラスカ氷河探検,11日間スレッドを曳いてミュア氷河を単独踏破という具合に,彼の人生のうち30代,40代のすべてを旅に明け暮れしています。今日とは,まったく比較にならない貧弱な装備で,バックパッキング,ホースバック・ライディングによる長旅と,12年間に及ぶヨセミテ・キャニオンでのキャンプ生活を行なっているのは,まったく驚くべきことです。

この旅を通してジョン・ミュアは、北米（アラスカを除く）最高峰、マウント・ホイットニーの初登攀、キングス・キャニオン、セコイア地域の踏査発表、アラスカ・グレーシャーベイ・ウィルダネスの発見などの業績を残すとともに、植物、動物、昆虫の生態研究にも功績を挙げました。また海外への旅も、南米諸国をはじめ、シ

ジョン・ミュア。1838—1914。清廉簡素な生活の中で、76年の全生涯を自然探求と前人未踏のウィルダネス踏破にささげ、シェラ・クラブ創立をなした。〈上〉はシェラ・クラブ刊行本の例。

ベリア, ロシア, コーカサス, インド, セイロン, エジプト, フィリピン, オーストラリア, ニュージーランドに及び, 日本にも2度立ち寄っています。一生を旅に送り, しかも自然科学の立場からの旅を確立した人としてバックパッカーが最も畏敬しなければならない人物なのです。現在ジョン・ミュアの名を冠した地名はMuir Glacier, Muir Woods National Monument, Mt. Muir, Muir Lake, Muir Forest, The John Muir Trail を始めとして数多く, カリフォルニア州パサデナにはJohn Muir College まであります。

　旅とともにもう一つ, バックパッカーにとって決して忘れることのできない大きな業績が, ミュアにはあります。それは, かのシェラ・クラブの創設です。シェラ・クラブ（Sierra Club）は1892年6月にサンフランシスコで発会したアメリカ最初の山岳会です。普通山岳会というとただ登山を目的とした同好者の集まりが多いのですが, このシェラ・クラブは, そのような狭い視野のものではありませんでした。

「ジョン・ミュアを中心として, 参加したのはほんとうの意味でのナチュラリストたちで, 真剣に彼の思想を酌んで, 清高な自然観を公共的に現実化しようとしたものでした」「シェラ・クラブ創立の主旨は, ①太平洋岸にまたがる山岳とその周辺を踏査して, 登山趣味と自然礼讃の真髄に触れ, ②その得たるところの経験と知識を広く世に公開し, ③シェラ・ネバダ山系の山岳, 森林, 氷河, その他貴重な天然物象を永久に保存しようとする個人, 公益団体, 政府の方針を支持し, かつ積極的な協力をあたえる——といった多分に公共性を帯びた目標を掲げて, その会の特色を全国的に普及しようという, いわば一つの国民精神運動でもあったの

です」(東良三『自然保護の父ジョン・ミュア』)

　今日バックパッカーがシンボルとして持つシェラカップは、このジョン・ミュアの精神を今に受け継ぐ心意気のようなものです。シェラ・クラブは森林保護のための森林保留地の法律化、ヨセミテ国立公園の縮小化反対運動、ヨセミテ・ヘッチヘッチ高原を給水源とするダム建設反対運動などのめざましい活躍を通して、政府当局および一般市民に国立公園制度と自然保護問題に対する認識を深めさせ、それに関心を寄せる運動を盛り上げる力となったのです。アメリカを旅して、ナショナル・パーク、ナショナル・フォレストの大自然を今に残す国民性をうらやましく思う人は多いことでしょう。環境保全、自然保護が一般市民の中に深く植えつけられた過程の中で、ジョン・ミュアとシェラ・クラブが残した足跡は大きなものがあります。ミュアは逝去するまでの22年間、シェラ・クラブ会長の座にありました。ヨセミテ、キングス・キャニオン、セコイアの各ナショナル・パークをめぐると、それが一部の人々の営利目的に利用されていたりすることなく、真に国民のために保護された自然境だということが納得できます。ジョン・ミュアとシェラ・クラブは今や全米に、全世界にその影響力を及ぼしています。

自然に対する加害者でなく
融和し共存する生きものに

　昭和47年11月,東京で開かれた「ニューギニア学会」の緊急シンポジウムで,パプア・ニューギニアで有史以来といわれる天候異変のため,多数の原住民が餓死に直面している問題について討論が行なわれました。この飢饉の原因は記録的な干魃と,熱帯ジャングルには未曽有の霜害でした。

　その席で「ニューギニアの天候異変は自然的,人為的(環境汚染)原因による地球的規模の異変の先触れであり,飢饉は対岸の火災視できない」という結論が出されました。異常気象は地球の大規模な気候変動のハシリかもしれないという推測が有力になった感じですが,この変動の原因に先進工業諸国による環境汚染がどの程度加担しているかは,まだ明確にされているわけではありません。しかし,人為的環境汚染がホール・アース,あるいは地上のランド・ユースにまったく影響を与えないということもいえないことだと思います。

　シンポジウムの席上で,農林省食糧研究所の西丸震哉氏から「世界的な天候異変に,化学肥料による土地の悪化などで日本にも食糧不足,飢饉の時代が近くきっと来る。また幾何級数的な人口増加がそれに加わればさらに食糧不足に拍車をかけるだろう。『世界の工場』として文明を先取りしてきた日本は,大気汚染の元凶をさんざんまき散らしている。そんな日本人として自分自身への警鐘の意味からも,まず救援(ニューギニアに対する)を急ぐべきだ」という意見が強く出されました。以上は47年11月21日付東京新聞掲載の記事です。

現状をいかに分析し，また判断しようとも，ホール・アースの立場からは人類は食糧危機に突き当たっていることは事実ですし，人口問題の解決なくして，すべての環境問題の答えは出ないことも確かだと思います。『顧みれば──2000年より1887年』のエドワード・ベラミーが描いたユートピアに向かって「人間の産業と社会の発達の次の段階を進化の原理に従って」追い続けた人類共通の努力も，21世紀に近づく今日では，どこか欠陥があったのではないかという認識が先行する，一種の挫折感をもって色あせた感があります。

「ある家族が，フジ色とサクランボ色の塗装で，エアコン付き，パワー・ステアリング，パワー・ブレーキ付きの自動車で旅行に出るとしよう。かれらの通過する都会は，道路の舗装も悪く，ゴミで汚され，朽ち果てた建物があり，広告板や，とっくに地下に埋められていなければならない電柱などがあってひどいありさまである。田舎にいけば，広告だらけで景色も見えぬありさま。かれらは汚染された流れのほとりで，ポータブルの冷蔵庫からしゃれた包みに入った食料を取り出して食事にする。夜になって公園で泊まろうとするが，そこは公衆衛生や風紀の点で，はなはだひどいところである。腐敗物の汚臭ふんぷんたるなかでナイロン・テントを張り，空気マットレスをひろげてやすむ前に，かれらは自分たちに与えられた恵みがなんとちぐはぐなものかを，漠然と考えるかもしれない。はたして，これがアメリカの夢なのだろうか」（ジョン・ケネス・ガルブレイス『ゆたかな社会』岩野一郎訳）。

　すべてのニューライフ・スタイルが人間と自然との関係にその

思考の原点をおく以上,私たちは人間が加害者となる必然性をその人口問題とそれを支える食糧問題の再検討という気違いじみたテーマを通して抽出してみなければならないでしょう。

「人間の知能の発達にともなって,この惑星上の生物の進化は転回点にさしかかったように思われます。昔は,生物はすべて自動的に自然の力でおさえられていました。どんな種類でも,この抑制力にかからないで,一定の点以上に増殖したり広がったりすることはできませんでした。この抑制力のために,けっきょくどの種類もその本来の地位におしもどされたり,追い出されたりしてしまうのでした。そして,こ

ニューライフ・スタイルのためのハンドブックやカタログ各種。シェルター・パブリケーションの『シェルター』(上左)と『ドームブック』(上右)。〈左〉はビル・ケイシングの『ロビンフッド・ハンドブック』リンクス・ブックス刊。それとともにエコロジーの問題も大きなウエイトを持ってきている。〈下〉はG.ベイトソンの『エコブック』バライタイン刊。

PART:1 成り立ちと背景。バックパッカーの誕生　37

の世界の巨大な生命の流れは、混乱せずに流れていたのです。

　今日では、この状態は変わってしまいました。人間は知能を利用して、この自然の抑制力から部分的にのがれ出ました。彼はほとんど無制限に個体数をふやす力を獲得しましたし、それと同時に、自分を養っていたはずの資源をほとんど無制限に破壊する力を獲得しました。彼の知能の支配のもとで、世界中の生物とその環境は十字路にさしかかったように思われます。今後は、その方向をえらんで決定しなければなりません」（ジョン・H.ストアラー『自然と生命のパレード』浦本昌紀訳）。

　その方向とはいったいどんなところへでしょうか。私たちはもはや、単にマルサスの人口論は正しかったのだと議論している場合ではないところまで追いつめられているのではないでしょうか。狭い国土にあふれるマンモス人口を支える食糧備蓄量の戦慄すべき数字を目にするとき、とっさに頭に浮かぶのは世界の各地から送られてきている飢饉の情報であり、次には人口を減らすことと、食糧を増産しようという単純な図式です。それからやがて、人口の抑制力をもっていない現状に気づき、また現在以上に耕地を拡大し、そこから食糧の増産を得ることが不可能なことに思い当たるでしょう。この人口と食糧問題を解決するための思考の転換が私たちに要求されている最も根本的な問題なのです。

　エコロジー（生態学）が現在の文化、あるいはもはや文明と呼んでもよい総体的な生存の基礎に据えられるに至ったのは、この世界中の生命を養うための天然資源を、なんとか破壊せずに、利用する方法を見つけ出したいと願う気持からにほかなりません。資源を利用しながら、それを更新し、いっそう生産力を高める方

法を見つけださねばならないわけです。それは当然，現在以上に環境を悪化させないこと，むだな土地利用や，不必要な開発を進めないこと，土壌を裸にしてしまわないことという，自然，わけても土壌に対する消極的な防衛措置と，人間も他の生物と同様に，自然の適応と抑制に身をゆだねることへの価値観の転換という積極的な姿勢とを合わせもたなければならないことになります。もっとはっきり言いきれば，ノマディクス（nomadics 遊牧）の正しい評価と，そのライフ・システムへの新しい移行を身につけねばならないということです。

　もちろんこの意見には，いろいろ問題があります。しかし土地を搾取する立場をとった農耕文明が，その土地を利用しつつ，生態系に悪影響を及ぼすことなく生存しつづけたノマディクスを，自らの利益のために放逐したところから現在の結果が現出したとすれば，やはりノマディクスから学ぶべきものは学び，新しいライフ・スタイルを手に入れる必要性があるはずです。

　バックパッキングは，このノマディクスへの道です。忘れてしまった自然との融和をもう一度自己のものとするための，自然の中で生存するサバイバル・クラフトを身につけるためのプラクティスとして，バックパッキングが重要な意味をもって現在に登場してきたのは必然的な結果であり，その意味を無視して，単に週末を，都会のマイホームを離れて過ごすというレジャーの範疇にとどめてしまうことが，決してバックパッキングに対する正しい認識ではないことが明白になってきます。

　バックパッキングあるいはオルタネイティブ・キャンピングとしてのウッド・クラフト（wood crafts）がアメリカ・インディア

ンやエスキモーのかつての生活にすべて学んでいるという事実を見過ごし、単に近代科学の粋を集めた用具によって成り立っているという錯覚に陥ることがもしあるとすれば、それはとんでもない思い違いといわなければなりません。

インディアンの生活に学ぶ
サバイバルの技術

世界のノマディクスのうちで、私たちに最も強い影響力を与えたのは、アメリカ・インディアンといえるでしょう。もちろんノマズ(nomads)の人間たちの生活は世界の各地にあります。ニューギニアやアフリカの熱帯ジャングルの中の森の人間、中央アジアやリビア、アフリカの砂漠の人間、ラップランド、アリューシャン、カナダ、アラスカの雪と氷の人間。ノマズとしてのこれらの人間たちそれぞれの生活様式は意義深く、今日の私たちの生活になんらかの影響を与えていることは当然です。

アメリカ・インディアンが残してくれたノマディクスのライフ・スタイルの影態力が強く思えるのは、ヨーロッパ文化との接触が新しく、生々しいということにすぎないかもしれません。しかし、ヨーロッパの文化と接触しながら現在も存続しつづけているノマディクスもあります。その中で部分的でなく、そのライフ・スタイルのすべてが影響力をもつのは、やはりアメリカ・インディアンだけではないでしょうか。その理由には、直接彼らの生活に触れる機会をもったのが、フロンティアというムーブメントの中の多くの一般人だったということが第一にあげられますし、アメリカという広大な国土の中で、それぞれ変化のある地域に所を得た

インディアンやエスキモーに学ぶノマディクス関係の出版物。『グッド・メディシン』は一連のインディアンライフ・スタイルのマイナーブック。60頁前後。〈下〉はラットストロムの『パラダイス・ビロウ・ゼロ』マクミラン・カンパニー刊。

インディアンが、おのおののライフ・スタイルを完成させていたことも重要な理由でしょう。

現在のエコロジー・マインデッド・ピープルがインディアンのライフ・スタイルを学ぶことに意義を見出すのは、彼らが自然と融和して生きる術を完成させていた、その文化の質の高さにおいてです。インディアン、彼らこそ、ニューライフ・スタイルの師であり、バックパッカーの憧れの人でもあります。ボーイスカウトをはじめ、アウトドアーライフ、ウッド・クラフトの中のさまざまな生活術、それは衣食住のすべてにわたりますが、ほとんどインディアンから学んだものだといえます。H.D.ソーローもイ

ンディアンに対して正しい認識と深い尊敬の念をいだいた一人です。『フロンティアの探求』で酒本雅之氏が考察しているソーローのインディアン観を読むと，私たちがインディアン問題をニューライフ・スタイルの根底におかねばならない事情が，よく理解できると思います。

「ソーローが，アメリカ・インディアンの世界をなつかしむ気持には並々ならぬものがある。たとえば彼は，科学振興協会のアンケート（1853年）に対して，特に興味を感じている科学の分野は『文明人と接触する以前のアルゴンキン族インディアンの風俗習慣』だと答えているが，さらに1857年にも，最後のメイン旅行から帰ってまもなく，彼の信奉者ハリソン・ブレイクに宛てて（8月18日付）次のように書いている。

——ぼくはインディアンが住み，その処を得ている世界に短い旅行をしてきました。彼らの世界は，ぼくらの世界が果てる処から始まっているのです——

　ただし，ソーローが憧れるインディアンの世界とは，『文明人と接触する以前の世界』であり，日常世界が『果てる処から始まっている』世界であることを注意しなければならない。つまりこのような彼の憧れには，文明社会と自然との間の深い断絶の認識がある。それが文明社会の外側にあればこそソーローはインディアンの世界を憧れたのである。文明人たちが自然と対立しているのにひきかえインディアンたちは自然のなかで『その処を得ている』のである。文明人は自然を人間化するが，インディアンは逆に自分を自然化する。さらに言えば，文明人が自然を自分の尺度に合わせて切りとるために自然は抽象化されて『人間よりも雄大な』

全体であることをやめてしまうが、インディアンは自分を自然の一部に化するために自然は依然として無傷のままであり、従って相も変わらず『人間よりも雄大な』全体としてありつづけるのである。そして、そのためにこそインディアンたちは、自分を服従させることで自然との完全な融和にひたることができるのだ」(酒本雅之「フロンティアの探究」)

『動物記』で有名なアーネスト・トンプスン・シートンには、野生動物の絵と生態の研究、博物学者としての名声のほかに、忘れてはならないもう一つの仕事があります。それはインディアン、クロウ族管理所滞在中の体験(シートンはそのとき知ったカスター将軍の斥候、ホワイト・スワンというインディアンの協力で後に『信号交信辞典』を出している)から、インディアンの生活技術のすばらしさを知り、1902年に創設したWoodcraft Indians(ウッドクラフト・インディアンス――野外少年団組織)の中にとりいれたのです。この組織はのちに法人の Woodcraft League(ウッドクラフト・リーグ――森林技術連盟)に受け継がれていきます。シートンは1910年、「アメリカ・ボーイスカウト」の創立に参加し、同委員会議長を務め、初代スカウト団長として5年間在席し、この間に最初の『スカウト・ハンドブック』を書いて

『ボーイスカウト・ハンドブック』と『スカウト・フィールド・ブック』。ボーイスカウト・オブ・アメリカ刊。ウッド・クラフトをはじめアウトドアーライフの基礎を少年時代に修得できる優れたハンドブック。1910年以来の発行部数は2200万以上といわれる。

PART:1 成り立ちと背景。バックパッカーの誕生　43

います。余談ですが、この"Boy Scout Handbook"は1910年7月に出版されて以来現在までに2200万部を発行しており、アメリカにおけるボーイスカウト運動、また一般の青少年に正しいアウトドアー・クラフトを認識させる上で非常に貢献しています。

最近ますます盛んになってきたインディアン研究は、アメリカの歴史を書き換える大きな仕事から、インディアンのライフ・スタイルに学んだ日常生活の細目にいたるまで、さまざまな形をとって現われてきています。わけてもバックパッカーにとって興味深いのは、サバイバル (survival―生存) のテクニックをインディアンから学ぼうとする一連の動きです。未だに広大なウィルダネスを残し、フロンティア以来の「移動病」を伝えるアウトドアーライフ好きのアメリカで、他の国々よりサバイバル問題が大きな興味をもたれるのは当然かもしれません。砂漠に不時着した小型飛行機、ガソリン切れをおこした自動車、いかにこの窮地を脱出するか、といった映画が数えきれないほどあることを見ても、アメリカ人のサバイバルに対する真剣さが分かります。

パニックという、いってみれば災難に対する対策の不完全さをさらけだしている都市の状況にスポットを当てるのが、今一つの流行のようになっていますが、パニックにいたらないための心構えと設備、用具の取り扱いに対して、日本という国が大きく立ち遅れていることは事実です。それは春夏秋冬、四季の移り変わりがあり、夏の、すなわち乾きの激しさ、冬の、すなわち寒さの厳しさも、わずかに首をすくめていればなんとかこらえきれる温暖な気候風土と、個として自然の中に身をおくことを必要としない気質との双方に、その責任があるといえるかもしれません。過酷

な自然を残す部分が少しでもあるとすれば，そこには近寄らないようにするか，もしくはその自然を取り除いてしまうか，どちらかでした。そのためサバイバルということへの関心が極端に薄い国民性が育ちました。自分の旅するテレインに必要な装備を整えることなく無謀な計画を抱く者，またその遭難をヒステリックに非難し，その地域への人々の進入を差し止めたりする行政措置，遭難に対する人々の感情的な対応の仕方。そのどれをとっても正しいサバイバルの認識があるとはいえません。

　自然というものが苛酷で，その中へ身を置こうとする以上危険がつきまとうのは当然のことです。そのための基礎訓練は国民の一部だけに必要なものでは決してありません。生物として人間が自然の中に生きる以上，すべての人間は，そのために必要な知識をもっていなければならず，また絶えず訓練させておかねばならないのは，これまた当然のことです。その知識も，経験も，訓練もないところには，ただパニックだけが待っているといっていいでしょう。都会の分業化の進んだ現代的生活の中で私たちは，本当の健康な人間というものを忘れてしまったようです。

——健康であるとは，ぼくらの能力を一つ残らず自由に駆使し，しかもその能力の一つ一つを平等に発展させてゆくことである——

　バックパッキングが，自然と融和し，その自然の諸条件の中で生き抜くための，つまりサバイバルの学習のためにあり，その学んだものが完全人として，つまり限りない分業の中で自己の能力のごく一部分に過ぎないものに人間としての存在を収斂させるのが個人の生き方なのだと教える現在の文化社会に反抗するため

の，真の人間を形づくり，文明人と接触する以前のインディアンのあの自由と完全さを取り戻すとするならば，そこにいかなる危険が待ち受けようと，挑戦するに値するものといえるでしょう。逆にいえば，なんらかの形でサバイバルにつながらない旅など，いくら試みたところで人間としては何の価値も見出せないということです。

北方のツンドラと氷原でのサバイバルについて，さまざまな教えを与えてくれたのはエスキモーです。ノマズとしてのそのライフ・スタイルも，インディアンと同様に，とても貴重なものとなりました。インディアン，エスキモーはじめ，各地のノマディクスの人間を教師にもったからといって，もはや私たちには時間を逆転させ，その栄光の日々に身を置くことは不可能です。ただ，新しい哲学を求めねばならない現在におい

ベストセラーであるアンソニー・グリーンバンクの『ブック・オブ・サバイバル』（上左）をはじめサバイバル・ブックの出版は数多い。アウトドア・サバイバルは生活の基本として認識され始めている。

て，自己を自然に融和させて生きたノマディクスのライフ・スタイルは，限りない教えを持っているということに注目したいのです。そこから学ぶものを通して，本当の自然と人間の関係というものを考えていかなければならないはずです。

新たな可能性を発見する旅
それは個人としての課題

自然との融和の中から，その自然と人間の関係をもう一度考え，サバイバルの技術を身につけ，自然の中に歩みだすことに成功した人間は，ある意味では現代の英雄です。彼は，既成の社会概念の中につなぎとめられることなく，定められた軌道に従って日常生活の反復に時を浪費することなく，その社会と呼ばれる人間だけの枠の外にある未知の領域に目覚めたからです。彼は自然という大いなる対象を得て，人間の生活の新しいシステムを確立しようと試みることになるに違いありません。この章の始めに挙げた「もしも，今日の思想,生活様式がそのまま持続するとするならば，人類の環境との間の共生ないし相互依存関係は急速に崩れて，近い将来に破滅的な結果を招くこと」に対して，挑戦を始めた一人となるわけです。

この挑戦は決して徒党を組むことを許されません。個人のうちに芽ばえ，成長していくものでなければ意味のないことです。そしてこれは，ごく身近な，小さな生活態度の一つ一つの積み重ねからでき上がってゆくものなのです。

知り合いのあるバックパッカーがヨーロッパから寄せてくれた手紙の一節にこんな言葉がありました。「また，バックパッキン

グは人間形成やモラロジーにもつながるものだと私は考えております。最近、私は小さな紙屑でさえも捨てられなく（路上に）なり、ポケットに入れるか、屑箱に入れる習慣がつきました。これは私事の一例ですが、バックパッキングを通して学びとったバックパッキング精神だと思います」

東京新聞がつづけている環境問題キャンペーンのうち東京新聞環境問題取材班の第2部「川と人間」13（昭和50年5月4日）で「われわれは、いくら法律や技術面も含めた行政などの制度的対策が整っても、それだけでは環境、公害問題の真の解決とはならないことがわかった」と前置きし、岐阜市の都市河川、「荒田川水系」の実地踏査の結果を発表しています。そこでは「岐阜市民自身が長良川をいかに汚染させているかを確かめ」「長良川河口ゼキをめぐる環境論争もたしかにゆるがせにできない問題だ。しかし、岐阜市民の間から、まず、自分たちが住む荒田川水系をきれいにする運動がわき起こることが先決だ。この意識が岐阜市民の間に育たないと、長良川は永久に浄化できない」との都留重人団長の結論を掲げています。

話がまた環境問題になってしまいましたが、とにかく個人の意識の改変がなければ、私たちは破滅以外に道がないことは明白ですし、それからの救出には個人的な細かい意識の転換が求

ログキャビン作りをはじめ忘れられた生活技術を掘りおこしたベストセラー『フォックスファイアー・ブック』。3巻まで出版されている。

められます。それにはバックパッキングをはじめとする自然との融和のプラクティスが必要であり、その先に待ち構えているのはニューライフ・スタイルであるという図式に取り組むことになりますが、それはとりもなおさず、新しい可能性を求めることであり、それらの仕事を果たすことで自身を英雄に成長させ得る時代でもあるのです。

私たちが要求される日常生活の価値観の転換は別に困難なものではないはずです。まず、自身の生活の単純化と、自身を取り巻く「モノ」の単純化に気を配るだけでよいのですから。

1970年に始まった「マザー・アース・ニュース」も古いカントリー・ライフの発掘を目的としたニューライフ・スタイル・ブック。〈下〉の『ライフ・スタイル』はその姉妹誌。

——適切な住居と衣服を持てば、ぼくらは自分の内部の熱を正しく保つが、もしもこれらのものが多すぎれば、つまり、ぼくら自身の内部の熱よりも外部の熱の方が強くなれば、それと同時に料理法が始まると言っても、おそらく正しいのではあるまいか——

——もしも人間が衣服を剥ぎとられたら、彼らがいったいどこまでその相対的地位を保ち得るだろうかということは、まことに興味のある問題だ——

——口に入る食物が人間を堕落させると言っているのではなく

て，それを食べるときの食欲がいけないのだ。食物の質でも量でもなくて，味覚に魂を奪われることがいけないのである——

衣食住のすべてにわたって「モノ」の本質だけを見ようとすれば，私たちの生活はなんと単純で，暮らしやすいものでしょうか。雨露をしのぎ，冬の寒さをしのぐための家は，丸太小屋，インディアンのティーピー，バックパッカーのテントで充分のはずです。衣服は寒さから身を守る以外になんの役割があるというのでしょうか。食物は体内のエネルギーのためのものであり，味覚や食器の美しさという余剰を取り払ったときが本当の姿であるはずです。動物たちの衣食住を実際に目で確かめた人は，その本質的な合理性にきっと一度ならず驚きの声をあげたに違いありません。
——こんなにも長いあいだ，ぼくの飲物が水であったことが嬉しいのは，阿片常用者の天国よりも，自然のままの空がすきだというのと同じ理由からだ。……ああ，酒や茶の魅力に負けてしまうと，どんなにぼくは低いところまで堕落することだろう——

バックパッキングの「モノ」たちが，必要にして最低限の衣食住用具だとすれば，世界中どこでも，これらの「モノ」だけで人間は生きることができるはずです。それ以上の「モノ」を欲求しない人間がその数を増していくとき，エネルギー，エコノミー，エコロジーの3つのEはきっと新しい力で満たされるに違いありません。
——生活を単純化してゆくに比例して，宇宙の法則は次第に複雑でなくなるように思われ，孤独は孤独でなくなり，貧乏は貧乏でなくなり，弱さも弱さでなくなるだろう——
（文中——内の引用はソロー『森の生活』酒本雅之訳）

ヨセミテ国立公園。中央はハーフドーム

日光国立公園

PART:2 EQUIPMENT
イクイプメント。バックパッカーの用具

グランド・ティトン国立公園のカナディアン・バックパッカー

1. FOOT GEAR フットギアー

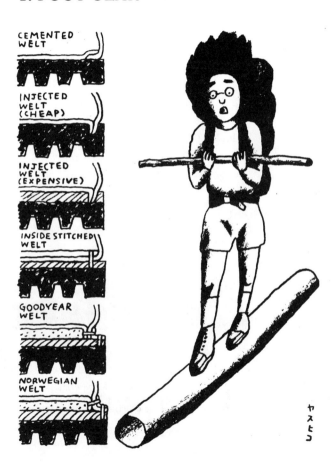

バックパッキングには，一つの大前提があります。それは自分の足で歩くということです。飛行機にせよ鉄道，車にせよ，トランスポーテーションに自己の足以外の機動力を利用する部分を含むのは当然起こり得ることですが，その終点からウィルダネスの中へ一歩足を踏み入れたときがバックパッキングの始まりなのです。そう考えると歩くための道具，フットギアー (foot gear) がいかに大切か，理解していただけると思います。

　フットギアーの選択で，その決め手となるものは，①自分の体重，②歩く地域の状況，③自分が背負わなければならない荷の重量です。1足の靴ですべて間に合わせるというのはあまりに非合理です。すべての条件を満たす靴などあるものではありません。とくに安いハイキング・ブーツですべて間に合わせようとするのは危険です。また荷重の少ない一日のバックカントリーへのハイキングにエベレストへ登るようなヘビーウエイトの登山靴を履くのもただくたびれるだけで，これまた不適当です。

荷重のない歩行にはワーク・ブーツ（左）が，バックパッカーの足にはマウンテニアリング・ブーツが本命。ライトウエイト，ミディアムウエイト（右）のブーツが一般的。〈右頁〉はバックパッカーの愛用しているブーツ各種。ブランドによってスタイルはさまざまだが，選択はあなた次第。トレールの条件，自分の肉体的条件を考えながら慎重に選ばなければならない。

本当に歩く旅——バックパッキングをエンジョイするためには，靴の選択こそ最も注意を払わなければならない点です。自然の中を歩くこと。そこには岩，水，砂，その他障害になるものがたくさんあります。靴の選択を誤ったとき，悲劇の主人公となり，あるいは生命の危機に陥る可能性も生じてくるの

です。とにかく「安い」ということで靴を選ぶのだけは避けるべきです。高価な靴すなわち良い靴では決してありませんが，安いということは少なくとも作る方でもそれほど良くはないと認めているわけですから。

さて，バックパッキングに使用できる靴は大きく分けて2種類あります。一つがハンターやフィッシャーマンが愛用するハイトップレース・シューズ（hightop laced shoes）。これは通常スポーティング・ブーツ，ゲーム・シューズ（game shoes），ハンティング・ブーツ（hunting boots），アウトドアーズマン・ブーツ（outdoor'sman boots），ワーク・ブーツ（work boots）などと呼ばれているものです。もう一つがハイキング・シューズ（hiking shoes）

あるいはマウンテニアリング・ブーツ（mountaineering boots），クライミング・ブーツ（climbing boots），クレッターシュー（Kletter Schuh），トレールブーツ（trail boots）などの名を持った，いわゆる登山靴です。

ハイトップレース・シューズつまりスポーツ・シューズのうちでもビブラム・ラグ・ソール（vibram lug sole）を持ったものは，背負う荷物がない場合には最高です。しかし，もし荷重が10kgを超える場合にはまったく勧められません。靴は自分の体重プラス荷重が選択の一つの基準になるということを，忘れてはいけません。つまり個人個人の事情によって靴は選ばれなければなりません。同じトレールを歩くにしても，体重と荷重が違う二人の場合，それぞれのブーツは違っているべきです。体重と荷重の両方をサポートするのに充分な強さを持った靴こそ，そのバックパッカーに必要なのです。

単に体重・荷重の問題だけをとりだして靴を選ぶとするならば，①荷重7kg以下の場合，体重には関係なくワーク・ブーツ（ビブラムソール・スポーツ・ブーツ）もしくは，軽量のハイキング・シューズ，トレール・ブーツ（lightweight trail boots）が最も適しています。②荷重15kgまでの場合，体重70kg以下の男はミディアムウエイトのトレール・ブーツ，女はライトウエイト。70〜90kgの体重の男女はミディアムウエイト。90kg以上の体重の男はヘビーウエイト。③20kg以上の荷重で日数のかかるトレールの場合，70kg以下の体重の男女はミディアムウエイト，70kg以上の体重の男女はミディアムもしくはヘビーウエイト・マウンテニアリング・ブーツを選ぶべきだということになります。もし荷

の入ったバックパックを背負って山道を歩いていて靴底に岩の感覚が伝わってくるようでしたら，その靴は自分の体重プラス荷重に適した靴ではないといえます。この場合の解決策はバックパックの荷重を減らすか，もう一つ上のクラスの靴を手に入れるかです。体重・荷重が靴を選択するときの重要な要素であるということは，忘れるべきではありません。

マウンテニアリング・ブーツ
MOUNTAINEERING BOOTS

さて靴についてのチェックポイントですが，その第一はソール（sole 靴底）です。これはいかなる別の理由があろうとも，荷を背負って歩くことがすべてのバックパッキングでは「ビブラム」に代表される heavily lugged rubber & synthetic compound type のソールを選ばなければなりません。ラグ（lug）はかつての登山靴に打たれていたトリコニー，クリンカー，ムガーなどの鋲の特質を生かした合成ゴムの一体成型でソールと一緒に抜き打ちしたものです。現在市販されているブーツにはほとんど100％このラグ・ソールが取り付けられています。

ただラグ・ソールはすべて同一デザインというわけではありません。厚さは通常12mm程度ですが，ライトウエイト用とヘビーウエイトではラグの体裁もソールの厚さも違っています。クライムとダウンヒル・スキーを兼ねたいわゆる兼用靴（alpine ski boots）は冬の雪の中を歩くヘビーウエイトでありながら，スキーという特殊事情があるためラグの浅いソールが使われています。もちろんラグ・ソールは合成化学製品（rubber & synthetic com-

pound) なのですから，使用している間には摩耗してきます。だいたいベテラン・クライマーで延べ 20 日程度だといわれています。

つまり何カ月にもわたる長いトレールになると，自分でソールを取り替えねばならなくなりますが，一般にはその心配はいらないと思います。ただラグの摩滅してしまったブーツはただのゴム底の靴になってしまうわけですから，その特性を失うといえます。ラグ・ソールは消耗品なのだということは覚えておいてよいでしょう。永久に使用に耐えるということはないのです。

ビブラムのラグ・ソールで通常のバックパッキング，マウンテニアリングに使用されるものは黒の合成ゴムで作られていますが，グレア・アイス（glare ice 蒼氷）を除いて，ほとんど完全にグリップしてくれます。このトレール用の靴底は，ソールとヒールに分かれていますが，この場合シャンク（shank 土踏まず）の部分に入っているマークは黄色の埋め込みになっている "yellow label" のはずです。ビブラム・ソールはこのマークがただの抜き打ちになっているものと，イエロー色の埋め込みになっているものがありますが，"yellow label" の方がハイクォリティーです。Vibram Montagna reg. mark と入っているものです。

ビブラム・ソールは純然たるバックパッキング，マウンテニア

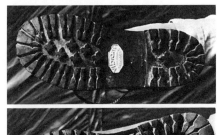

ほとんどのブーツはラグ・ソールをつけている。中でもビブラムは最もポピュラー。ライトウエイトではただ接着だけのものが多いが、ミディアム、ヘビーではシャンク、ヒールをスクリューどめしたり、縫着したり（下）している。

リング・ブーツ関係だけで50種、スポーツ・ブーツ、シティー・ブーツを合わせると1000種にも分かれています。ソールとヒールが一体成型になっているタイプもあります。それとは別に純粋に岩登り用に作られている vibram kletter sole もあります。これは兼用靴と同じに薄くできており、ヒールが高くなっていません。スキーやロッククライムには薄いラグの方が効果的なのです。バックパッキングに使用するブーツソールを選ぶとすれば、ノーマルなトレール・ブーツで黄色のレーベルのビブラムに代表されるラグ・ソールということになります。

次のチェックポイントは、ソールのすぐ上に張ってある革の層（layer レイヤー）です。ビブラム・ソールが直接甲革（upper vamp）に接着されている場合、相当ソフトな仕上がりのブーツになります。ブーツのウエイト、つまりライト、ミディアム、ヘ

ラグ・ソールはビブラムだけではない。たとえばガリビエールのブーツも独自のネオプレーン・ラグ・ソールを使用している。接着だけ（左）のもの，スクリューどめ（右）のものと各種そろえられている。もちろんスクリューを使っている方がヘビーデューティーである。

ビーと分かれる基準は，このサポートソールとインナー（inner 内張り）をチェックすることで簡単に見分けられます。レイヤーが単層の靴はライトウエイトのカテゴリーに入ります。これは女性には向いていますが，体重のある男には柔らかすぎて向きません。ただし荷重のない場合や軽いハイキングなどでは履きやすいものです。

さて通常のバックパッキングでは最低でも 15kg 程度の荷を背負うことになりますが，その場合のブーツはソールと上部の甲革の間にあるレザーサポート（leather support）が少なくともダブル・レイヤーである必要があります。体重がある人や，荷重が 20kg, 30kg と重くなることが予想される場合は，もっと強くヘビーなブーツを選ばねばならないわけです。革のラミネーション（lamination 積層）は幾層にも重ねられ，ビブラム・ソールは膠（にかわ）やエポ

ライトウエイト・ブーツは地形の難しくない場合や荷の軽いときは使いやすい。また体重の軽い女性や子供にも向いている。ビブラム・ソールと甲革との間には，普通ミディアム以上のブーツにあるレザーのレイヤーは見られない。レーシングもアイレットだけでDリングは使われていないが，締まりが悪いということは特別感じられない。ヘビーウエイトのブーツになると，膠着と同時にステッチをいれて甲革とソールとを縫着している。そのため耐久性はライトウエイトに比べるとずっと増してくる。〈下〉はそのレイヤーのクローズアップだが，幾層にも重ねたレザー・レイヤーの様子がよく分かる。

キシで接着された上で縫着されることになります。一部のライトウエイトのブーツでも，良いものはこの方法をとっていますが，大部分はレザーサポートや膠着（glued vibram）が使われていません。ミディアムあるいはヘビーウエイトのしっかりしたブーツは，その点補強のためのレザーサポートに，ビブラム・ラグ・ソールが爪先から踵まですべて完全に縫着されています。

このレザーサポート部分は普通，ミッドソールと呼ばれていますが，ラグ・ソールとこのミッドソールを甲革に接着させる方法

をウェルト（welt）言います。セメンテッド，インサイド・ステッチ，アウトサイド・ステッチ，インジェクション・モルデッドといった種類があります。アウトサイド・ステッチはさらに，ノルウェジアン（norwegian）・ウェルトとグッドイヤー（good year）・ウェルトに分かれます。ヨーロッパのマウンテニアリング・ブーツはほとんどノルウェジアン・ウェルトです。別名をストーム・ウェルトと言います。グッドイヤーはUSウェルトとも呼ばれます。セメンテッド・ウェルトは一番単純な方法で，ノルウェジアン・ウェルトが最も手のこんだ接着法です。

しかし，ノルウェジアンにしろグッドイヤーにしろ，アウトサイド・ステッチは言わば旧式の方法です。ライケルをはじめ各社は，今後インジェクション・モルデッドに転換していくはずです。手間がかからず，軽く仕上げられ，しかも安上がりだからです。ヘビーウエイトのマウンテニアリング・ブーツに見られる三連のステッチなどは、これからは次第にお目にかかれなくなるでしょう。そのかわり、インジェクション方式の良い製品が登場してくるに違いありません。

ソールとレザーサポート，またその接着方法を調べたあとの次のチェックは靴紐の取

り扱いです。このレーシング・メソッド（lacing method）にはいろいろのタイプがありますが，ライトウエイト・ブーツに一番多いのは甲革に直接ハトメを打ったスタンダード・アイレット・システム（standard eyelet system）です。ミディアムもしくはヘビーウエイトになると甲革にD環をリベットで取り付けたD ring lacing methodになります。普通Dリング方式では甲の上部3個ほどはDリングではなくフック（hooks）になっています。全部Dリングではレースの締めほどきに時間がかかり，手袋をしているときは，特に不便だからです。ハトメとフックのコンビネーションもライトウエイトには見られます。

〈左頁左〉ライトウエイトとして考えた場合のロッククライミング・ブーツ。ビブラム・ソールを持ったクレッターシューはライトウエイトの中で最も使いやすい。〈左頁右〉ミディアム・ブーツ。ライトウエイトのレーシングはスタンダード・アイレット・システムつまりハトメ，ミディアムはDリング。Dリングはフックと一体になっている場合（右）が多い。このDリングとフックの組み合わせが最高のアジャストを約束してくれる。〈下右〉はDリングとリベット型フックの組み合わせだが，今はほとんど見かけなくなった

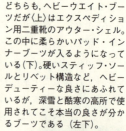

どちらも，ヘビーウエイト・ブーツだが〈上〉はエクスペディション用二重靴のアウター・シェル。この中に柔らかいパッド・インナーブーツが入るようになっている（下）。硬いスティフ・ソールとリベット構造など，ヘビーデューティーな良さにあふれているが，深雪と酷寒の高所で使用されてこそ本当の良さが分かるブーツである（左下）。

　ブーツのアッパーセクション（upper section），つまり甲や踵の革の部分のチェックも大事です。この部分は実際に足をカバーするところです。岩，ブッシュなどのトレール・ハザードを完全にシャットアウトして，踝を守る役割をしているのです。この甲革にはフルグレインのカウハイド（cowhide）が使用されている例が多いのですが，これらは踵の部分を除いてノーシーム（no seams）つまり縫い目のないワンピース・システムでつくられています。ワンピースではないスプリット・カウハイド（split cowhide）つまりセパレーツになった甲革を縫い合わせて作るブーツ

ミディアム以上のブーツはウォーター・プロテクター・フラップや,石や泥からまもるためのオーバーラッピング・フラップを持っている。〈左〉は深めのオーバーラップ・フラップ,〈右〉は浅いオーバーラップ・フラップとウォーター・プロテクター・フラップ。

は,長く使っているとレザーが伸び,レース部分が長くなってしまい,足に合わなくなったりする恐れがあります。価格は安いのですが,ワンピース式の甲革に比べれば耐久性,強さでは劣ります。

甲革はもちろんウォータープルーフがしっかりしていなければなりませんが,一方,蒸れないことも同様に大切です。甲革には革の表裏を逆にして,裏革を表側に使用しているもの(roughouts)が多くあります。この裏出し革(ラフアウト)のブーツは摩滅には表革よりはるかに強くなります。ですからヨーロッパ・アルプスをはじめとするロッキー・テレイン(岩場地域)で使用するには非常に良いわけです。そこでロッククライミング専用のクレッターシューは現在ほとんどこのラフアウトになっています。しかしラフアウトのブーツは防水(ウォータープルーフ)という点では満足できるものではありません。流れの中,雨の日,雪と,と

ころかまわず歩きまわるバックパッキング用には，ラフアウトよりも，表革を使ったスムーズサイド（smooth side）のものの方が絶対に有利です。ただ雨の少ない砂漠や岩場専用とするならば，この限りではありません。

さて，その甲革を合わせてレーシングしただけでは，トレール・ブーツの場合不完全です。必ず柔らかい革を使ってガシット（gusset マチ）が取り付けられています。スポーツ・ブーツの場合は，一番先端の開口部からトップまで全面にガシットが縫着されていますが，これは湿地帯を歩いても水が入らないようにするためです。トレール・ブーツが使われるのは，どちらかといえば乾いた岩場や山道が多いのでトップいっぱい

ミディアム以上のブーツはそれぞれユニークなスクリーガードを持っている。〈上〉はジャバラ式のフラップ・タンとその内側にパッドの入ったスクリーガードを持っており，ベルクロで固定されるようになっている（下）。

また右頁に見るように，ミディアム，ヘビーともスクリーガードが足首全体を包んでおり，小石などが入らないようにするのと同時に，よけいな摩擦と疲労とを防ぐ役割をしている。

まで縫着されたガシットは見かけません。先端のDリング部分からトップまでのちょうど中間位までが縫われています。これはもちろん土や砂などが入り込むのを防ぐと同時に、少しぐらい流れの中を歩いても水が入り込まないようにとの配慮です。ヘビーウエイトの多くはそのタン（tongue）にパッドが入っており、トップの上まで来るように設計されています。ミディアムの一般的な形としては、甲革の両側にまたがるようにガシットが取り付けられ、その上に甲革がクロスするようになっています。この方法は普通スキーフラップ（ski flap）と呼ばれています。

くるぶしの部分には、スクリーガード（stretch scree guard）という名のパッドが取り付けてあります。この部分はゴート・

スキン（goat skin）のようなソフトレザーが使われ，中にはフォームラバー（foam rubber）が入れられています。この部分からスクリー，つまり小石や砂などが入り込むのを防いでいるわけです。これはまた岩にこすられる恐れのあるアキレス腱をガードする役目もしています。

　さてバックパッキングでは，普通の都会生活では考えられない重い荷を背負って一日中，舗装されていない，そして多分高低差の激しいラフロードを歩き続けなければなりません。湿った沼沢地もあればぎざぎざした岩場ばかりの地域，雪，森林の中，渓流と条件は千差万別です。そのすべてに適応した靴を選ぶということは不可能です。

　スポーツショップの棚をみても，メーカーのカタログを見ても品数は驚くほどの多さです。そしてそれぞれが特徴を持っているのです。自分で一つの靴を選びだすのも，また他人にアドバイスするのも，この靴に関しては不可能に近いという気がします。体重と荷重，地域の状況，気象的条件，それらをよく考慮に入れて選ぶべきだというアドバイスしかできないと思います。

　私たちはソールと中底しか見ることができないのですが，これらトレール・ブーツは中底の下に断熱材が入っていたり，クレッターやヘビーウエイトの場合にはシャンクに薄いスティールを入れて底の曲がりを防いだりしているのです。また革の鞣しにもクローム加工やタン加工など，いろいろの方法があります。しかしこれは靴を作る側の問題であり，私たちの目でチェックすることはできません。用具は靴に限らず，一点一点の製品に対して詳細な説明が必要です。外見だけでは用具の良し悪しを判断すること

Dリングとフックの間にメイン・アイレットを入れたレーシング・スタイルはミディアムやヘビーの深いブーツにはよく見られる。〈右〉はその正しいレーシングの方法。3ループ・レース・ロックと呼ばれる締め方で、これが一番アジャストする。と同時に足首を屈伸させるにも無理がない。ナイロンのレーシング・コードを心地よくフィットさせるには絶対のスタイルなのだ。

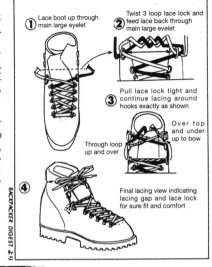

は不可能です。ただそれを使う側も常に用具については科学的に理解しようとする心がけが必要だということは考えておかなければならないでしょう。

靴に付属するもう一つのアイテムに靴紐があります。編み組みのナイロン紐 (braided nylon lace) は文句なく強靭です。腐ることも、水分の吸収も、凝固も、寒さによる繊維の破壊も見られません。ナイロン・レースに欠点を見つけるとすれば、スリップしやすいということでしょう。大きめのDリングなどからは、

クレッターシューは当然岩を登りやすいように考えられているが、ヨセミテのクライマー、ローヤル・ロビンスがアドバイスしたRR Yosemiteは、クライミングと同時にロッキー・テレインのトレールにも向いているビブラム底。

ずるずると抜け落ちてしまうことがあります。登山の入門書などにはよくスペアの靴紐を必ず持つようにと書いてありますが、特別に靴紐を持つよりも、普通パラシュート・コード (parachute cord) と呼ばれる直径3mm、550ポンド、ブレイキング・ストレインのナイロン・コードを5m程度持っているほうが、使い道が広く便利です。もちろん万が一靴紐を紛失したときにも代用できるわけです。

レーシングはフックが良いかアイレット（ハトメ）が良いかというごく素朴な疑問にはロッキー・テレインあるいはスノーランドのバックパッキングにはフックの方が手早く解き締めができて便利ですし、モッシー・テレインあるいはブッシュ・カントリーではアイレットの方が草などがからむ恐れがなくて良いと答えておきましょう。いずれにしてもレースは爪先の方のフックやアイレットは緩めに締めておくことです。足指が自由になることはプレッシャーを防ぎ、血液の循環をノーマルにしてくれます。しかし足首の上部のレーシングはしっかり締めておかねばなりません。ダウンヒルの際、靴の中で足がスライドしてしまい、爪先にプレッシャーがかかってしまいます。

ほかにレースを使わないタイプの靴があります。爪先から足首までレースで締め解きする靴に比べると手間がかからず楽なような気がします。しかし、レースを使うブーツのようにアジャストはうまくいかないのではないでしょうか。レースのブーツは爪先を緩めに、足首はしっかり締めるとか、厚手のソックスを履いたときは普段より全体にルーズに締めるとか、細かくその場その場の状況に応じて調節できますが、レースなしの靴の場合はそうした細かい調節ができませんので、一般的にはノーマルなレース・タイプの靴でよいと思います。

　またメタル・シャンクはほとんどがスティールですが、ロッククライムを目的としたクレッターやヘビーウエイトのマウンテニアリング・シューズには底が曲がらないように使われているものがあります。たわみを防ぐことを目的とするこのスティール・シャンクは、ビブラム・ソールとレザーラミネートとの間に入れられています。クレッターシューでもビブラム・ラグ・ソールが使われているものなら、荷の軽い場合などには有効であり、バックパッキングにも利用価値はあるといえます。

スポーツ・ブーツ
SPORTS BOOTS

　日本で普通ワーク・ブーツという場合は、いわゆる労働靴あるいは安全靴と呼ばれる種類のハイトップレース（編み上げ）・ブーツと、スポーティング・ブーツを一括して示しているようです。シティー・ブーツ（city boots）とも呼ばれるこのワーク・ブーツは、ジーンズの流行とともに、なじみ深いものになりました。も

ちろんソールはラバーですが，フレキシブル・トラクション・グリップ・ソール（flexible traction grip sole）と呼ばれる製法で路面ショックを確実に吸収してしまうように作られているもの，トラディショナルなウェッジ・ソール（wedge sole）のもの（これは底がくさび形に波うって爪先から踵(かかと)まで続いている）などがあります。深さは20cmから23cm程度，バンプ（vamp 靴の先革）を硬く盛りあげたモカシン・タイプがだいたいのきまりです。

安物は別ですが，通常オイル・タン（oil tanned leather）のウォーター・リペレント（撥水性）の上革を使っています。インソール（相底）はスェットプルーフ（汗止め）のフレキシブル・スプリット・レザー（split leather）を使って，蒸れないようにできています。またタン（tongue 普通ベロと呼ばれている）は編み上げの最上部まで縫着され，ベローズ（bellows）タイプ——蛇腹式になっています。そのため20cm以下の深さならば水の中につかっていても中に浸みこんでくる心配はありません。しかし一度靴の中に入った水は今度は逆にいつまでもたまっているという結果になります。安全靴というのはこの爪先と踵にスティールを入れ込んであ

るものです。いずれにしてもワーク・ブーツの履き心地の良さは，なんともたとえがたく、特にブルージーンズには絶対必要な靴といえるでしょう。実用性以外のなにものでもない靴。ワーク・ブーツはそんな履き物です。

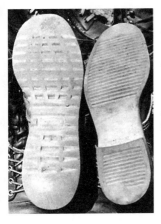

ワーク・ブーツのソールはクレープ・ウェッジ・ソールのものが多い（左）。これらはシティー・ブーツであって、トレール向きではない。トゥのデザインにはモカシン・タイプが大半を占めている（下）。スポーツ・ブーツの中ではスティール・シャンクとビブラム・ソールをつけたヘビーデューティーのものが、軽量の荷の場合に使用可能といえる。

しかしこのシティー・ブーツでは重量のあるバックパックを背負ったり、または長い距離を歩くのは無理です。平坦にならされた道を歩くだけならまだしも、障害の多い山道では底がないのではないかと疑いたくなるほど直接地面の感触が足に伝わってきてしまいます。編み上げにはなっていますが上革は柔らかいので、くるぶしを痛める結果にもなります。ウィルダネス・バックパッキングにはシティー・ブーツの使用は避けたほうが賢明です。

もう一つ、同じハイトップレース靴のうちのスポーティング・シューズですが、これはもともと、ハンターやフィッシャーマンが使うために作られているものですので、ウィルダネスの中を駆けめぐりやすいようにできています。ハイトップの高さは平均8〜9インチ、オイル・タン（oil tanned leather）あるいはクローム

加工（chrome leather）が使われています。また"Herter"のハドソンベイ・ブランドのように，ディアー・スキン（deer skin）の鞣（なめ）しと同じ方法で一個一個ハンド・タン（hand tanned）で鞣しているブーツもあります。

　メイン，ミネソタ，マサチューセッツの東岸，あるいは西岸のシアトルなどアメリカ北部に位置する都市のスポーティンググッズ・マニュファクチュアはおのおの個性あるスポーツ・ブーツを出しています。それらのブーツの一つ一つが長い間の経験から生まれた特長を持っており，材料，技術の前進とあいまって実に魅力的な製品になっています。それはローカル性，つまり使用する地域の気象的，地理的条件と用途に応じて，さまざまな仕様を持っています。スポーツ・ブーツはこれこれだと一口で説明できないほど，それらは多様に分類されねばならず，会社名とブランド名を一つ一つ挙げて説明を加えなければ，とうていスポーツ・ブー

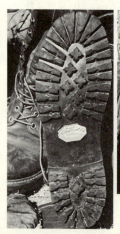

ビッグ・ゲームのハンティングでは，山野を歩く場合が多いので，ブーツもそれなりのデザインを持っている。ビブラム・ソール（左）はもちろん，アイレットとフックのスピード・レーシングと深いベローズ・タンは欠かせない要素となっている（右）。ブーツの深さは20cm前後，重量は2kg程度。

特に水辺や雪の中で使用されるブーツ。一般にコーリアン・ブーツと称されているがラバー製でラグ・ソール，シャンク入り（左）。インナーに厚手のフォームを使用しているので寒さには強い。代表的なのがメイン・ブーツやソーレル。

ツのすべてを語ることは不可能です。そこで今は最もポピュラーな特質に触れるだけにとどめます。

まず地理的条件。これは大きく分ければ沼沢・湿地帯（mossy lowlands）と高山森林地帯（rocky timberline terrain）ということになります。このうち岩と森林という，いわゆる高山地帯は，荷重が極端に少ない場合を除けばトレール・ブーツ，マウンテニアリング・ブーツの方がはるかに有利だと思います。ただ渓流や湿地帯，あるいは自宅から日帰りや一泊野宿して裏山へフィッシングやハンティングに出かけるといった場合，また山仕事などの労働

にはスポーツ・ブーツは絶対的な強味を持っています。

　スポーツ・ブーツの大きな特徴は水と寒さへの対策ということに尽きると思います。ほとんどのブーツがウォータープルーフとインシュレート（water proof & insulated）という防水・断熱仕様になっています。甲革の素材には多くカウハイド（cowhide）が使用され，シリコン（silicone）を繊維組織と毛穴すべてにしみこませて（pressure impregnating）あります。撥湿性をもった表面（moisture-repelling）は柔軟性を損なうことなく，革の特性である呼吸（breathe）を失わないようにしてあります。ソールはビブラ

スポーツ・ブーツの代表はレッドウイングの製品(上)。スポーツショップの棚に並んだブーツの数々（下）。

ム・ラグもしくはモルド・ポリウレタン。爪先はモカシン・タイプか,硬芯を入れたノーウェルト(継目無し)・タイプ,甲革のシームはすべてテトロンポリエステル糸を使用し,シーム穴は完全防水,寒気をシャットアウトするモノセリューラー(monocellular foam)のフォームパッドなどのインシュレーションが甲革の内側に張られ,踵も足首も濡れと寒さから守られています。タンは柔らかい革を使ったベローズ・タイプもしくはパッド入り。ベローズ・タイプは最上部まで縫着されていて,甲からの水の浸入を防いでいます。

インソールはクッションパッドもしくはアーチサポートとしてスティール・シャンク入り。レーシングには,アイレット,フック,Dリングのコンビネーション使用,というところが大まかなスポーツ・ブーツの仕様で,これはトレール・ブーツと同様,種類が多く,特定のものを選び出すのは困難ですが,バックパッキングに使用するとなると,まずカウもしくはスティアハイドのレザーを使用しているもの,爪先や踵を硬くし,別革で補強がしてあるもの,ビブラム・ラグ・ソールを使用しているもの,ソールと甲革の間は必ず相底を入れ,縫着されているもの,補強用のスティール・シャンクを入れてあるものを選ぶことが必要だと思います。

またたとえば北海道の根釧原野で湿原の植物を調べるとか,鳥の生態調査,イトウ釣りというような特殊な状況,特に湿原あるいは沼沢地用には有名な"maine hunting shoes"というのが L. L. Bean から出されています。

L. L. Bean はアメリカのニューイングランド地方,メイン州フ

ブローニングはビブラムのウォータープルーフ・ブーツのほかクレープ・ソールのフェザーウエイト・ブーツ（左）など優れたスポーツ・ブーツを出している。〈下〉はハーターのハドソンベイ。

リーポートにある会社ですが、このメイン・ハンティング・シューズは1912年来のベストセラーなのです。沼地と雪の多いニューイングランドのローカル性が生んだ特殊なブーツですが、足首から上部にはフルグレインのカウハイドを使用し、甲部分のぐるりにはオゾン・レジスタントの特殊合成ゴムを使用、ソールは有名な鎖状のノンスリップ・チェイントレッド（chain tread）のクレープソール、これをバルカナイズ（valcanised）法で甲革に接着してあります。雪、水には完璧な靴で、L. L. Beanといえばメイン・ハンティング・シューズと浮かんでくるほど、世界中のアウトドアーズマンに愛用されているものです。深さは6インチから16インチまでありますが、10インチが一番ポピュラーで使いやすいようです。

メイン・ブーツに代表される湿地帯用のブーツはそのほかにもいろいろあり、特に寒気と水に対する特殊仕様が施されているのですが、これらのブーツで長いトレールを歩くことはまったく無

理だと思います。ただ冬，スノーシューズをつけて原野を歩きまわるというような特殊な旅には，ぜひとも必要なものです。これら雪用の特殊靴については別のチャプターでも説明したいと思います。

もう一つ，特殊な使用法のブーツを紹介しておきます。これは渓流を歩くときのブーツです。ビブラム・ラグ・ソールはほとんどオールマイティーですが，ただ一つ苔のついたような濡れた一枚岩などにはあまり効果的でないという欠点があります。流れの中に入ったり，濡れた石を渡り歩く渓流がトレールの中で重要なポイントになることがあらかじめ分かっているようなバックパッキングでは，トレール・シューズのほかに水専用のウェーディング・シューズ（wading shoes）を用意したほうがよいと思います。

ウェーディング・シューズは甲のアッパーサイドがキャンバス，ボトムはラバーで，爪先から踵まわりは特にレインフォース（re-inforce）のため硬くできています。これはとても大事なことで，岩などにつまずいても，爪先やくるぶしを痛めないように配慮されているわけです。ソールはフエルト，ヒールはビルトイン・アーチ（built in arch）で，高くなっていません。これは岩登りのクレッターシューと同じに，岩などに密着する面積を少しでも大きくする必要があるからです。

フエルトは帽子に使うハット・フエルトではありません。普通ハット・フエルトにはコーン，ヘアなどの兎類，マスクラットなどのファー，特に高価なものにはヌートリアやビーバーのファーを使っていますが，ウェーディング・シューズなどに使われているフエルトはウール・ファイバー（wool fiber）です。

現在ではナイロン，レーヨン，ビニロン，テトロン，カゼインなどの化学繊維を使っているものも多く出ています。しかしこの化学繊維を使用したフエルトのウェーディング・ソールは，それほど多くフィールドテストが進んでいないので正確ではありませんが，あるいは耐久性に問題があるかもしれません。繊維の復元性がウール・ファイバーより劣るような感じがします。一回だけの使用なら問題はないのですが，長く靴として使うことを考えると，やはりウール・ファイバーの方が良いかもしれません。

　ウェーディング・シューズはウォータープルーフ・ブーツと違って始めからブーツの中に水が浸入することを前提としています。キャンバスを使うのもそのためです。キャンバス部分の両サイド

水の中で使うウェーディング・シューズはソールにフエルトを使用している。〈上〉はコンバースとラッセル。ラッセルは特にトウとヒールをカウハイドでレインフォースしている。〈上右〉のコンバースはラバー・レインフォースだが，ともに石の多い渓流を歩く場合には安心できる。〈右〉のタイヤ・ソールのシューズはレインフォースがないので足を痛めやすい。

には3個ずつの大きめのアイレットが打ってあります。アイレットはメッシュが張ってあり，ゴミや小石が入り込まないように配慮されています。

渓流を歩く人たちがよく地下足袋を利用しますが，これはソールがラバーで爪先や踵にそれほど強いプロテクションが施されているわけではないので，そのままウェーダーとして使用するのは危険です。地下足袋にはワラジと決まっているのですが，たしかにワラジの濡れた岩などに対するフリクションは優れています。ワラジの欠点は耐久力がないことです。地下足袋とワラジが日本の渓流には一番良いのだといって，沢登りに利用している登山者をよく見かけます。ヘルメットをかぶり，ヨーロッパ製のルックサックを背負い，ニッカーズボンで身をかためて。たしかに地下足袋ワラジが水に対して強いことは否定しませんが，やはり全体のバランスというものは考える必要があると思います。地下足袋ワラジはトラディショナルな産物です。他の製品が改良を重ねて，その結果を身につけているのに，ただ足元だけは地下足袋ワラジではあまりにアンバランスだという気がします。これは雪の中で使うワカンジキについても同じことがいえます。

木綿を使った黒の上下にハバキをつけたイワナ釣り師の足元が地下足袋ワラジ。これはまた風情のあるものです。渓流の夏にそれはふさわしいものだと思います。また兎を追うハンターたちが手拭いを首に巻き狐のスプリット・ファーを継いだベストの背に散弾銃を背負う。そんなハンターたちがみなネズコを曲げたあのシンプルなワカンジキを使用して冬のヒルサイドを駆けめぐるのもまたトラディショナルな良さです。もし小さな曲木のワカンジ

キが日本の山には便利だと考え，現在のナイロン・ガーメントやダウンを使用する登山などにこのワカンジキを利用するとするならば，やはりハーネスを取り付けたり，ネットを使用するなど，もっともっと改良して使いやすくしていく方法があると思います。

トラディショナルなものを滅ぼしてしまうことなく，あくまでもその「物」の合理性と実用性を追求し，現在の「物」として通用させていくべきだと思います。

地下足袋とワラジにも同じことがいえると思います。これが渓谷を歩くのに適していることは長いフィールドテストの結果，明らかです。これを生かし，なおその欠点を材質や仕様の上で改良していくのが私たちの重要な務めではないでしょうか。日本と同じような渓谷は世界のどこの国にもありますし，そこを歩く楽しみを知っているのは日本人だけではありません。ワラジは履き捨てねばなりません。もし山中にワラジを持参する場合は使い終わったものは必ず焼くなり持ち帰るなりしなければいけません。それを考えるとウェーディング・シューズはバックパッキングにはなくてはならないアイテムだと思います。

キャンプ・フットウェア
CAMP FOOTWEAR

特殊な事情を抜きにして，もう一つ大事な靴があります。それはキャンプ・フットウェアです。重いトレール・ブーツでの一日の行程の後，キャンプサイトを決めていよいよ食事というときはブーツを脱ぎたいものです。ソックスも洗濯したいし，テントへ

ロング・トレールのバックパッキングにはブーツのほかにキャンプ・シューズを持っていると便利だ。〈上〉はL.L.ビーンのカヌー・モカシン。ウェッジ・ソールにシェブロン型のカットが入っている。〈下〉はオーソドックスなキャンプ・モカシン。スニーカーは濡れて使いにくい。

の出入りもあるし、そんなときに一足のモカシン・シューズ（moccasin shoes）を持っていると本当に便利です。テントのまわりを歩きまわる時間は意外に多いものです。モカシンを持っていると何をするのにも面倒くさがらずにでき、仕事が能率的です。石ころだらけの河原まで、はだしのまま水汲みに行くとか、夜中のトイレなど本当にいやになってしまいます。モカシンはもともとインディアンの使用していた手縫いのワンピース、ソフトソールの靴なのですが、キャンプ用の靴としてはできればカヌー・モカシン（canoe moccasin）あるいはボーティング・モカシン（boating moccasin）と呼ばれる底のあるものを選びたい気がします。これらカヌーやボート乗りに使用されるモカシンは底がスキッドプルーフ・ソール（skid-proof sole）になっています。クッションのきいたラバー・ソールですが、カミソリの刃を当てたように鋭利で深いヘリンボーン・カットが底一面に入っています。このカットによってど

の方向に対してもスリップ止めが働くわけです。地面が濡れていても、乾いていても効果に変わりありません。

だいたいモカシンは鞣しにクローム・タンかオイル・タンの方法がとられており、普通カウハイドが使用されています。いわゆるモカシン・タイプという言葉があるほどこの靴のトウピース（tow piece）のデザインは特徴がありますが、これは底からサイドまで一枚革で、それに甲のタン部分を縫着したインディアンのモカシンの製法がそのまま生き続けているからです。モカシンのトウピースは今でもハンドソーイングと決まっています。レースはヒールからタンのアーチ部分へかけて一本締めになっており、緩みはいつでも、レースを結び直すことによって取り去ることができます。カヌー・モカシンはトラディショナルなインディアン・モカシンを改良してできたものです。レースもローハイド（raw hide）に代わってナイロンになり、アイレットもしっかりアルミ

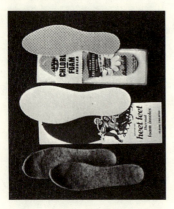

インソールはブーツには絶対必要。地面の感触が直接足にひびくのを防ぐインシュレーションの役目と、ブレスによって起こる足の疲労を防いでくれる。サーマル・インソールのように防寒に効果的なものもある。

ニウムを使っています。

　ただどうしても荷重がこのカヌー・モカシンを持ってゆく余裕を許さないとすれば、やはりワンピースのトラッドなインディアン・モカシンにしなければならないでしょう。しかしその場合でも底と表革が一枚続きなのは当然として、その中に1枚、薄い中底を入れたほうが快適だと思います。インディアン・モカシンはカヌー・モカシンに比べて重量は3分の2弱になります。キャンバス地のスニーカーは濡れやすくキャンプに向きません。

　すべてのブーツはインソールを1枚入れるとしっくりするものです。特に底がハンド・ステッチになっているものには絶対に必要です。ドラッグ・ストアー、スーパーマーケット、専門店、どこででも手に入りますが、材質はフォームラバー、アスベスト〔石綿。現在は使用禁止〕、革などで、単純な薄い敷革が一番良いようです。

　ところで、登山、ハイキング、バックパッキングに使用される靴の数は国産、輸入品をふくめて何百種類とあります。それぞれのブランドは研究を重ねており、その結果がスポーツショップの棚を埋めているわけです。その中から気に入った一種類を選択するというのは、考えてみれば難しい問題です。使用目的、かずかずの条件を考慮して、理想の靴を手に入れるということになりますが、その基準は個人によって異なるものだということを忘れてはなりません。テンダー・フットからベテラン・クライマーまで靴には細心の注意が必要なのです。

ケルティのバックパック「セラック」でトレール中のバックパッカー。マッキンレー国立公園〔現在はデナリ国立公園〕

2. BACKPACKS バックパック

バックパック。これなしにはバックパッキングは存在しません。バックパッキング・イクイプメンツの中でも、最も重要視される道具の一つです。このバックパックの選択には、靴と同様、慎重な配慮が必要です。種類は多く、それぞれ独自の主張を持っています。

さて目的がなんであれ、背中の袋の中に食料やら生活道具やらを押し込んで旅をする人はバックパッカーです。また逆に、いくら長い旅をするからといって、生活するための道具を詰めたバックパックを背負っていない人をバックパッカーと認めることはできません。バックパッカーにはその目的により、さまざまな様式があるのは当然ですが、それは年齢や性別とはもちろん無関係です。少し幅を広げて考えれば、ジャケットのポケットにサンドイッチとお菓子を詰めて魚釣りにいく人もバックパッカーの一人とい

リジッド・タイプ、ヒップハガー・タイプ。店頭に並ぶ多数のバックパック。選択の際は砂袋（左下）などを入れて実際に背負ってみること。

えるかもしれません。厳密にはそれはポケットパッカーと呼ばれるのかもしれませんが……。

バックパック。背中の袋。おそらく歩く旅を経験したことのある人なら誰でも、両手にものをぶらさげて歩くことの不自由さを知っていると思います。同じ重量の荷物でも、手にさげるのと、背中に背負うのとでは、まったく違った感じを受けるものです。バックパック。それは背負うことを前提にしています。旅の道具を運ぶとはいっても、ボストンバッグやサムソナイトの旅行鞄をバックパックと呼ぶことは決してありません。

さてバックパックには、その目的に応じていくつかの種類があります。一番簡単なのはファニーパックと呼ばれるものです。

ファニーパック
FANNY PACKS

ゲレンデを滑るスキーヤーがスェーターやお菓子などを入れた袋を腰につけている姿を時折り見かけます。スキーの場合は、どんなことがあっても両手をあけておかねばなりません。しかし背中に背負うほどの荷物もない。こんなとき、ファニーパックはたしかに便利です。本来は救急用のスモールパックとして、バックパックの補助の役目をするものなのです。ビッグホーンやエルクを追うハンターたちの写真を見ていると、背中に獲物を背負い、腰にファニーパックをつけた格好がよく出てきます。行動時間の多いハンターは、あまり大きなバックパックを背負いません。最少限のものをファニーパックの中に入れて、いつも身軽ないでたちです。その中身は、ナイフ、ファースト・エイド・キット、着

ウレタン・コーテッドのナイロン・ダック製。ナイロン・ウェブのアジャスト・ベルト，ナイロン・ジッパー付き。カメラ，ランチ，サングラスなどを入れてのショート・トリップに。平均的サイズは 30 × 10cm。ウエイト 170g。

替えの衣類，地図とコンパス，食料と水，懐中電灯とスペア・バッテリー，ファイアー・スターターと防水マッチなどです。これらのものについてはあとで詳しく述べることにしますが，とにかくこれら緊急用具といってもよい最少限の道具だけを入れておく袋，それがファニーパックです。もちろんその目的によって，ファニーパックの中身にプラスされるものが出

てくるのは当然ですが，その重量がもし 2kg になったら，それがリミットと考えなければなりません。もしそれを超えるウエイトを身につけなければならないとしたら，もはやファニーパックでは間に合いません。ウエイトオーバーの場合，ウエスト・ベルトとの縫着部が痛みやすく，腰につけていても具合よくありません。

ファニーパックは通常フルフレーム・バックパックと同じマテリアルのライトウエイト・ナイロンが使われています。腰骨の上に無理なくのるようにデザインされた袋は 1 本のナイロン・ジッパーで開閉されるようにできており，それに 2〜3cm 幅のナイ

ロン・ベルトが縫着されて、ウエスト・ベルトの役目をしているのです。ファニーパックの場合、袋の中には仕切りがありません。ですからパッキングの際に重量がかたよらないように注意することが必要です。またもう一つ大事なことはウエスト・ベルトを締めすぎないことです。

ファニーパックをもっと小型にしてベルトに装着できるようにした袋をベルト・ポーチ（belt pouch）と呼びます。スナックやサングラス、ファースト・エイド・キットなどを入れるのに使います。12 × 20 × 6cm 位です。

ファニーパックよりも、もう少し重量が増したとき背負うのがデイパックです。

デイパック
DAY PACKS

ヨーロッパのロッククライマーたちが愛用し、日本ではアタックザックなどと呼ばれているものがこれに当たります。文字どおり、日帰りの旅に用いられるように考えられています。ベースになるキャンプサイトから、日帰りの山登り、岩登り、それにフィッシングやハンティングに出かける場合などに用います。ファニーパックでは入りきらない2kg以上の荷物を必要とするときからデイパックを使い始めるわけですが、ファニーと違う点は背中に背負うようにできていることです。フォームパッドなどを芯に入れたナイロンのショルダー・ストラップと細目のナイロン・ヒップ・ベルトがついています。全体のシルエットはティアドロップ・スタイル（tear drop style 涙型）と呼ばれる、上部が狭く、底部が広

デイパックの代表アルパインデザインのロッククライマー・スペシャル。ティアドロップ。ウレタンコーテッド8オンスナイロン・ダック。上下2室。ナイロンコイル・ジッパー。ホーリン・ハンドル，アイスアックス・キャリアー，アクセサリー・ストラップ・ホルダー付き。フルグレインのクロームタン・レザーをボトムとショルダー・ストラップに使用。ヘビーデューティーそのものといった感じ。

い形になっています。直接背中に荷が密着する場合は，このシルエットが一番無理なく重量を吸収してくれます。

パッキングのための構造はたいていのデイパックが上下2段仕切りになっています。これは使い方によって仕切りがあるほうが良い場合とないほうが良い場合とがあるのですが，どちらが良いかは使う状況によって異なるので，いちがいに良否を決めることはできません。上下2段の間の仕切りにはナイロン布が使われ，上下とも開閉にはナイロン・ジッパーが使われています。

ショルダー・ストラップはパッドの入ったものを選ぶべきです。だいたいデイパックの容量は8kgまでといえますが，この8kgの荷重をパッドのないストラップで支えようとすると，肩に深く食

い込んで何キロも歩かないうちに痛みを感じてしまいます。

デイパックはその用途に応じて,材質や構造に多少の違いがあります。たとえばアルパインデザイン (Alpine Designs) の製品のように,明らかに山で用いられるべきもの(ここでいう山とは森林限界の上,岩と氷雪のある場所をさす)として考えられているものでは,材料に帆布を使い,底部とショルダー・ストラップには柔らかいカウハイドを使用しています。アイス・アックス(ピッケル)とクランポン(アイゼン)を取り付けるためのストラップがあり,細幅のナイロン・ヒップ・ベルトが備えられています。岩との摩擦,氷雪の上に置いたときの濡れの問題などに細かな配慮がされています。通常のデイパックにも底部にストラップが付けられています。それはクランポンその他の小物,場合によってはス

ジェリーのワンルーム・デイパック(上)とエディーバウアーのハイカー・ルックサック(下)。オールパーパスのデイパックとしてアルパインデザインとはまた違った形態を持った2種。ナイロン,エンソライト・パッド入りショルダー・ストラップ。ウエイトは350g平均。

リーピング・バッグを取り付けるためです。

　ヒップ・ベルトは普通付けられていますが，もし付いていない場合は，オプションとしてあるはずです。8kgの荷物が背中で踊るのは快適なものではありません。必ず取り付けるべきです。

　さてデイパックの荷重は8kgが限界とすると，2，3日夜を過ごさねばならない場合は，デイパックでは済まなくなってきます。もう一段階上のタイプのバックパックが必要となります。そのためのパックがルックサックです。アメリカ風には，ウィークエンドパック（weekend pack）と呼ばれるものです。

ルックサック
RUCKSACKS

　ルックサックはそのほかにも，いろいろな名前を持っています。クライミングパック，スキーイングパックなどが代表的なところですが，時にはショート・エクスカーション（遠足）パックなどとも呼ばれています。種類も多く，ヨーロッパからの輸入品，それを模した国産品が入り乱れ，サイズ，型とも何を選んでよいか迷うこと必定です。これまでの登山にはほとんどこの種のパックを使用し，ルックサックという言葉で統一されているので，ここでもこの名称に従うことにします。

　ルックサックには，まったくのフレームレスと，フレキシブル・フレームを使用したものの2種類があります。どちらも夏のウィークエンドを快適に過ごすためには特別の欠点はありません。着替えの衣類，少々の食糧だけなら，つまり山小屋を利用するなら，デイパックでもウィークエンドを過ごせますが，それに

〈図の上左〉インターナルXステイ。〈上右〉ヨーロピアンYフレーム。〈下左〉ペリメーター・フレーム。〈下右〉モノコック。ルックサックはほぼこの4種に分類される。写真はケルティーのツアーパック。現在見られるルックサックの代表。

ストーブや寝袋，テント まで持つとなると，ルックサックも大型のものが必要になります。

一般的にはルックサックは肩で背負うものということができます。ヒップ・ベルトはほとんど装着されていますが，肩より腰に重量の負担がかかるほどの荷物は入りませんから，重要視されているわけではありません。

ルックサックの中では，ヨーロッパの製品の占めるウエイトは大きいものがあります。それらの多くは背が高めでスリムな形をしています。ベルガンス（Bergans），カリマー（Karrimor），ノローナ（Noronna）などを代表として，数多くのデザインが市場にあふれています。日本ではラフマ（La fuma）やミレー（Millet）な

〈上左〉ショイナード・アルティマチューリ。〈上中〉キャノンデール・エクスカーション。〈上右〉ジャンスポーツ・フレームサック。〈左〉ジャンスポーツ・グレートパック2。〈右〉ホルバー・ローヤルバック。それぞれ前ページの図に示したパターンを代表するルックサック。クロスカントリー・スキーを使った冬のバックパッキングが盛んになるにつれフレームを内蔵したルックサックに良い製品が登場してきた。

モノコック・ルックサックの隆盛を招いた元祖。リベンデル・ジェンセンパック。オリジナル・ジェンセンは上下2室に分かれ、上室はさらに左右に分けられている。ソリッド・ラップアラウンド・ヒップ・ベルトもこれがオリジナル。

〈左〉のラップアラウンドのヒップ・ベルトは荷重を背全体に分散させ常に安定した状態を保つことができる。〈右〉のデイパックに見られるような簡単なウエスト・ベルトは単に背の荷が踊るのを押えるという効果しか持たないが,これがあるのとないのとでは安定感がまるで違う。〈下〉はノースフェース・KAKサック。このヨーロピアンYフレームのルックサックはウエイトベアリングのヒップ・ベルトを付けている。

ども人気があります。

現在のルックサックを形状から大別すると、まずジェンセンパック (jensen pack)・タイプのモノコック (monocoque) 式があります。これには Rivendell Mountain Works の製品のほか, Great Pacific Iron Works のショイナード (chouinard ultima thule) が代表的です。

また、ジャンスポーツ (Jan Sport) のグレートパック (great pack) やケルティー (Kelty) のツアーパック (tour pack) のように V 型のステイを内蔵したインターナル・V ステイ (internal V stays)、あるいは X ステイ式や、ラフマやミレーのヨーロピアン Y フレーム (european Y frame) 式もあります。これは正式にはボウ・スプリング、バッテン (bow-spring, batten) と呼ばれます。それに、ジャンスポーツの

フレームサック（frame sack）や，ベルガンスに見られるメタルフレームを使用したペリメーター・フレーム（perimeter frame）式を加えて，4種に分けられます。

ローディング・システムはほとんどヨーロッパ式のドローストリング・コードで引き締め，その上にフラップをかける方法をとっています。ジッパーを使用したトップローディングのものが少ないのは，このルックサックではある意味でパッキング・システム

〈左〉はジェリーのトラベラーザック。4個のコンパートメントを水平にとったユニークなデザイン。これはCWD（コントロールド・ウエイト・ディストリビューション）システムと呼ばれた。〈下左〉はケルティーのスリーピングバッグ・キャリアー。幼児が自分の寝袋とおやつを運ぶためのパック。〈下右〉はノローナのザック。子供用によい。

が確立しておらず，何をパックするかは個人まかせのところがあり，過重なものを上から押し込むことが多いため，ジッパーの利点が必ずしも発揮できないことに原因があるのでしょう。しかしモノコックやペリメーターのものでは，ポリエステル・ジッパーを使用するものが多くなっています。

ウィークエンドパック，あるいはハイキング用といっても，大きなものはフルフレームのバックパックと同じ容量を持つものもあります。フレームのバックパックでは都合の悪い場合，たとえばクライミングや，クロスカントリーなどのスキー・ツーリングでは，このルックサックの大型なものは威力を発揮するでしょう。このルックサックの選択はまったく個人の好みの問題ですから，チェックポイントだけをあげておくにとどめます。

まず値段ですが，一個一個はあげられませんから，米国製，ヨーロッパ製，国産の順に高価であるということだけしかいえません。次は重量。ミレーのドメゾン370などは2kgもありますが，平均すると1.3kg位でしょう。コンパートメントは，ジェリーのバガボンド（gerry bagabond）の4個という特殊なものを除けば，普通1～2個です。フレームのタイプは先に述べたVステイ，Xステイ，ボウ・スプリング，バッテン，モノコックのほか，ジャンスポーツのフレームサックのペリメーター，ベルガンスのスティールUフレームなどが変わりだねです。ポケットはだいたい1～4個。ショルダー・ストラップは，登山を主体と考えるアルパインデザイン（Alpine design）やホルバー（Holubar）のフェルトパッド・レザーやラフマなどに見られるフエルトパッドのナイロン・ウェブのほか，たいていのルックサックはフォームパッ

ドのナイロンチューブを使っています。

　ラフマ、ミレーなどに見られるベリーバンド（belly band）程度のベルトは、単に安定性のためだけに付けられているものです。その他ウェブ・ヒップベルト、ジャンスポーツ、ケルティーなどのパッド・ヒップベルトがあります。ナイロン・ウェブだけにしろパッド入りにしろ、これらのヒップ・ベルトはフルフレーム・バックパックと同様に、重量を支える軸の役割を持ったウエイトベアリング（weight-bearing）タイプで、大型のルックサックには必要です。

　バッグ・マテリアルは、ミレーのコットン・キャンバスを除けば、たいていコーテッド・ナイロンダックかナイロンコーデュラが使用されています。ボトムのマテリアルには上記のナイロン地のほか表出し、裏出しのレザーを使用したもの、あるいはイミテーション・レザーのプラスティック製もあります。

　小型のルックサックにはベルガンスやノローナのスノー・ツーリングサックなどがあり、またジャンスポーツのスカウト2やローバー3などは子供用のバックパックとして適しています。子供用としてはケルティーから出ているスリーピングバッグ・キャリアーも楽しい製品です。

　さてデイパック、ウィークエンドパックと見てきましたが、これからいよいよ本命のロング・ツーリング用フルフレーム・バックパックの登場です。

フルフレーム・パック
FULL FRAME PACKS

　フルフレーム・パックとは軽量のチューブラー・フレームの上部にナイロン・バッグ〔pack bag パックバッグ〕を取り付け，下部あるいは最上部のスペースにスリーピング・バッグを付けるようにセットされた様式をとっているフレームサックをいいます。

　背負子は運搬用具として古くから世界中で使用されてきました。そして現在でも，古いタイプの背負子と袋は使用されています。私たちがバックパックと呼ぶこの軽量のフレームサックがはっきりした形で現われてきたのは1950年代からです。戦場で使用されていたフレームサックが市場に放出され，やがて軽金属の進歩とあいまって次第に改良されてきたものです。もちろんバックパッキングに使用されているものの中にも，古いスタイルで，なかなか捨てがたいものがあります。その代表はおそらくトラッパー・ネルソン（Trapper Nelson）のものでしょう。木製のフレーム，綿布の袋，なかなか格調があります。アラスカ，カナダでは現在でもなおハンターやトラッパーが好んで使用しています。このトラッパー・ネルソンからやがて現在のケルティーを頂点とするリジット・タイプ（rigid type）というS字形の硬いバックパックが登場したのです。リジッドに対するものにヒップ・サスペンション・タイプ（hip suspention type）がありますが，まずリジッド・タイプから見てみましょう。

　このリジッドでは荷重を腰で受けることを最も基本的な型としています。ライトウエイト・バックパッキング・システムが一つの完成をみて，最低限の必需品，その軽量化とコンパクトぶりを

追求した結果,だいたい統一的なサイズを割り出すことができるようになりました。そして,それらの個々のアイテムを収容するパック自体もまた,最も理想的なサイズを求めることができるようになったのです。

バックパックは 3C という判定基準を持っています。comfort—快適さ,convenience—使いやすさ,capacity—容量の 3 つの C です。

この条件を満たしたバックパックを選ばなければならないということになりますが,ショルダー・ストラップ,ヒップ・ベルトなどのサイズが自分の体にぴったりなじんで,荷物のウエイトが直接,肩に圧迫を加えたりしない快適さが必要で,そのためには購入の際,15kg 程度の重量をもった砂袋などを詰めて背負って

〈左頁左〉リジッド・タイプを代表するケルティー・ティオガ。〈左頁右〉はヒップハガーのジャンスポーツD2。〈下〉はジャンスポーツのフレームのサイドビューだが、S字カーブがはっきり分かる。この背に沿って曲げられた線がバックパック・フレームの特色の一つなのだ。〈右〉はキャンプトレールと東京トップのフレーム。カーブにそれぞれ特色がある。人によって体型が違っているからS字カーブが必ずしもすべてのバックパッカーにうまくフィットするとは限らないところに難しさはあるが、L、M、Sなどのサイズがあるものは、その中で自分にあうものを見つけ出すしかない。その場合必ずバッグを付け、15kg程度の重量を加えて背負い、調整しなければならない。

みることが必要です。リジッドでもヒップ・サスペンションでも同じですが、背負ったらまずヒップ・ベルトをしっかり締めて腰骨をガードし、次にショルダー・ストラップを自分のサイズにぴったり合う地点をみつけるようにセットします。15kgの荷重はヒップ・ベルトを締めた段階で、肩から抜けるはずです。その結果バックパックは背中から外へ向かって離れる感じになりますが、それをうまく背中にフィットするようにショルダー・ストラップで調節す

パックフレームはたくさんのスタイルが出されている。その中で最もポピュラーなのはストレート・コンターを持ったアルミニウム・フレームだが、これだけ種類が多くなると個人の好みの問題といえる。ここにあげたのも市販されているフレームのコモン・スタイルだが、そのバラエティーに富んだデザインにそれぞれ研究のあとがうかがえる。

るわけです。

 それでは、個々のチェックポイントを例によって調べていくことにしましょう。フレームとバッグを切り離して、まずフレームからです。

1922年以来,第2次大戦後ケルティーがアルミフレームを出すまでの長い間,バックパックの王座を占めていたトラッパー・ネルソンのインディアン・パックボード。木製フレーム,ウォータープルーフ・キャンバスのこの製品は現在でもパイオニアから発売され,カナダなどではスポーツショップで売られている。

良いフレームかどうかを見分けるうえでのチェックポイントは,材質と溶接法です。フレームに使用されているのは通常,6061-T4もしくは6061-T5というアルミニウム・チューブです。この表示は米国アルミニウム協会(AA)の規格によるものですが,これはアンチコロダルという名称をもつアルミニウムとマグネシウムシリコンとの合金です。日本のJIS記号ではA2P4と指定されているものです。

このアルミ合金のフレームはその結合にいくつかの方法があります。一番多く,普通に使われているのはイナートガス・アーク溶接 (inert-gas arc welding) です。この溶接法はアルゴンあるいはヘリウムなどの,高温でも金属と反応しない不活性ガスの中で,タングステン棒あるいは金属電極線と被溶接物との間にアークを

発生させ，その熱で溶接するのですが，この方法は他の溶接法に比べて延性，強度，気密性，耐蝕性に優れています。溶接費も安いので，アルミフレームの場合，一部を除いてほとんどの製品に使われています。外見的には溶接部に波状のリッジが現われるので見分けやすいと思います。安物のフレームには時としてハンダ

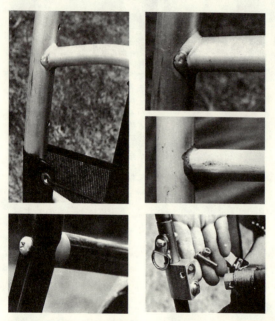

アタッチング・フレーム・ジョイントのベスト・メソッドはイナートガス・アーク・ウェルドである。現在市販されている良質のフレームはほとんどこの溶接法をとっている。東京トップのナイロンブッシング・ジョイント（下左）やジャンスポーツのマシーンド・ジョイント（下右）は珍しい接合方法といえる。

づけのものを見かけます。イナートガス・アーク溶接より質的に劣ります。溶着部がまわりのアルミの色より黒ずんで見えます。アメリカ製のフレームの表示にはイナートガス・アーク溶接はヘリアーク溶接という言葉で表示されています。

この溶接のほかに，プラスチックのカプリング（継ぎ手）を

通常フレームにはバックバンド，ショルダー・パッド＆ストラップ，ヒップ・ベルトなどが付いて一体となっている（上）。バックバンドはメッシュで幅広い一本帯になっていたり，〈右〉のように上部，下部の二段に分けられていたりする。いずれも背中の蒸れを防ぐと同時に背が直接荷に当たることを防いでくれる。バンドの中味は張りのあるエンソライト類が使われる（下）。

ショルダーレベル・クロスバーとショルダー・ストラップのアタッチには普通ピンが使われている。なにか頼りなげだが,この方法が最もポピュラーなのだ(左下)。ショルダー・ストラップを各人の肩幅にアジャストさせるためにピンホールは2カ所あるいは3カ所とられている。各自で調節する(左上)。〈右〉はショルダー・ハーネスの例だが,これは肩に重量がかかる。

使用したプッシング・ジョイント(東京トップのアコンカグア,マカルーなど)や,エアクラフト・ボンデッド・ジョイント(エポキシ・ジョイント,ジェリーのフレームが代表的),ピン・フェルールとメタル・カプリング(ジャンスポーツ)などいろいろ研究されています。ヨーロッパのフレームにはボルト使用やリベッティングなどがまだ残っていますが,軽量化の進んだ現在ではあまり活用されていません。

このフレームに付属しているものにショルダー・ストラップと

ショルダーパッドはストラップとの間にアジャストメント・バックルを付けている。これはショルダーパッドのアジャストには有効な方法である（上）。〈上右〉はバックバンドのタイトナーの種類である。バックバンドは常にしっかり締められていなければ肩にかかる荷重を腰に伝えることができない。〈右下〉はメッシュで蒸れを防いでいるバックバンドの例。

ヒップ・ベルト，それにバックサポートがあります。ショルダー・ストラップはほとんど100%近く，フォームパッドを入れたナイロン・チューブを使用しています。

ヒップ・ベルトはウエイトベアリングのナイロン・ウェブとパッド入りの2種類があります。ナイロン・ウェブはもちろん頑丈で，切断したりすることはありませんが，荷重がある場合にはうまくヒップボーンの上に固定されず，歩いているうちに下がりがちです。これでは荷重を肩で受けることになってしまい，感心しませ

ヒップ・ベルトはバックパックの生命なのだ。このベルトのしっかりしたものを選ぶことが最大の問題である。〈左上〉はヒップ・サスペンションの効果を高めるためのハガーとフレームに固定されていないラップアラウンドのベルト。〈左下〉は厚いパッドを入れたリジッド・タイプのヒップ・ベルト。背の部分はバックバンドの役目をも果たしていることが分かる。〈下〉はクイック・リリースのバックル。代表的な3種のパターン。

ん。そのためパッド入りのしっかりしたヒップ・ベルトが次第に多くなってきました。

この点をさらに改良したのがヒップ・サスペンション・スタイルです。ジャンスポーツ，アドベンチュア16（Adventure 16），サンバード（Sunbird），ユニバーサル（Universal field equipment）などから出されているこの新しいバックパック・フレームでは，ヒップ・ベルトの上にさらにフレーム・チューブのハガーが当てられています。これによってヒップ・ベルトはしっかり腰骨の上にのり，ずれません。そして歩行の際のショックをサスペンションにより吸収してしまいますので，荷重は腰から背中全面にわたって広い範囲に分散される仕組みになっています。

バックサポート（背当て）には，1枚，あるいは2枚のナイロンバンドが使用されます。幅10cmほどで，パッドの入ったものはより快適です。2枚のものは1枚が背に，もう1枚が腰に当たりますが，ヒップ・ベルトがパッド入りのものでは腰部分のサポートは不必要になりますので，その場合は背の部分の1枚だけがバックサポートです。全面にサポートを張った場合は蒸れてしまうので，間隙のある現在の方法の方が快適です。東京トップのパラボラフレームやケルティーのものなどはナイロン・メッシュになっており，幅の広いサポートですがベンチレーションは良くなっています。またトレールワイズ（Trail Wise）やコールマン（Coleman）などの製品にはサポートが全面に張られていますが，この場合にもシングル・ナイロン・メッシュが使われています。

さてバッグのことですが，その前に，バッグをフレームに取り付ける際の問題に触れておきましょう。アタッチメントには普通，

ロッドのワイヤーキーパーとピンを使う方法と、リングとピンを使う方法があります。

ピンは片側に4個付いています。実際は3個で固定されますが、1個はなにかの事故でピンがなくなってしまっても大丈夫なよう

〈上左〉はアドベンチュア16に見るヒップハガーとラップアラウンド・ベルト。〈下〉は通常のリジッド・フレームに付けられているベルトだが、左のバックバンドと2本のストラップベルトのものより右のパッドを入れたラップアラウンドの方がはるかに快適であることはいうまでもない。〈上右〉はその2種のベルトをそれぞれ締めた状態である。

に付いているわけです。4個のピンを1本のロッドで同時に固定しているもの(たとえば,ケルティー)はロッドが外れた場合,ピンは同時に失われてしまいます。旅の始めから終わりまで,自分の目が行き届いている場合は大事に扱っているので良いのですが,他人に任せなければならない場合は心配なものです。

〈左上下〉はエクステンション・バーとその接続方法。3段階の高さに調節できるようにデザインされたものが多いが,これは特別重い荷をパックの上にさらにのせるためのサポートの役を果たしてくれる。〈右上下〉はバッグとフレームとのアタッチに使われるピン&ロッド・システム。

私は一度，飛行機に乗った際，ピンをなくした経験があります。バゲッジになって大量の荷物といっしょに積み込まれた場合には，どんな状態にバックパックが置かれているか分かりません。その事故以来，バックパックを手放す場合は，アディーシブ・テープ（ガムテープ）でピンをしっかりカバーするようにしています。長旅の場合には予備のピンとリングを持っているほうが安全です。

　バッグの材質は，現在ではほとんどナイロンが使われるようになりました。ナイロンは強くて軽いという特長を持っているからです。カタログにはよく7オンスナイロン使用というふうに表示されていますが，この数字は平方ヤードあたり7オンス重量のナイロンという意味です。普通6〜8オンスのものが使われています。表示には，これにウォータープルーフ（waterproof），つまり防水加工がされていることが示されています。ナイロン布の片側に，プラスティック加工をするわけですが，これは完全に水をシャットアウトするということではありません。雨具でも同じですが，もし完全に防水されたらパックの中は蒸れてしまいます。布にはコーティングが施されていますが，その縫糸はコーティングされていません。長時間雨にさらされれば当然縫い目から雨がしみ込むものと考えねばなりません。コーティングされた糸を使うとか，縫い目を一つ一つコーティングしてゆくことは非常なコスト高になるわけです。

　普通のバックパックでは，その縫糸にナイロンやポリエステル系の単糸が使われています。もちろんこれは木綿糸より強いのですが，上質のバックパックには，1インチ（2.5cm）当たりのステッ

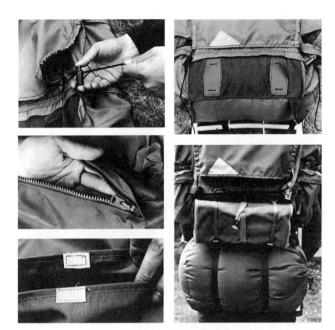

フラップに使われているコードロックは大きめのバネのしっかりしたものが良質(左上)。ジッパーにはメタルとナイロン・コイル・ジッパー、ポリエステル・コイル・ジッパーなどがあるがこだわる必要はない(左中)。ベルクロ・クロージャー(マジックテープ)は大きく良質な製品を使ってあるものを。これは自分で張りかえ可能(左下)。〈右上下〉はケルティー・ティオガに付いているクランポン取り付けの補強部分。

コンパートメントは普通上下2室，それにサイドに2～4室が付いている。〈左上〉のジャンスポーツD2ではメイン・コンパートメントのパーティションはジッパーで開放可能。〈左下〉はアドベンチュア16のフラップ・デザイン。〈上〉はていねいなダブル・ステッチのボックスポケットと普通のフラップポケット。〈下〉はバッグにジッパーで取り付け可能なジャンスポーツのカーゴポーチ。

チの数が表示されています。1インチ当たり8から10のステッチが目安です。これ以下の数だと，どうしても弱く，長い間の使用には耐えられないようです。このステッチの穴を全部防水にするには，1目ずつコーティングしなければなりません。現在そのような手のこんだ作りになっているバックパックは一つもありません。完全防水のバックパックというものはないのです。そのため体と同様，バックパックにも雨具が欲しくなります。雨の多い日本ではバックパック・レインカバーは絶対に必要です。

さて普通，バックパックは大きな収納スペースが上下2段に分かれており，サイドポケットが上下2個，両側に付いています。これはライトウエイト・バックパッキングというシステマティックにオーガナイズされた用具を収納するのに最も有効な形態をとっているといえます。これらのスペースはほとんどの場合，ジッパーを使って開閉するようになっています。最近はほとんどプラスティック・コイル・ジッパー（plastic coil zipper），いわゆるナイロン・ジッパーを使っています。これまでのメタル・ジッパーはどうしてもトラブルが多く，また気温の低いところでは凍りついて動きがとれなくなるなどの欠点がありました。大きめのプラスティック・ジッパーを使っているものが安全で，湿気やほこりを完全に防いでくれます。

このポケットには，フラップ（雨蓋）が付いています。このサイドポケットのフラップも，バックパック全体を覆うトップ・フラップも，ともに充分な大きさが必要です。とくにトップ・フラップは中の用具が高くはみ出しても，それをすっぽりカバーしてくれるものでなければなりません。そしてこのフラップを固定させ

エッジにフレームを入れて、ボックスの形を正しく保っているコンパートメントの例（左）。〈下〉はケルティーのティオガに使用したレインカバー。バックパックを完全に包むウォータープルーフ・ナイロンの上質なものを選ばなければならない。

る方法は、それぞれのメーカーがいろいろ工夫しているところですが、一番確実な方法はストッパーを取り付けたナイロンコードを使う方法です。ケルティーは、特殊なストッパーを使っています。フックとストッパーを使っているものも心配ありません。単にリングを通してコードを直接結ぶ方法をとっているものは、荷物を出し入れするたびに結び、ほどきが面倒ですし、結び目が固く締まってしまい、手袋をしているときは非常にいらいらさせら

れることがあります。

　トップ・フラップにマップ・ポケットを付けているものがありますが，このポケットは使い道がありません。これは，たいていベルクロ・クロージャー（velcro closure），つまりマジックテープを使っています。バックパックに用具を詰めてその上にトップ・フラップを掛け，そのコードを強く締めた場合，このマジックテープはどんな強力なものでも，はがれてしまいます。またトップ・フラップに地図を入れておいたとしても，バックパックを背負ったままでは手が届きません。アドベンチュア16（adventure 16）のようにフレームに接した背の部分にマップ・ポケットが付いていれば背負ったまま自由に地図を取り出すことができます。トップ・フラップにはりつけたマップ・ポケットはその意味では役に立たないポケットです。

　さてバッグはフレームの上部3分の2位に取り付けられており，下部があいています。これはスリーピング・バッグを取り付けるスペースです。この寝袋はもちろんウォータープルーフのスタッフ・バッグ（stuff bag）に入れるわけですが，寝袋の直径はさまざまですから，それを留めるストラップは充分な長さをもっていなければなりません。幅2cm前後，長さ1m位で，しっかりしたバックルを付けたストラップが必要です。

　最後にカラー（色）について触れておきます。これは単にバックパックに限らず，テント，服装ともども，グリーンとオレンジを最上と考えます。森の中でめだたない色とめだつ色，それがグリーンとオレンジです。グリーンはフォレスト・グリーンなどと呼ばれる落ちついた緑，オレンジは国際緊急色です。

ヨセミテの森に張られたバックパッカーのテント

3. TARP & TENTS タープ&テント

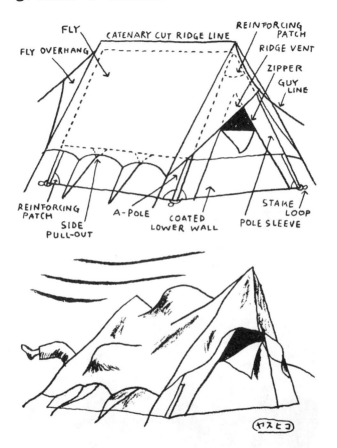

満天の星空。焚火のぬくもりを受けながら,スリーピング・バッグに身を入れ,樹間を吹き抜けてゆく風の声に耳をそばだてる。自然を直接肌に感じながらの野宿こそ,キャンプの楽しさの最たるものでしょう。しかし,それもあくまで天候次第です。雨の中の野宿となると,これは楽しさなどどこにもありません。これ以上つらいことはないといえるくらいです。

　洞穴,オーバーハングの岩陰など野宿のためのナチュラル・シェルターは一見どこにもあるようですが,いざ探すとなるとなかなか見つけにくいものです。キャンプサイトに適した場所とは,などとガイドブックにはよく書かれています。しかしガイドブックに出てくるようなおあつらえ向きの場所,危険もなく水場に近いなどという所は,行きあたりばったりに探すとなると,まず見つかりません。ましてナチュラル・シェルターを探すとなればなおのことです。どうしてもテントを持ち歩かなければなりません。

プラスティック・タープ
PLASTIC TARP

さてバックパッキングの装備は軽量で，携帯に楽なものでなければなりません。テントの場合にも当然それは当てはまります。

一番単純なものは，もちろんプラスティック・タープです。厚さ1mm，広さ2.7m × 3.6m。これがプラスティック・シートの標準的な大きさです。この1枚のシートを使って，好みのというより，その場の状況に合わせて，さまざまな屋根を作ることができます。もちろんテントというにはあまりに単純なもので，文字通り夜露，雨，寒さをしのぐという感じです。同じ性質のものに，トレール・タープ（trail tarp）があります。ポンチョにもグラウンド・シートにもシェルターにもなるというものです。これはプラスティック・シートほどの大きさはありません。正方形で中央に穴があけられており，四隅にハトメが打ってあります。

いずれにしてもこれらのシートで簡単なシェルターを作る場合は，最低20mほどのナイロン紐を用意する必要があります。立木，倒木，岩などを利用するわけですからナイロン紐で固定しなければなりません。プラスティック・シートの場合，重量は1kgにも満たないのですが，多くの場合，ハトメも打ってないただのシートです。これを固定するのにナイロン紐で直接結ぶのはなかなか面倒です。ヴィスクランプス（visklamps）を使うのが一番便利な方法です。

これはワイヤーループとラバーボールから成り立っています。ソリッド・ラバーボールの直径は3cmです。まずガイライン（張り綱）を固定したいと思う位置を決めたら，シートの中にボール

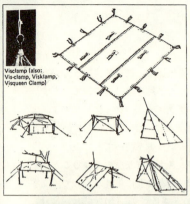

Visclamp (also: Vis-clamp, Visklamp, Visqueen Clamp)

プラ・タープとその使用例(左上)。トレール・タープ(左中)。いずれも多目的に使用できる。

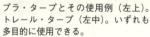

タープのピッチングに必要な各種のクリップ。〈右上から〉プラスティックのグリフ・クリップ。一番ポピュラーなヴィスクランプス。プラスティック・タイ・ダウン。〈下〉はメタル・クリップ。穴はコード・タイトナーとして使用。重量はそれぞれ20g前後。

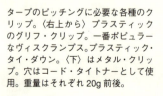

をくるみ，ひとひねりします。ちょうど，テルテル坊主のような形になります。その上にワイヤーループの大きな穴の方をかぶせ，ボールを小さな穴の方へ移動させればよいのです。ナイロン・コードを大きなループの方に取り付け，しっかり引っ張ればでき上がりです。任意のどの部分にもアタッチできるので，非常に便利です。ヴィスクランプスを持ち合わせていない場合には石ころを使い，クローブヒッチ（clove hitch）で固定する方法もあります。

こうした単純なシェルターを利用する際は，クリップがあると便利です。洗濯バサミでもワイヤー製の強いバネを持ったものなら充分使えます。立木と立木の間にナイロン・コードを張り，それにタープを掛けた場合など3，4カ所をクリップで留めると，タープが垂れることなく，快適なシェルターになります。クリップはそのほかにも使い道が広いので持っていると便利です。

チューブ・テント
TUBE TENTS

プラスティック・タープほど頼りなくはなく，ポール・テントほど大げさでないものをと考えるなら，それはチューブ・テントです。材質はやはり薄いが丈夫なプラスティックで，直径約1m，長さ2.4mほどの円筒です。両側の口が開いているチューブなので，単なるタープと違って底が付いていることになります。夏の暑さの中では両側を同じ高さにすればテントの中を風が吹き抜け，もし風が強すぎるなら一方の端は折って地面に固定してしまうこともできます。ワイオミングのグランド・ティトンでこのチューブ・テントを使ったことがあります。皓々たる月の光に照

らされてロッジポール・パインの葉影がテントの壁にゆらめくのを見ているのは楽しいものでした。このチューブ・テントでシェルターを作る場合,両サイドとも底を10cmほど上げて口を作ることが必要です。夜中に雨がきても地面に直接開口部がついていなければ,あわてなくて済みます。

インフレータ・テント
INFLATA-TENTS

これもポールを使わないテントです。テントの開口部に空気を入れるチューブが付いていて,これを膨らませると入口だけが三角形の,しっかりしたテントになります。チューブ・テントの開口部だけを空気を入れて固定させたものと考えてよいでしょう。

プラスティックのチューブ・テント。1人用で1kg,円周300cm。コーテッド・ナイロンなので,両端を閉じると危険。〈左下〉はヴィスクランプスの使用法。タープやチューブ・テントは緊急用として本テントのほかに一つ持っていたい。

インフレータ・テント。エアリブ構造なのでピッチングは簡単。2本のチューブ・フレームに空気を入れ、タープの開口部に当てトライアングルをつくる。頂点から1本ロープを張り、ペグで止めればできあがり。重量1kg程度。

マテリアルはプラスティック・タープやチューブ・テントと同じウォータープルーフ・コーティングのプラスティックです。

この材質のシェルターを使う場合の注意が一つあります。それはどんなことがあっても両サイドの開口部を同時に閉めきってしまってはいけないということです。両サイドを閉じた場合は充分なベンチレーションがとれませんので、睡眠中に窒息する恐れがあります。一端は必ず空気が流通するようにしておいて下さい。

1.9 ripstop nylon という材質を使ったチューブ・テントやインフレータ・テントもあります。これはプラスティック・シートより耐久力があり、優れていますが、コストは高くなります。重量も少し増えます。実際的な面から見れば、これらのタープ、チューブ・テントはエマージェンシー用として予備に持つつもりでいる

〈下〉はハンモック・テント。別にアラスカン・テントなどの名もある。湿地などで直接地面に接触したくない場合に使用される特殊テント。サイドはモスキート・ネットのみ。〈右〉はバックパッキング・テントの一つの原型であるコラプシブル・テント。軽くコンパクトで、ピッチングもきわめて簡単。ピックアップも移動も自由自在。

のが良いと思います。その場合は軽いプラスチック・シートの方が良いでしょう。もしナイロン・シートにしたいと考えるなら，むしろ一歩進めて，しっかりしたポール・テントを持ったほうが賢明です。

　タープにせよ，チューブ・テントにせよ，購入する場合は自分の身長を考えに入れ，充分な長さのものを選んで下さい。6フィート（1.8m）というサイズがありますが，これは充分ではありません。最低でも7フィート（2.1m）は欲しいところです。

　テントの設営，撤収は難しいもの，という考えが今もあるようですが，これは見当違いです。セッティングの困難なテントは危険ですから，バックパッカーには無用なのです。

ポール・テント
POLE TENTS

　これは本格的なシェルターです。店頭にはさまざまな形の，さまざまな名称の製品が並び，どれを選べば良いのか本当に迷ってしまいます。普通，バックパッカーズ・テント（backpacker's tent），マウンテニアリング・テント（mountaineering tent）などと呼ばれていますが，皆値段が高いものなので，慎重に選ばなければなりません。アルミのポールを使ってセットし，壁もしくは屋根に当たる部分と底とは材質が違っています。このタイプのテントにはいろいろなサイズがあります。チューブやインフレータの場合は，ワンマンもしくはツーマンという1人用もしくは2人用ですが，マウンテニアリング・テントになると1人用から4,5人用まであります。バックパッキングはあくまでも個人が単位

です。4人のパーティで4, 5人用テントを1個持つという, 従来の登山で使われてきた方法は避けたほうが賢明です。快適なわけがありません。また一人が遭難したとき遭難者に身を守るシェルターがなかったということのないように。どんな状況におかれても最低のシェルターだけは確保しなければなりません。4人のパーティだったらツーマン・テント（twoman tent）を2張り, それにプラスティック・シートを各自1枚, というふうにです。一人で歩く場合は, 居住性が良いからといって大きなテントを持つことは厳禁です。単に重いからという理由ばかりでなく, 一人では大きなテントの中を充分暖めることができないからです。一人ならツーマン・テントが限界です。ワンマン・テントもしくはシ

フリースタンディングはピッチングが簡単で風にも強い。〈左〉はジャンスポーツ・マウンテンドーム・テント。このドーム・タイプはAフレームのものより居住性がよい。ドームにせよAフレームにせよ, 底が縫着されているものを選ぶこと。また〈下〉に見られるようにフライは常にしっかり張っておくこと。雨だけでなく紫外線で本体の材質がいたむのを防いでくれる。

ングル・テント（single tent）はだいたいウエイトが1.5kgから2kg, ツーマン・テントで3kg位です。ただワンマン・テントの場合, 雨や雪に閉じこめられて何日も停滞を余儀なくされる場合には, 居住性が良くありませんから, つらい思いをしなければなりません。しかし, たとえばウォームライト（warm-light）610型のように, フライ不要, ペグを含めて900gのオールシーズン用とか, トレールワイズ（Trail Wise）のone man mountain tentのように雪山でも充分使え, ペグ, フライまで含めて1.5kgという軽量テントは何にも換えがたい魅力です。

さてポール・テントを選ぶ場合の注意ですが, それがワンマンであれツーマンであれ, 一人で簡単にセットアップできるものでなければなりません。いざというときセッティングに時間のかかるテントは決して使いよいテントとはいえません。現在のテントはほとんどソーイン・フロアー（sew-in floor）という, ウォール（壁面）と底が縫着されているタイプになっています。底のないオールドタイプのテント, ソドクロスを敷き, その上にグラウンド・シートをのせるタイプのものはライトウエイト・バックパッキングの本格的テントとしては向いていません。

ソーイン・フロアーの場合, ウォールには1.9リップストップ・ナイロンを使用するのに対し, 底部にはウォータープルーフのウレタン・コーテッド・リップストップ・ナイロン（urethane coated ripstop nylon）地を使っています。この底部がなるべく高い位置でウォールと縫着されているものを選ぶと雨や雪に強いことはいうまでもありません。マウンテン・テントは夏・冬兼用なので必ずモスキート・ネット（mosquito net）が付いています。フロ

ントドアーにはもちろんのこと，リアのベンチレーティング・トンネルにもネットは必要です。湿地帯でのキャンプに，このモスキート・ネットがないとひどい目にあいます。

　普通これらのテントにはウォータープルーフ・リップストップ・ナイロンのフライシート（fly sheet）が付いています。最近はそれぞれのメーカーにより，テントのデザインに特色があり，特殊

ファブリック，ポールとも堅牢なものを（左上）。フライは本体の前後左右を完全にガードしていること（左下）。バックパッキング用には入口の大きいものを（上）。雪の中ではトンネルを（下）。

バックパッキング・テントに使用されるポールはグラスファイバーをジョイントしていくタイプが多い(上)。ドアーやベンチレーター部分には必ずモスキート・ネットのあるものを(下)。

天井のベンチレーター(上)、フロアーのクックホール(中)、2個のテントのジョイントも可能(下)とそれぞれ特色あるディテールがある。細かなチェックが必要。

な型のものが多くなっていますので，フライも同時にセットされたものを使うのが便利です。フライは充分に大きくて，本体がすべてカバーされるものでなければなりません。山の雨が上からしか降らないなどとは誰も考えないでしょう。横なぐりの雨でも本体が濡れることのないようにしておかなければなりません。テントは底部を除いて，完全に防水された材質を使っているものはありません。もし完全防水のものを使用すれば，ベンチレーションがうまく働かず，窒息の危険があるからです。またフライは，本体に使用されているナイロン地が直射日光によって疲労するのを防ぐ役割も果たしてくれます。フライは日中，テント内の気温が上昇するのを押えるとともに，夜間に気温が低下するのも押えます。テントをセットしたら，必ずフライシートを付けることを心がけるべきです。

　一日のトレールを終わってテントをセットアップする時間は本当に楽しいものです。心を重くするようなテントを選ぶべきではありません。セットされたテントはナイロン・コードで張られ，自然の立木や石，もしくはペグ（peg）で地面に固定されます。最近は強化プラスティック・ペグ，ハイテンシル・スティールを使ったツイスト・スキューワー・ペグ，丸い棒のジュラルミン・ペグなど，ごく軽量のものが出ております。特に長さ 17.5cm のジュラルミン・ペグは 14g という軽さです。しかしこれらの軽量ペグを使用する場合，たとえば雪のように柔らかな場所でも，また岩場のような堅い場所でも無理をしてはいけません。ペグがしっかりきかない場合はペグの中心あたりに張り綱を巻きつけ，それを水平にしたまま雪の中に埋め，あるいは地面に置き，その

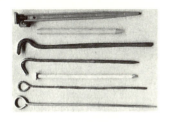

軽量のステーク, ペグ各種(左)。〈下〉はAフレームのポール・ジョイント部のデザイン(上)。ガイライン・タイトナーを使用すると, テントはシャープに張れる(中)。そのタイトナー(下)。ペグ, ガイライン(ロープ), タイトナーなどは使用分より少し多めに持つこと。

上に石塊をのせて固定する方法をとって下さい。また張り網のナイロン・コードの長さを調節したり, 強風のショックをやわらげるにはコード・テンション・アジャスター (cord tension adjuster) という手軽なエラスティックのリングがあります。

最近, 最も注目を集め, あるいは人気を呼んでいるテントは「ウォームライト」の製品でしょう。カリフォルニア州ウッドランド・ヒルのステファンソン (Stephenson's) のデザインによるこの製品は, 正式には Stephenson's warmlite と言います。カスタム・バックパック・イクイプメントの中には, このテン

PART : 2-3 タープ&テント 137

トのほか，スリーピング・バッグ，ヒップ・サスペンション・バックパック，ポンチョなどユニークなデザインの製品があります。

ウォームライト・テントは現在3種類あります。model 6は大人2人とその荷物，あるいは大人2名，子供1名がゆったりできるスペース，model 7は3，4人用，model 8は5，6人用です。model 6は私自身ロスアンゼルスで確認し，実験し，使用してみましたが，初めてウォームライトのカタログを見，内容を読んだ人は，誰でも驚き，疑惑を抱き，本当のことを知りたいと考えるに違いありません。というのは，このmodel 6は重量がポール，袋，3本のペグを含めて2ポンド15オンス（1332g）という超軽量でありながら，シェラ，アラスカ，ヒマラヤでのシビアな条件の中でまったくダメージなしという結果を得たマウンテン・テントだからです。

このテントにはフライは不要とされ，はじめから作られておりません。形，マテリアル，設営方法，いずれもユニークですが，これはエアロダイナミシスト（Aerodynamicist）とエアロスペース・エンジニア（Aerospace Engineer）のデザインによるものと説明されています。材質に使われているのは1.6から2.0オンスのリップストップ・ナイロンで，ウレタン・ラバー・コーティングを施し，完全なウォータープルーフネスを成功させたとされています。このマテリアルのおかげでフライが不要になったのです。形は写真で分かるように前後にサポート・ポールの弧をもった独得のものですが，これがエアロダイナミック（空気力学）から得られたデザインです。風圧，積雪の両面に最もうまく適応する形で，リッジライン，サイドラインとも不要になりました。前方に2本，最

ステファンソンのウォームライト。モデル7（左）とモデル6（右）。モデル6がバックパッカー向きだ。

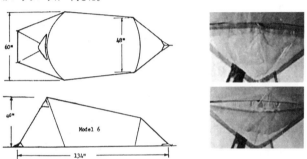

〈上左〉はモデル6のスタイルとサイズを示す平面図と側面図。数字はインチ。〈上右〉はベンチレーションのクローズアップで，上が口を閉じたところ，下が開口した場合。〈下左〉はモデル6のドアー部分。ロードスペースが大きいので居住性もよい。〈下右〉は軽量ペグ3本を使用するだけで風にも強いウォームライトの特色を示しているガイライン部分。

後部に1本のペグを打ちますが、リジッドに地上に固定されるのでなく、風圧を減ずるようにフレキシブルな動きをします。つまりテント全体が風、雪に対して、柳に風・雪と受け流すわけです。サポート・ポールは小さく畳め、あらかじめ湾曲しています。前後のポールをテントに差し込み、ペグを3カ所打ち込むだけで設営は終わりですから、まったく簡単で、気持悪いほどです。

一見したところマテリアルも薄く、これで本当に雨が防げるだろうかと心配になってしまいます。誰でもそう考えるとみえて、コーリン・フレッチャーは"The New Complete Walker"の中で、このテントを使用するときの不安感を書いていますし、"Whole Earth Catalog"でもこのテントの説明には「！？」という記号を入れているほどです。

先にマウンテン・テントだと書きましたが、夏のバックパッキングにも、超軽量でコンパクト、手軽ですからもってこいです。というより、バックパッキング・テントとしてはこれはアルチミトな製品と言えるかもしれません。言い忘れましたが、ウレタン・ラバー・コーティングでベンチレーションは大丈夫だろうかという疑問にも、このテントは前後に充分なベンチレーターをとり、モスキート・ネットを張ってありますので、心配はありません。

このテントのほか、現在私たちが手に入れることができるものを、バックパッキング・テントとマウンテン・テントに分けて説明します。まずバックパッキング・テントですばらしいと思えるものを挙げましょう。ジャンスポーツのウェッジ・テント（wedge tent）。名の通りくさび形で、フロアーはレクタングラー（矩形）、中央が高く（132cm）、2人用ですが居住性は良好です。テント本

ジャンスポーツのテントにはマウンテン・ドーム、トレール・ドーム、ウェッジの3種がある。ウェッジ（右）は2人用のバックパッキング・テント。トレール・ドームも3人用のバックパッキング向き。ベンチレーション・ホールにもモスキート・ネットが張ってあったり（中左）、ドアーも大きくネットとの二重構造(中右)とバックパッキング・トレールには完全なデザインを備えている。〈下〉は本体とフライとのジョイント部分を説明しているカタログのイラスト。

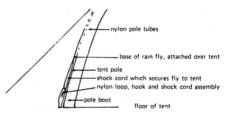

- nylon pole tubes
- base of rain fly, attached over tent
- tent pole
- shock cord which secures fly to tent
- nylon loop, hook and shock cord assembly
- pole boot
- floor of tent

体の色がグレーとブルーに分かれていますが、これはマテリアルの違いを表わしています。フロアーと下方のサイド・パネルに使用されているグレイ部分は、2.2オンスのコーテッド・ナイロンタフタ (nylon taffeta)、ブルーの上部パネルは1.9オンスのダクロン・リップストップです。つまり下部と床はコーティングして雨に強く、上部は通気性と太陽の紫外線に気を使っているというわけです。

ポールにはグラスファイバーを採用し、細かく接続する方法をとっています。このため極端な気温の変化にも影態を受けません。コネクター（ジョイント）部分は充分な耐性強度をもったエアクラフト・アロイで、締まりすぎや、緩みすぎがなく、ジョイントもセパレートも簡単です。グラスファイバーのほかに、軽量のアノダイズド・アルミニウムのポールも利用できます。ただポールの長さが40cmあり、ダウラギリ・シリーズなど、ジャンスポーツのバックパックにはよいのですが、他のリジッド、2段パックには収納しきれないので、外に出さざるを得ません。

前面のジッパーで開閉するドアーカバー部分と、レインフライにはエラスティック・ナイロンを使用していますが、これはモイスチュアその他の影響を受けません。ダクロンは太陽の紫外線にさらされても、繊維の衰弱を招いたりはしないのですが、このフライを付けると、いっそうテントの寿命を延ばすことになります。ウェッジ・テントはフリースタンディングで、張り綱は補助の役目です。雨だけでなく、風のためにもフライは常時装着すべきなのです。このテントの内部には洗濯物をほすためのコードと、フラッシュライトや眼鏡などを入れる小物袋がつけられていて便利

です。またベンチレーター，モスキート・ネットとも良好です。

ジャンスポーツと同じウェッジ・タイプには，フェザー産業の「カラコルム」と，ダンロップの「Aタイプ」があります。これはまったく同種のものです。リップストップ・ナイロン，ジュラルミン・フレームなどを使用し，構造はジャンスポーツと同じです。ただこのテントの欠点は，フロアーに続く 2.2 オンス・ウレタンコーティングのアンダーウォール部分が浅すぎ，それに対応できるフライではないため，上部のリップストップ・ナイロン部に直接雨が当たる恐れがあることです。矩形の長辺部分にジッパー L 型開閉のドアーと裏にトンネル出入口が取り付けられているためテントへの出入りは楽ですが，そのためにフライは矩形の短辺同士にかけられることになります。上から降る雨には充分でも横なぐりの雨には弱く，現在のものを改良するとすればアンダーウォールの高さをもっとのばすことだと思います。ジャンスポーツのウェッジと同じ高さは絶対必要です。

またモスキート・ネットがないのも問題で，高所用，冬山用としてだけ考えられていると言えなくもないのですが（トンネル，

コールマンがバックパッカーの名で出しているテントだが，サイドにつくられたドアーは出入りが容易。ただこの型のテントはフライのデザインが難しく，雨の多い日本ではもうひと工夫が要求される。

ベンチレーターから考えて)、やはりモスキート・ネットがあれば利用範囲が広がると思います。フリースタンディングで、私の好きなテントの一つですが、重量があまり増えない程度に抑えながら、アンダー・サイドウォール、ネット、フライの改良を望みたいものです。

バックパッキング・テントの大勢は、かつてのA型フレームからウォームライトを頂点とする流線型やウェッジ・タイプに移りつつありますが、オールドファッションのA型も次第に改良され、軽量で、冬を除けば使いやすい製品が多くでています。ジェリー社の「イヤーラウンドII」(year round II) を例にとって説明しますと、まず構造は本体とフライで一体となるダブル・ウォール式です。インナーウォール、つまり本体といえるものには 2.5 オンス・ナイロンタフタを使用しています。アウターウォール、つまりフライは 2.2 オンスのウォータープルーフ・ウレタンコーティングです。このダブル・ウォールの方法は内側本体をプロテクトするだけでなく、湿気が冷やされてできる水滴が本体の表面に付着することも防ぎます。つまりインナーウォールは常に乾いた状態にあり、それだけ快適に過ごせます。バックパッキング・テントではこのインナーウォールに 2.5 オンスのナイロンタフタ、フライに 2.2 オンスのウレタン・コーティングを使用するパターンが多いようです。イヤーラウンドIIのフロアー・マテリアルには、2.6 オンスのウォータープルーフ・ヘビーウレタン・コーティング・ナイロンを使用しています。底からサイドウォールの下部にかけてこの材質が使われていますが、フロアー部がサイドウォールにつながり、相当上部まであるこの形式を特にボート・

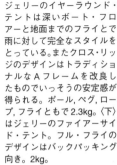

ジェリーのイヤーラウンド・テントは深いボート・フロアーと地面までのフライとで雨に対して完全なスタイルをとっている。またクロス・リッジのデザインはトラディショナルなAフレームを改良したものでいっそうの安定感が得られる。ポール,ペグ,ロープ,フライともで2.3kg。〈下〉はジェリーのファイアーサイド・テント。フル・フライのデザインはバックパッキング向き。2kg。

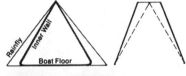

フロアー (boat floor) と呼びます。字のごとくボートの断面のような形状をしているからです。これは当然,地面の水をシャットアウトし,また地表近くまで延びたアウターウォール(フライ)とあいまって雨の心配をまったく無用にしています。

またイヤーラウンドIIのファサードは,クロス・リッジ・コンストラクションになっています。これで一般のAフレームよ

マウンテン・プロダクツの典型的バックパッキング・テント。ロードスペースとその半分を使ったドアーは出入りに楽だ（上）。〈下〉はトンネル・ドアーを前後に持ったAフレーム・マウンテン・テントをバックパッキングに使用しているもの。

り居住性がぐっと良くなっています。本体の前面いっぱいにとられている出入口はジッパーで開閉し、出入りしやすくしてありますが、その前に玄関といってもよい部分があって、ここはバックパックその他を収納したり、雨の日のクッキングに利用できたりするスペースになっています。これをフロント・ベスティビュール（front vestibule）と呼びます。フロント・ドアーとリア・ウィ

ンドーには，フル・ジッパーのモスキート・ネットが付けられています。全体の形は，前方がやや高めになったテーパード・スタイルです。

以上イヤーラウンドIIを例にして見てきた特徴，つまり，マテリアル，ダブル・ウォール（地表近くまでのオーバーハンギング・レインフライ），ボート・フロアー，クロスリッジ構造，フロント・ベスティビュール，モスキート・ネットによるフル・ベンチレーション，テーパードシェープなどは最近のA型テントによく見られる特徴です。これらの特徴をなるべく多く持ち合わせているテントを選ぶべきです。

次はマウンテン・テントです。これは日本で冬テンと呼ばれているもので，本格的な冬山登山用のテントです。バックパッキング・テントに比べれば重量は大幅に増えます。このマウンテン・テントも最近はドーム型のものが多くなってきました。ジャンスポーツのマウンテン・ドーム（mountain dome）はその典型でしょう。材質その他の特徴は先に説明したウェッジ・テントと同じですから，違っているところだけを説明しましょう。

まず形が六角形になります。つまり，ポールの数が1本増えるわけです。フリースタンディングですが，雪の中にアンカーリングしやすいように全面にスノー・フラップが付けられています。テントの隅々まで使えるので，このドーム型は非常に快適です。またウェッジでは，前面のドアーが唯一の出入口でしたが，ドームでは反対側にトンネル・ホールが付けられています。これは天気の悪い日のためです。このトンネルをジョイントすることによって，ドームをいくつも連結させることも可能です。

ジャンスポーツ, トレール・ドームのドアー部はマウンテン・ドームに比べて大きい。これは雪の問題を抜きにして考えているため。マウンテンはスノー・フラップが付けられペグのききにくい雪の中でも安定感がある。〈下図〉はポールのオーバーラップの方法を示す。

　ジャンスポーツのテントにはウェッジ・テントというツーマン・バックパッキング・テントと, 今述べたマウンテン・ドーム (3, 4人用と6, 7人用がある) の冬山用のほかに, トレール・ドーム (trail dome) があります。これはウェッジ・テントと同じバックパッキング用ですが, 形だけ六角形の3, 4人用としたものです。マウンテン・ドームで説明した冬山用の仕様は, このテントには付けられておりません。

　このドーム型の他のタイプ, トラディショナルなAフレーム

シェラデザイン,ノースフェース,ホルバー,EMS などがマウンテン・テントの本格派。〈上〉はシェラデザインのマリポサ。〈下左〉はグレーシャー。〈下右〉はスリーマン。グレーシャーは前後 A フレームのツーマン・テントで標準的なデザインだがスリーマンではポールはトリポッド(三脚),ピラミッドデザインとなっている。重量は 3kg 台。居住性は抜群。

のマウンテン・テントを最後に見てみましょう。これもジェリー社の「ヒマラヤン」(himalayan) と「マウンテン II」(mountain II) という代表的な製品を例にして説明します。この 2 種ではヒマラヤンの方がよりシビアな、というより特殊な遠征隊用といってもよい仕様になっています。マウンテン II は標準的な冬山高所用の代表といったところです。

まず,マウンテン II。本体上部のマテリアルは 1.9 オンスのナイロン・リップストップ,フロアーは 2.6 オンスのウォータープ

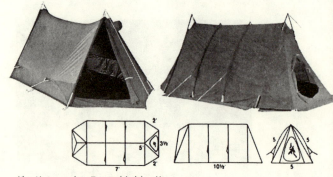

ジェリー・マウンテンⅡ（上左）。前後のアルミニウム・ポールのAフレームと、大きなロードスペース。〈上右〉はジェリー・ヒマラヤン。前後のAフレームの間にグラスファイバーのスタビライザーを付けている。図はそのヒマラヤンのサイズだが、トータル・リビングスペースは13m²を超える。〈右下〉はトレールワイズのツーマン・マウンテンの前（下）、後（上）部。ジッパー・クロージャーのフロント、トンネルのリアともモスキート・ネット付き。もちろん、ベンチレーターにも。本体のウエイト2.4kg、フライとロープ800g。トータル3.2kg。3kg程度のテントがマウンテン・テントの理想といえる。

ルーフ・ヘビーウレタン・コーティングで，前後にポールをたてたAフレーム式です。ストレージ・ベスティビュール，つまり荷物の収納部分をもった入口になっていますが，天気の悪い日にはこれをトンネル式に変えることもできます。後部はもちろんトンネルで，別のテントとジョイントできます。2.6オンスのウレタンコーティングのフライを付ければ，ダブル・ウォールになりますが，これは夏に使用するためです。

ヒマラヤンは2.5オンスのナイロンタフタを上部に，2.6オンスのダブル・ウレタン・コーティング・ナイロンをフロアーに使っています。前後にベスティビュールをもっていますが，一方はクッキング用に，もう一方は好天の日のAフレームドアーに使えるようにしてあります。また本体前後のポールのほかに2カ所でグラスファイバーのワンドを使ってスタビライザーとしています。強風時のためのエクストラ・アンカーリングとしてスノー・フラップが付けられています。マウンテンIIと同じフライが用意されていますが，雪の場合には当然使用しません。

厳冬期の雪山ではテントの内部にフロストライナー（frost liner 内張り）を付けます。この材質はコットン・ポリエステルで，ベンチレーションはもちろん問題ありません。重量は普通1kg程度見なければなりません。

バックパックにつけられたスリーピング・バッグとエンソライト。
日光国立公園

4. SLEEPING BAG スリーピング・バッグ

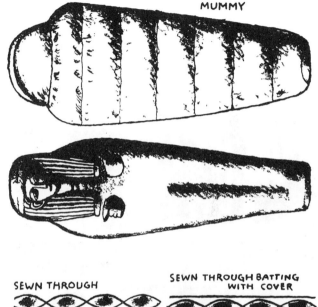

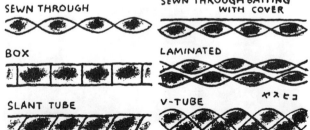

バックパッキングの夜は長く，また短く，楽しくもあり，つらくもある感動的な経験を与えてくれます。夕焼けの空が次第に暗味を帯び，頭上の梢にコノハズクが飛んでくるころ，コーヒーの最後の一滴を飲み干して，スリーピング・バッグの中に体を潜り込ませる瞬間の充足感。それはバックパッカーのみが知る喜びでしょう。

しかしこれは安眠のための良き道具があっての話です。もし貧

スポーツショップの壁いっぱいに並んだダウンのスリーピング・バッグ（左）。〈下〉はスリーピング・バッグの種類。左から毛布のGI用。朝鮮戦争で活用されたダック・ダウン。キャンパー用のファイバーフィル，レクタングラー・スタイル。右2点がグースダウンのマミー・タイプ。バックパッカーが選ぶのはグースダウンのマミー・タイプ。

弱な寝具で一夜を過ごすことになれば，それは不安感と惨めさだけを味わう苦い思い出となることでしょう。一夜だけなら我慢できるにしても，それが長い旅だとしたら考えただけでもゾッとします。快適な睡眠を得るための条件。それは"warm and dry"つまり乾いていて暖かく。それをキープすることです。寒さの厳しい冬に限らず，夏の日にも，海抜3000mの森林限界の上でも，モスキートと湿気に悩まされるローランドにおいても，同じことです。バックパッカーにとってスリーピング・バッグは最も神経を使わなければならない道具です。

スリーピング・バッグ
SLEEPING BAGS

形，色とも製品は多種多様です。最もポピュラーで安価なのが「夏用軽シュラフ」という説明がつけられている製品です。これは一見，薄く作られている感じですが，実際は大きく，畳んでもかさばり，概して寒気をシャットアウトするには充分ではありません。もともとこれは，オートキャンピング（car camping trip）や，夏休みなどに子供たちが軽いキャンピングをするときに用いるように作られているものです。もちろん，低地で気温がそれほど下らない所で使うには良いのです。しかしバックパッキングには向きません。というのは，このタイプのスリーピング・バッグはあまりにかさばりすぎ，重いからです。この種の多くの製品は「封筒型」，長方形で一方の端が開口部になっています。今でもサバイバル・テクニック（woodcraft）中には2枚の毛布をピンで留めて作るスリーピング・バッグがあります。もちろんこのレクタン

グラー・スタイル（rectangular style）の製品は夏用軽シュラフだけでなく雪の中でも使える羽毛を詰めたいわゆる「厳冬期用」にもあります。しかしこれは馬などの乗りものを使い，移動用の折り畳みベッドと，鉄製のキャンピング・キットを持ってトレールした時代の名残りのようなものです。

現在では，ほとんどマミー・スタイル・バッグ（mummy style bag）——日本では「人形型」という変な言葉になっていますが，これは mummy，すなわちミイラからつけられた言葉か，もしくは本当に人形からつけられた言葉か，はっきり私は知りません。いずれにしても明確な表現ではありません。mummy は古代エジプトの王たちのミイラですので，スリーピング・バッグに入ったさまを適確に表現しています——が使われるようになりました。マミー・スタイルはレクタングラー・スタイルに比べて機能の上からいって有効です。一つはマテリアルの量が少ないことです。これはスペースをとらないこと，軽量になることからいって効果があります。もう一つは，体から発散される熱のロスが少なくてすむことです。これは暖かさを保つうえで効果的です。

レクタングラーでは頭部が完全に外に出ますし，肩にも外気が直接当たります。寒気が強い場合にはこれは非常なウィークポイントになります。そして寝返りをうったとき体だけが動きますので，せっかく暖められた中の空気が肩口のオープンスペースから外に逃げることになります。その点マミー・タイプは頭部をすっぽり包むようにできていますから，寒気の強い夜でも，頭部のドローテープ（draw tapes 引き紐）を強く引っ張って結んでしまえば，鼻と口だけが出て，あとはすっぽりスリーピング・バッグの中に

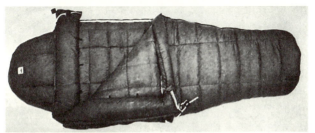

〈上〉は現在見られる最高級品の一つで,ホルバーのカスタムメード「アルチミト」-40°以上でもOKというエクスペディション用。ダウンはAAプライム・ノーザングース使用。細部のデザインとも最上のワークマンシップ。ウエイトは長さによって3段階。2900gから3300gまで。ダウンはスタッフから出し,振ってロフトを戻して（左）から,テントの中に入れること（下）。

入ってしまうのです。体から発散される熱は逃げ口がないので,暖かさは申し分ありません。というより,しばらくそのままにしていると暑苦しく感じるようになってしまいます。

　もちろん,マミー・バッグは寒冷な気候下で使うように作られているのです。ですから,完璧な形からいえばジッパーを使って

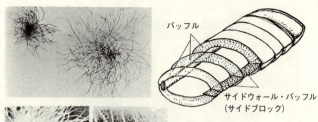
バッフル
サイドウォール・バッフル
（サイドブロック）

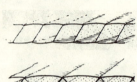

グースのダウン〈上〉を拡大すると〈下〉のような形をしている。〈左〉が10倍，〈右〉が1000倍。〈右上〉はダウン・スリーピング・バッグが持っているバッフル・コンストラクション図。バッフルにはナイロンやマーキゼッド（モスキート・ネット）が使用されている。サイドウォール・バッフルは別名チャンネル・ブロックとも呼ばれているが，このバッフルが重要なチェックポイントの一つ。〈右中〉の2点は最もポピュラーなバッフルだが，上がスラントウォール（斜壁），下がオーバーラッピング・Vチューブ。

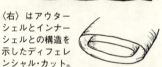

〈右〉はアウターシェルとインナーシェルとの構造を示したディフェレンシャル・カット。

開閉することは良くないわけです。どんなに優れたジッパーでも空気を通過させるからです。そこでジッパー使用のマミー・バッグにはたいてい内側にフラップが付いていて，暖かい空気が直接ジッパー部分から逃げ出さないように，また冷たい外気が直接内部に浸透しないように設計されています。

スリーピング・バッグにとって最も

ジェリーのバックパッカーは標準的なタイプ。スラントウォールとチャンネル・ブロックのサイドウォール（上）。

内外のシェルを同時に縫い合わせてしまうソーン・スルーのバッグでは、ステッチングがはっきりと見える（左下）。〈左上〉はスラントウォール。〈上〉はジッパーの内側に見えるフラップ。ドラフト・チューブが正式名。ダウン入りが良。

　重要な問題は、その袋の中の詰め物です。それは空気のポケットをたくさん作ったことになり、冷たい外気と暖かい内気との間の断熱の作用をするものだからです。つまりバックパッカーにとって、少ない容量で最も効果的に断熱の役割を果たしてくれるバッグこそベストだということになります。それは良質のダウン（down 羽毛）といって良いでしょう。

スリーピング・バッグのみならず，パーカ，ジャケット，ベストなどの衣服にしても，およそインシュレーションを基本におく製品は，ダウンを使ったものと合成繊維を使ったものとの2種類があります。テトロン（アメリカではダクロン88。各国それぞれのメーカーにより，違った特許名が使用されている）系合成繊維を使ったスリーピング・バッグはたしかに夏の暖かい季節には快適です。しかし気温が非常に下がる冬では，ダウン・バッグと比較して，同じ快適感を味わうためには，ダウンよりおおよそ1kgは余計に入れなければならないのです。この点バックパッカーにとっては欠点だといえます。

　しかし車を使ってのキャンピングなどでは，そのウエイトとバルキーさを気にせずに済むわけですから，非常に具合が良いはずです。また衣服に使う場合，たとえばゲレンデスキーのパーカのように，常時それを着用していられる状態ならばテトロン系のファイバーフィル(fiber fill)は決して悪くないと思います。ニュージーランドのナショナルパーク・レンジャーたちはすべてファイバーフィルを使用しています。日本と同じように雨の多いニュージーランドでは，ダウンよりも乾きの早いファイバーフィルのパーカが良いと彼らは話してくれました。とにかくファイバーフィルの欠点はその重量とかさばりにあるといえます。

　その点ダウン・バッグは，軽量であることを何よりも優先しなければならないバックパッキングにはベターです。もちろんダウン・バッグも，そのダウンの量および質によっていろいろのクラスに分けられます。量は多くなるほど良いのですから問題はありません。ダウンの質ですが，これは中をのぞくことができないの

ジッパーをはさんで上側のアウターシェルと下側のインナーシェルのシームがずれているのが分かる。スラントウォール（下）。バッフルの幅は 12 〜 15cm 程度がポピュラー（右上）。ジッパーはメタルシングル（下）のものは少なくなってきた。ドローコードとともにナイロン製の方が良い。

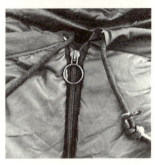

で，各メーカーのコピーを信用するしかありません。

普通上質のダウンはノーザングース（northern goose）の成鳥からとります。まだ未成熟の若いグースや他の水鳥（ダックなど）からとったダウンは，浮揚性，耐久性，それにロフト（loft）に問題があります。このグースダウンにも 2 種類のグレードがあり，フェザー（feather）を 12 〜 20% 混ぜたものを bag grade ダウンといい，8 〜 12% に押えたものを garment grade ダウンと呼んで区別します。またホワイトグースとグレイグースという区別がされ

ている場合は、ホワイトグースの方が上質とされています。最近は外国製のダウン製品が多くなっています。よく説明書を読むことが大切です。

実際にはグースダウンのクォリティーをはっきりチェックする方法はないのですが、だいたいの感じをつかむ方法はあります。バッグのライニングに手を当てて、羽の芯を探してみます。もしそれが鉛筆の芯ほどの堅さを感じたらダウンだけでなく、フェザーが混じっているのですが、あまりその数が多く感じられるものは良くありません。普通グースダウンのマミー・バッグには0.7kgから1.4kg位までのダウンが詰められています。バッグ全体のウエイトは詰め物の2倍程度になりますから、逆にいうとトータル2kgのグースダウン・バックには1kg程度のダウンが詰められているということです。

先にちょっと触れた言葉にロフトというのがありました。これは、ロールされてあったバッグを平らな床面に解いて出し、そっと端を振って、フィルの中によく空気がいきわたった状態にしたときの、底部からふくらみのトップまでを計ったもので、この状態をフリーロフト（free loft）といいます。最もハイクォリティーのバッグでは、24オンス（670g）のフィルに対し、ロフトが8½インチ（21.4cm）の高さとなっています。よくカタログには、この製品は零下X度でも快適というような文句が書かれていますが、これによって製品の価値を決められないことは言うまでもありません。状況、その場の肉体的、精神的条件を無視して、製品だけをテストしてみたところで、必ずしも安全性を保障してくれる手段にならないのは常識で考えても分かることです。

良質のバッグにはフードがビルトインされている。ドローコードを引くと顔の周囲だけを残し肩口を完全にカバーしてくれる。コードはいちいち結ばなくてすむコードロック付きが良い。

　マテリアル，ウエイト，ダウンフィルのクォリティー，ロフトと見てきたら，次はステッチ（縫い目）を調べて下さい。中に何キロのダウンフィルを使ったところで，もし，外面と内面をいっしょに縫いつけてしまったら，両側の空気は縫い目を通して自由

ドローコードとフィックスロックが堅牢にできているエディーバウアーのバックパッカー。フードがピローポケットになっているのも見える(左上)。〈左下〉はジェリーのバックパッカー。ナイロン・ジッパーとドローコード・ロックの様子。丈もチェックし充分な長さのものを(右)。

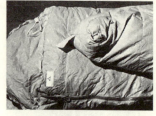

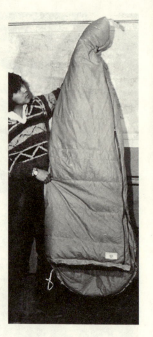

に出入りしてしまい,暖かさを内にためることができません。事実このシンプリー・ステッチングで縫われているバッグは数多くあるのです。

どんなすばらしいダウン・バッグでも,中のフィルに留めがなければダウンが動いてしまいます。しかも重量が直接かかる地点つまり肩や尻の下が一番被害を受けることになります。本来一番

〈上〉はシェラデザインのスーパーライト200, マウンテン・マシン。高いロフトとディフェレンシャリーカットのハイ・パーフォマンス製品。〈下〉はトレールワイズのスリムライン。シェブロン・コンストラクションとサイド・ジッパーに注目。サイズは身長170以下，180，190cm以上の3種。

厚く欲しい部分からダウンフィルが移動してしまい，薄いナイロン・シェルだけということになってしまいかねません。これを防ぐためアウターシェル（外面）とインナーシェル（内面）をステッチして小さなマッスに区分し，フィルが移動するにしても個々のチューブ内のみに留められるようになっています。普通何もしなければフィルは頭部から足部へ向かって動いてしまうようです。

ジッパーにベルクロをプラスしたドラフト・チューブ入口（左）と，肩口のガードのためのカラー（右）。

それを防ぐ意味で横軸の分離帯をとったトランスヴァース・チューブ（transverse tubes）・スタイルは，縦軸のロンジチューディナル・チューブ（longitudinal tubes）・スタイルより優れているといえます。そして山形をとったシェブロン・チューブ（chevron tubes）はトランスヴァースよりさらに効果的であると考えられています。

この外と内のシェルを留める方法は，さきほどのシンプリー・ステッチング（ソーン・スルー）のほかに3種類の方法があります。一つはボックス・コンストラクション（box construction），次がスラントウォール（slant wall），もう一つはオーバーラッピング・Vチューブ（over lapping V tubes）・スタイルといいます。スラントは矩形，オーバーラッピングはV字形にバッフル（baffles 隔壁）を縫い込みますので，中のフィルは個々のコンパートメントの中だけで移動し，縫い目が直結しないので直接空気が逃げ出してしまう心配がないわけです。

普通，シェルのマテリアルには1.9リップストップ・ナイロンが使われています。これは表面が少しゴツゴツした感じがします

ダウンの入ったドラフト・チューブはベター。ジッパーはナイロンなどの2ウェイのものを〈上左〉。〈上右〉はフード・クロージャーのコードとロック。コードにはナイロン・テープが良い。〈下〉は腰までのハーフバッグ。ダウン・クロージャー（羽毛服）と組み合わせるとビバーク用としての寝具になる。また子供のスリーピング・バッグとしての使い道もある。

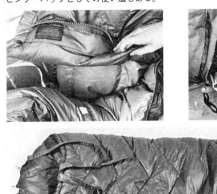

が，目がつんでいるので暖かく，手洗いができます。1.9リップストップよりも上質なマテリアルを使用している製品もあります。40デニールのハイテナシティーの糸を使い，インチ当たり155×128スレッズという非常に緻密な仕上がりになっています。こうしてスリーピング・バッグはおのおののメーカーからさまざまなタイプのものが出ています。どれが良いと一口にいえる状態ではありません。自分がどんな状況で使うのかをはっきり考えて，それに適した製品を選ばなければなりません。

さて、スリーピング・バッグを実際に使用する際の注意ですが、これはただ一つ、厚着をして中に入らないことです。寒さはまず体内にハイカロリーのキャンディーバーなどを取り入れて防ぐべきです。空腹は非常に寒気を覚えるものです。そして清潔で乾いたサーマル・アンダーウェア（thermal underwear）になってスリーピング・バッグの中に入ります。もしどうしても上着を脱ぐ勇気が出ないときは、上着のままで中に入り、バッグの中が暖まったらすぐに脱ぐようにすれば良いのです。いずれにしても昼歩いていたそのままの服装でバッグの中に入ってはいけません。汗とほこりがいっしょになった上着はかなりな湿気を持っています。それを持ち込んでしまうと、せっかく乾いていたバッグもたちまち湿りを帯びてしまいます。

　地面は夜の間は常に寒気と湿気を持っています。もし直接地面の上にバッグを広げたら、間違いなく寒さを感じてしまいます。地面とバッグの間になにかインシュレーターを置いて隔絶しなければなりません。そこでマットレスが必要になってきます。スリーピング・バッグとマットレスは常に一体です。

マットレス
MATTRESSES

　現在あるインシュレーター（絶縁体）で最も優れているのはクローズドセル・フォームパッド（closed cell foam pad）でしょう。これは通常エンソライト（ensolite）と呼ばれています。このエンソライトは水分を吸収しません。厚さは 3/16 インチ、約 5mm から。表面は粘着性のあるコーティングがされています。重量、容積、

快適さなどを考えあわせて⅜インチ，10mm弱がほどよい厚さでしょう。エンソライトはエア・マットレスより暖かで軽量です。そしてパンクすることがないので修理道具を持つ必要もありません。雪の上などで使うときは最高に寝心地のよいものです。ただ一つの欠点はバルキーであるということです。厚さ10mm，横幅48cm，縦1.15mという半身用の場合，ロールサイズは13cm，重さ400gです。しかしすべての条件を考慮に入れて，現在ではインシュレーターとしてベストではないかと考えます。特に草地，砂地，雪など下が平坦な場合は最高の寝心地です。エンソライトには全身用と半身用がありますが，全身用を買っておいて自分の好みの長さにカットして使用することもできます。特に雪の上などでは半身のエア・マットレスにフルレングス（full length 全身用）のエンソライトなどを組み合わせたらまったくの寒さ知らずです。

特別寒い場合を除いては，ヒップレングス（hip length pad 半身用）で充分です。足の方は予備の衣類，プラスティック・タープ

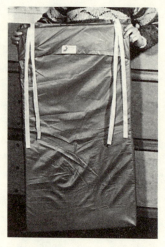

ナイロンで包んだフォームパッドと, クローズドセルのエンソライト〈左上〉。〈左中〉はその断面を示す。〈上〉はジェリーのハーフ・フォームパッド。〈左下〉はシェラウェストのロング・パッド。ポリウレタンにウォータープルーフ・ナイロンでカバーしたこれらのオープンセル・フォームパッドは, 半身用の短いもので 90 × 50 × 3.8cm, 重量 500g。全身用の長いものが 180 × 60 × 3.8cm, 重量 1400g というのが標準サイズになっている。

などを敷いて間に合わせます。

もう一つ, 快適さの点ではこの上もないというパッドがあります。それは普通のオープンセル・フォームパッド (open cell foam pad) です。しかしこれにはウォータープルーフ・ナイロンのバッ

ポリビニールのエア・チューブを独立させたユニークなエアリフト・マットレス。シェルは，リップストップ・ナイロンタフタ。パンクが全体に影響を及ぼさず，空気の注入もらくにできる。半身500g。全身1kg。スペア・チューブ付き。スタッフに収納した場合の大きさは169ページの写真右方に示してある。〈下〉スペア・チューブの上にあるのはケルティーのナイロン・エア・ピロー。

グでカバーをしなければなりません。そうでないとこのタイプのものは地面の水分を吸収してスポンジのようになってしまいます。このマットレスの欠点もバルキーなことです。このポリウレタン・パッドは普通厚さ5cm，ロールにして半身用でも約20cmになってしまいます。

エア・マットレス（air mattress）はとてもポピュラーでグラウンド・カバーには最適といわれています。しかしバックパッカーにとっては状況により，良くも悪くもなります。特に欠点は重量で，エンソライトの2倍はあります。また，エアマットを畳んでバックパックの中に収納しようとすると，相当のスペースをとります。ラバライズド・コットン・キャンバス（rubberized cotton canvas）にしても，ビニールラミネーテッド・ライトウエイト・ナイロン（vinyl laminated lightweight nylon）を使ったとしても，個々の空気房（air cells）が大きいので暖まりにくいという欠点もあります。それから空気を入れて膨らませるのもなかなか大変です。しかし，あらかじめ岩場でのキャンプになることが分かっていたり，ラフト・トリップ（川下り）になることが分かっているときは，エアマットに分があります。岩の上では薄いエンソライトより堅さを感じなくて済みますし，川を渡る場合には筏にもなってくれます。

　ボーイスカウトのウッド・クラフトの中には，自然の草や枯枝を集めてマットレスを作る作業があります。しかしこれは材料を集めるのにも面倒な問題があり，バックパッカーとしてはエマージェンシーのためのサバイバルとして覚えておかなければならないことはもちろんなのですが，普段は自然のマテリアルを利用することを考えるより，エンソライトなどのライトウエイト・マットレスを常に携行したほうが賢明だと思います。

　エンソライトと並んで人気のあるのがクレート・パッド（crate pad）です。イギリスのトーマスブラックのキャンパマット（kampamat）が元祖ですが，今では色染めされて，いかにもパッドらしくなっています。また，卵や果実などの食品をはじめ各種の梱包に，エアポケットを持ったポリエチレンのパッキング・クッションが使われていますが，このエアポケットの大きめのものも効果的なパッドです。このエアポケットは，ある限度以上のプレッシャーが瞬間的にかかれば別ですが，パッド全体に平均的に体重がかかる状態では，めったにパンクしません。

スリーピング・バッグ・カバー
SLEEPING BAG COVERS

雨が多く湿度が高い日本の気象条件では,長いトレールの夏のバックパッキング,あるいは雪洞を使用したりする冬のスノー・キャンピングにはスリーピング・バッグ・カバーを持っていると有利です。材質はほとんどナイロンですが,底がウォータープルーフ 1.9 リップストップで,トップがテナヤのブレスという製品が使い心地の良いものです。ニュージーランドで見つけて使ってみたオイリー・ジャパラは,油がしみ込んでいるので湿った感じがしますが,ウォータープルーフ,ブレスとも良好でした。ただしナイロンのように小さく畳めず,重量があるのはやむをえません。

カバーはマミーにぴったり合わせたものよりレクタングラーのものの方がよい。250cm × 112cm。クロージングその他のギアーをしまいこめて便利。リップストップ1.9ナイロンをウォータープルーフ加工した材質を使用。

サイズはトラディショナルなレクタングラー（封筒型）で，250 × 110cm 程度あります。これはどんなスリーピング・バッグにも使用できるようにしてあることと，冬などはその中にロープ，靴，ストーブなどを入れられるようにしてあるためです。この大きめのカバーの中で暖められた空気が，いっそう快適な寝心地をつくってくれます。サイドにジッパーの付いているものと，ファスナーのない袋状のものとがあります。カバーとして使用するほか，グラウンド・シートやタープとしても使えます。高山でない限り盛夏のトレールでは，このカバーだけでも眠るのに苦労しません。重量は普通 500g 程度です。

しかし，低温，降雨といった悪い状況でないのに，カバーをかける必要はありません。暖かいときなど，かえって寝袋が汗で濡れます。

スリーピング・バッグ・ライナー
SLEEPING BAG LINERS

リップストップ・ナイロンのバッグを洗濯するのは，なかなか厄介です。コットン，コットンポリエステル，コットンフランネルなどでできたライナーを使用すれば，汚れてもライナーだけを取り出して洗えば良いので，バッグをいつも清潔に保っておけます。清潔なバッグはそれだけロフトの高さも増して保温性が良くなります。重量が 160g 増すことを気にしなければ，ライナーは持っていってよいものでしょう。スリーピング・バッグとライナーとのファッスンにはメタルスナップやタイコードを使わず，プレッシャー・アディーシブのベルクロ・クロージャーを使います。

ピロー
PILLOWS

 脱いだ衣類を丸めて枕にすることは誰でもやることですが、スリーピング・バッグを出したあとのスタッフ・バッグに衣類を詰めると、中味がずれたりしないで本格的な枕の代りをしてくれます。バックパッカーのためのピローとして作られているものはほとんどインフラタブルなもの、つまりプラスチックの袋の中に空気を吹き込んで使うタイプです。ケルティー（Kelty）から出ているバックパッカーズ・ピローのほか、骨折した際の副木に使うインフラタブル・エア・スプリントやプラスチック・カンティーンなども利用されています。

 ケルティー製のピローは 20 ミル（mil〔1mil は 1/1000inch = 0.0254mm〕）のビニールを用い、サイズ 47 × 35cm、重量 130g で、口で簡単に空気を入れられ、手軽です。

スタッフ・バッグ
STUFF BAGS

 スタッフという言葉は「詰める、詰め込む」という意味ですが、これはきれいに詰めるというより、どちらかというと乱雑に見境もなく詰め込むときに用いられるのだと、アメリカの友人でアウトドアースポーツ・ライターのチャールス・ファーマーが教えてくれました。スタッフ・バッグとは乱雑に押し込んでしまえる袋ということになります。

 この袋はウォータープルーフのウレタンコーテッド・ナイロンでできているのが普通です。形は円筒形（cylindrical affair）で、

ウォータープルーフのウレタンコーテッド・ナイロンダックのスタッフ・バッグ。ドローコードとスライド・ロック。入口はフラップ付き。

口はドローコードで締めるようになっており，閉め口から雨などが入らないようにガード用の共布（インサイド・フラップ）が1枚縫着されています。スリーピング・バッグを守るためにぜひ必要なものです。ダウンの衣類も同様にスタッフ・バッグに入れて持ち運びしなければなりません。

スタッフ・バッグは広口ですから詰めるのはとても楽ですが，小型のバッグにむりやり詰め込むのは考えものです。コンパクトになって具合が良いようですが，むりに詰め込むとダウンのロフトを損なうことになります。少し余裕があるくらいの大きさを選んだほうが無難です。直径16cmから40cm，長さは30cmから58cm程度まで各種あります。

スリーピング・バッグはバックパックの下部にストラップで取り付けるようになっています。必ず丈夫なスタッフ・バッグに詰め，濡れや汚れから守らなければなりません。

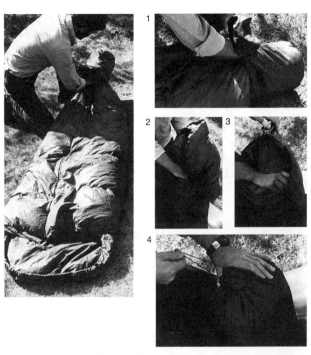

スリーピング・バッグをスタッフの中に収納する場合は、決して畳まないこと。足の方から少しずつ詰めてゆく。なるべく余裕のあるスタッフにゆったりと詰めておくのがバッフルを傷めない方法。ロールさせると不自然な圧縮がダウンにかかる。足元から詰めて、空気を上方に抜くのがコツだ。

〈上〉ジェニーレーク・キャンプグラウンド(グランド・ティトン国立公園)
〈下〉オプティマス 88 ストーブ

5. STOVES ストーブ

自然に親しむこと，それを最も具体的に自分のものにすることができるのは，焚火をしながら野宿することでしょう。夕暮れからやがて深い夜へと入り込んでゆく時間。焚火を囲んで無言のうちに，ただ無心に火を見つめて過ごす時間。この時ほど自然の中にあることのさまざまな問題を肌に受けとめて考えることのできる瞬間はないと思います。

　太陽，夜の闇，暖かい火，風，人間，私たちが日常の生活の中で片隅に追いやってしまっていた生きるための基本的要素に思いをめぐらすことのできる時間。素直な気持が自然によみがえってくる時間。それは無人の荒野の中で焚火の焰を見つめるとき必ずやってくる不思議な感動です。大きな自然の中に身を任せてしまったという安堵感は人を素直な生きものにしてくれるのに違いありません。バックパッキングが新しい人間像を求めるプラクティスの一つとして考えられているのも，野外でのさまざまな体験を通して自分の生活，物質，自然というものに深い関心を示し始めるようになることが明白だからに違いありません。

　落葉焚きさえもできなくなってしまった都会生活の中で，私たちは焚火の方法もすっかり忘れてしまっているようです。雨の中でもすぐ火を作ることのできる人が何人いるでしょうか。火は昔も今も人間の生活に根元的な意味を持っています。火こそ私たちが最も大切にしなければならないウィズダムの一つだと考える人間，それこそバックパッカーだと言えます。

　しかし現実にはもはや私たちは真の荒野を失ってしまいました。自然を私物化した人間は，自然を人間の従属物のように考え，所有し，私的な利益をそこから得ようとしています。焚火を許さ

れない地域はある意味では自然の全地域なのです。なぜなら自然という言葉は誰かしら人間の所有物であるということと同義語なのですから。自然が焚火を許してくれないのではなくて、人間が焚火を許してくれないのです。これはたしかに不愉快なことに違いありません。しかし、それとは別に、私たちがあまりにも火を粗末に扱いすぎる結果起こった当然の措置といえなくもないのです。火はすばらしく大事なものであるのと同時に、この上もなく恐ろしいものであるという実感を私たちは忘れてしまっています。焚火には細心の注意が払われなければいけないのですが、その点あまりに無神経だと思われる例がたくさんあります。火の大切さを忘れた人は、火の恐ろしさを忘れた人でもあります。

私たちはいかなる場合でも、ウィルダネスに立ち入ったときに、その足跡を残すことを可能な限り避けねばなりません。私たちはいかなる場合でも焚火を作る訓練を怠ってはならないと同時に、可能な限り焚火をせずに旅することも心がけねばならないのです。焚火は一部の指定地域を除き、原則として禁止されていると考えていてよいでしょう。もしくは焚火は必ず許

バックパッカーにとって、森林が火災によって無残な姿に変わっているのを目にすることほど悲しいことはない。それが人の手によって起こされた場合はなおのことである。"Continue to be careful with fire" が合言葉。

世界中，どこの森林にもフォレスト・ファイアーに対しての注意を喚起する標識は多い。火災は自然現象によっても当然起こる。だからこそ人間の不注意による森林火災はなんとしても防がねばならない。

可を受けねばならないものと。

この原則を別としても，森林限界を越えると焚火は難しくなります。燃料を探すのが困難になるからです。森林限界内での旅は，自分の歩くトレールがはっきりしたら，可能な限り焚火の許可をとっておくのが良い方法です。バックパッカーが火を作るには，二つの方法があるのは前にも述べました。焚火（open fire）と，ストーブなどの人工熱（artificial heat source）によるものです。これは暖をとるため，クッキングのため，動物から身を守るため，そして自然の中にいることの楽しみのために使われるものです。単純に考えればクッキングはストーブ（stove）を使うほうが焚火

より便利です。しかしストーブには燃料が必要です。常にそれを心配していなければなりません。焚火はその場所を探し，燃料を集める手間がかかる不利があります。食料をデハイドレイテッド〔dehydrated 脱水乾燥したもの〕に限るなら，ストーブだけで充分なのです。それも小型のもので。

ホワイトガス・ストーブ
WHITE GAS STOVES

スベア 123（svea 123），このスウェーデン製のコンパクトで扱いやすいストーブはバックパッキング・アイテムの代表的なものの一つといえます。1週間のトレールに要する炊事用具にこのスベア 123 を使用した場合，カバーの付いた本体が 500g，タンク内に詰めた白ガス 0.16ℓ が 115g，ストーブカバーをポットとして使用する場合のハンドル 7g，ノズルクリーナー 7g，フュエル・コンテナー 1 パイント（0.5ℓ）用 110g，1 パイントのホワイトガス 500g，プラスティック・ファンル 7g，合計 1.25kg の重量で済むことになります。

このスベア 123 は白ガス ⅓ パイントのキャパシティーで約 60 分の燃焼時間を持っています。1.14ℓ（1 クォート）の水の沸騰時間は約 6 分，ポンピングは不要，円筒形のウインド

スベア 123

シールドが，そのままポットホルダーになるように設計されています。白ガス，白灯油を使うストーブの中ではたしかにこのスペア 123 はバックパッカーにとってベスト・イクイプメントです。

このスペア 123 とほぼ同様のライトウエイト・ガソリンバーニング・ストーブ（gas. burning stove）にはプリムス 71L（primus 71L），オプティマス 88，オプティマス 8R，オプティマス 99 という代表的な 4 種があります。これらのガソリンバーニング・ストーブは寒さに強く，温度が低い場所でも水の沸騰時間に違いはありません。

スペア 123 は使い方も簡単です。まず掌でタンク（bowl）を温めます。その際バルブをオープンにしておきます。するとノズルからガスが出てきて，そのリキッドがジェネレーターの足元にあるタンクの窪みにたまります。次にバルブを閉めてそのためられたガスに点火します。その熱でジェネレーターが温められ，充分気化したガスが上がってきます。そこまで完全にできたらバルブをもう一度開いてマッチで点火すればよいわけです。

問題はタンクを温めることです。掌で温めるのですが，夏ならば問題ありません。しかし冬，凍りつくような寒さの中で，直接あのブラスに手を当てるということは不可能です。ストーブを温めておくためにスリーピング・バッグの中に入れて寝るのは良い方法です。

いずれにしても，たとえテントの中とはいえ，ストーブの下には地面の冷気が直接当たらないように，エンソライトなどを敷いておくべきです。日中は太陽に直接当てたり，熱くなった岩の上にさらしておけば，すぐに温まってきます。スペアはタンクの底

〈左上〉プリムス71L（オプティマス80と同種）。〈左中〉オプティマス8R。〈左下〉オプテイマス99。スベア123と同様の軽量のバックパッキンク・ストーブ。燃料はすべてホワイトガス。キャパシティーはそれぞれ0.28ℓ, 0.16ℓ, 0.16ℓ。燃焼持続時間はそれぞれ90分, 75分, 45分程度。1ℓの水の沸騰時間はそれぞれ5分, 6分, 7分。3種ともセルフ・プレッシャー・システムでポンピング不要。サイズはそれぞれ14.6 × 11.0 × 9.5, 12.7 × 12.7 × 7.6, 12.7 × 12.7 × 8cm。ウエイトはそれぞれ567g, 765g, 567g。〈下〉はミニストーブ用のウインドスクリーン。12.7 × 15cmのヒンジ・パネル。底近くにドラフト・ホールがあいている。ウエイト114g

が半月形にへこんでいます。そこにティッシュペーパーを当てておくだけでも,温まり方は大変違います。一度火をつけるとストーブ全体が温められます。その後は火をつけるまでの手順はもっと短時間でやれるようになります。

　スペア123に限らず,軽量小型のストーブの敵は風です。もちろんどのストーブにも,風よけのウインドシールド(windshield)が付けられています。これは,点火のときには充分役に立ってくれますが,その後の熱を効果的に集中するには,完全ではありません。強風の中では焔が散り,湯を作るのに思わぬ時間がかかったりします。それは燃料をむだに消費しているということでもあります。シールドだけを頼らずに,もっとしっかりしたウィンドスクリーン(windscreen)を使うべきです。これはスペアに限らず,ブタンガスなどのカートリッジ・ストーブでも同じことがいえるわけですから,ぜひ一つ,作っておくと良いと思います。ストーブが充分隠れるだけのナイロン布と軽いグラスファイバーの棒を4本用意し,ストーブをとり囲めるようにデザインします。棒は土中に差し込めるように長めにしておきます。ストーブのバーナーにはゴミのつまりや汚れが大敵です。バーナーがつまると,クリーナーはあるのですが,これで掃除をしているうちに穴が大きくなってしまったり,いろいろトラブルの原因になります。ゴミを防ぐ意味からもスクリーンは必要なのです。

　それからスペア123は本体のまわりをブラスの円筒が覆っていて,これが防風の役目をしているのですが,一度点火されるとスペアは全体が熱せられてしまいます。たとえば雪の上で使用した場合,雪はすぐ溶かされてストーブは沈んでいってしまいます。

またテントの中で下に敷物を置かず直接ストーブを熱すると、テントに穴があいてしまうでしょう。スベアにはその円筒のシールドの上にカバーが付けられています。これはホルダーを使ってカップになるようにできていますが、このカバーをカップとしてではなく底に敷くように使うと便利です。それにしてもテントの中では可能な限りストーブを使用しないこと。雨や寒さなどのために、やむをえずテント内で使用するときは、必ず下敷を用意すること、まわりに物を置かないなど、細心の注意が必要です。

スベアにはノズルの掃除用にワイヤー・プリッカー（wire pricker）が付いていますが、この小さいプリッカーは本体の中に入れておくより、なにか厚紙で包んでバックパックの中にしまっておくべきです。必要のないときにいちいちストーブから出し入れしているのでは紛失するおそれがあります。

さて白ガソリンはストーブのボウル（タンク）にあらかじめ8分目ほど入れておくとしても、長い旅になるとそれだけの量では足りなくなりますので、予備のガスを入れるコンテナーが必要になります。コンテナーの材質は大きく分けると2種で、アルミニウムや錫などの金属製とプラスティック製。そのうち使って安心

スベア123のガソリンタンクのキャパシティーは⅓パイント。燃焼時間1時間。そのためフュエル・コンテナーが必要。写真はエーデルワイス（台湾製）のフラット・タイプで1パイント（0.47ℓ）用。ウエイト113g。

なのはやはり金属製のものでしょう。プラスティックに比べるとたしかに重くはなりますが、より安全だと思います。たとえばオーストリアの"Vogler"、あるいは西ドイツ、台湾製などの偏平な (flat type) 錫合金のコンテナー。これはもちろん漏出予防 (leak-proof)、防錆 (non-corrosive) になっており、注入口と注出口が別になっています。ブラスの注出口にはフィルタースクリーンが組み込まれていて、ゴミがタンクに入るのを防ぐようになっています。ほかにアルミニウムのボトルがスイスの"sigg"から出ています。パッキングの入ったスクリュートップは決して漏出事故を起こさず、がっちりできています。丈夫で長持ちという点でコンテナーは金属製の方がプラスティックより勝ると思います。

　"Vogler"のコンテナーのように注出口が付いている場合は別として、ボトルからストーブに白ガスを入れるにはファンル (funnel ジョウゴ) を使いますが、このファンルにもプラスティック製とアルミニウム製があります。どちらでも良いのですが、使用する際は必ずゴミなどがついていないようにきれいにすることを忘れないで下さい。

　ガソリン使用のバックパッキング・ストーブはプレヒートが必要です。あらかじめノズルの下の受皿に燃料を置き、それを燃やして温める方法では、スイスメタなどの固型燃料を使用するのが安全で便利です。

　白ガスは入手しにくいように言われますが、スポーツショップ、ガス・ステーションに頼めば、その場になくても取り寄せてくれます。だいたい20ℓ罐入りになっているようです。最近はキャンピング用具のメーカー「コールマン」社の製品が日本で販売さ

エーデルワイスのコンテナー。左から1パイント (0.47ℓ), 1½ (0.71ℓ), 2 (0.94ℓ) の3種とコールマンのファンル。

〈右上〉はボグラーのコンテナー(西独)フラット・タイプ,リークプルーフ(防漏),耐蝕メタル。ポーリング・スパウト(注出口)付き。フィルター・スクリーンがビルトイン。〈右〉はシグのアルミニウム・ボトル。リークプルーフ,耐蝕。パイント (0.47ℓ) とクォート (0.94ℓ)。ポーリング・キャップ別。〈下〉はバーニング用エタノール・ペースト。スターターとして便利。

れていますが,そのコールマンのストーブ,ヒーター,ランタン用の純正フュエルが1ガロン罐 (3.79ℓ) で出ています。これは白ガス用のストーブにすべて使用することが可能で,コールマン製品を扱うスポーツショップにあります。ただし,あらかじめ白ガスを詰めた状態で罐を輸入することはできませんから,中味は日本でポーリングし,その罐(国産品もある)にコールマンのレーベルをはる手順になっています。キャンプ用具以外にも白ガスを使用する職業がありますので,白ガスの需要がなくなって入手できなくなるということは考えられません。

なお，白ガス使用と指定されているストーブに，ベンジンなどの性質の違う揮発油を使うことは避けるべきです。

ブタン・カートリッジ・ストーブ
BUTANE CARTRIDGE STOVES

最も有名なものはフランス製の"bluet"。これは日本では「キャンピング・ガス」と呼ばれています。これはプレッシャライズしたブタンガスのカートリッジを使用するもので使い捨て（disposable）です。プライミング，プレヒーティング，ポンピングはいずれも必要ありません。カートリッジを一度装填してしまえば，あとはバルブを開いて点火するだけで使えます。カートリッジ1個でだいたい2時間半程度使えます。白ガスを使うストーブに比べるとはるかに簡単です。

しかしカートリッジ・タイプのストーブは本体に装着した1個のほかに，仮に1週間のトレールをするとしたら，予備のカートリッジを2個持つ必要があると思います（もしウィークエンド・バックパッキングだったら，食事の回数と燃料消賀時間を割り出してカートリッジの数をはっきり決定することができます）。その結果，カートリッジ・タイプはトレールの最後まで重量がつきまとうことになります。というのは空になったカートリッ

ジは山中のどこにも捨て場がないからです。もちろん火中に投ずることはできません。バックパッキングが結果的に自然を汚染することにつながるとしたら、バックパッキングなど誰もやらないほうが良いのです。現在の登山やピクニックのようにゴミを出すのが楽しみで、自然を汚すのが面白くて仕方ないのだというような旅をバックパッカーは決してすべきではありません。生の食物をなるべく使わないようにするのも、また焼却できる材質のコンテナーを選ぶのも、なにより自然に害を与えたくないと考えるからなのです。

とにかくカートリッジ・タイプのストーブは、その予備の分と空になったカートリッジを最後まで持ち歩くことを覚悟し、計算に入れておかねばなりません。重量、容積の点ではスペアに比べるとカートリッジ・タイプはどうしても欠点があります。しかし燃料の装填の簡便さ、清潔さ、音の静かさなど利点もたくさんあ

取り扱いの楽なブルー（フランス）ガス・ストーブ（日本ではキャンピング・ガス）。ガス・カートリッジは使い捨て。マキシマム・フレームで燃焼2時間半。フレームの量はコントロール可能。プレヒート、ポンピングとも不要。〈左〉はタイプS200、〈右〉がタイプB。ウエイト970g。カートリッジのみ200g。

ジェリーのミニストーブ MK II。最も軽量,コンパクトなバックパッキング・ストーブ。パックすると 10.4 × 3.8cm。ブタン・カートリッジ使用。1ℓの水のボイル時間は 6分。カートリッジは 2時間燃焼。ストーブのみのウエイト 227g。カートリッジのウエイト 262g。

るのです。

　なおカートリッジ・タイプを使う場合,予備のタンクをむき出しのままバックパックの中に詰めておくのは危険があります。「キャンピング・ガス」の場合カートリッジの上部中央の窪みに針がささるように設計されていますが,その部分は他の部分より軟らかくできています。バックパックの中で何か硬質のものがこの部分を強く押すと,穴があいてガスが漏出する可能性があります。この窪み部分はリップストップ・テープ（ripstop tape）あるいは布製のガムテープなどをはってガードしておくべきです。

〈左〉はオプティマス731。通称マウストラップ（ネズミとり）。折り畳んだサイズは13×18×2.5cm。ブタンガス・カートリッジ使用。1ℓの水のボイルは6分。カートリッジの燃焼時間は2時間。本体のウエイト340g。カートリッジのウエイト280g。〈下〉は東京トップのT4361 フレンディⅠ型。サイズ13×18×7.5cm。重量950g。ブタンガス・カートリッジ使用。カートリッジの燃焼時間は2時間半。

またブタンやプロパンをカートリッジ内に圧縮して詰めているものは、ストーブに限らずいろいろな家庭用品でも、高温（40度C以上）の中に放置しておくことは危険です。特にガスがフルタンクになっている状態ではいっそう危険度は高くなります。国内では夏の盛りでもそれほどの気温の上昇は考えられませんが、たとえばアメリカの「バハ・カリフォルニア」やアリゾナの砂漠のような地域でのバックパッキングでは高温によるガス・

カートリッジの危険が生じてきます。予防法としては長時間直射日光にさらさないのはもちろん，予備のカートリッジを持っているときは，現在使用中のカートリッジと交互に取り替えてガスの量を均等に減じていく配慮も必要です。逆に冬，高地で気温が低下していると，ガスの出が当然悪くなります。しかし使用する前，カートリッジも本体もよく温めてやれば，まったく使用不能ということにはなりません。これらの心がまえはカートリッジでも白ガスの場合でも同じです。

現在手に入るカートリッジ・タイプ・ストーブの中で最も小型，高性能と思えるのはアメリカ "Gerry" のミニストーブMK IIです。簡単に分解，組み立てができ，掌に入るほどコンパクトです。カートリッジは横向きに差し込むようになっております。本体は4つのパーツに分かれています。上蓋は台座になります。下蓋はウインドシールドとリフレクターの役割をし，それにバーナーとバルブ部分です。

取り扱いは他のカートリッジ・タイプと変わりませんが，カートリッジの口はニードルの差し込み部分が硬質ゴム（neoprene）でカバーされ自動バルブになっていますので，炊事が終わってストーブからカートリッジを切り離しても，ガスが漏出することはありません。コンパクトで軽量である点，白ガスの "svea123" ガスカートリッジの "Gerry" ミニストーブMK IIというところが現在のバックパッカー・ストーブとしてベストといえると思います。

結局，気温が極端に低いとき，あるいは長期の旅，高山帯などでは白ガス・ストーブ，気温が温暖で日数の短いとき，あるいは荷重に余裕があるときはカートリッジ・ガスストーブが便利だと

いえるようです。

　しかし，一般的に考えても燃料は石油からLPGガスへと移っています。これからのキャンピングストーブが，ガソリンや灯油からLPGへと移行するのは当然のことでしょう。LPGはプロパンやブタンの液化ガスですが，これは都市ガスの5倍以上，$20000^{TH}/16$のカロリーを持っています。1ポンドの液状LPGをガス化させ燃焼させると1900度Cという強い火力を出すことになります。キャンピング用の小型カートリッジは高圧取締法の適用除外品となっており，LPG保安法の検定基準に合格すればいくらでも流通させることができますから，これからはLPG使用のストーブで良いものが各社から開発されていくと思います。

　LPGガス，ホワイトガソリンのほか，アルコールやケロシン（灯油）を使うストーブもあります。アルコール用では，オプティマス77Aがグッドデザインです。スリーピースのクックセットとウインドスクリーン付きのストームストーブで，テントの中でのクッキングなどには最適です。ケロシン使用のストーブは効率は高いのですが，どうしても大型になります。これはヒマラヤやアフリカなど，白ガスを入手しにくい地域の遠征隊用です。大型ストーブでもよい場合は、コールマンの白ガス使用スポーツスターの方が便利です。

ファイアー・スターター
FIRE STARTERS

ストーブに点火するマッチ。このマッチはなによりもていねいに取り扱わねばなりません。もちろん，マッチがなくても火は作

ウォータープルーフ，ウィンドプルーフ・マッチにはいろいろなブランドがあるがオーストラリアのブライメイやカナダのコフランが有名。ストライカーの表面もウォータープルーフが施してある。中箱はプラスチック・コーティング。ウィンドプルーフのヘッドは特大。25本入り，15g。

れます。インディアン・ファイアー・スターターを作って，あるいはカメラのレンズや虫眼鏡で。しかしそれはサバイバルとして，非常用として考えるべきでしょう。バックパッキング中はあくまでも簡単に点火できるマッチを使用するのが便利です。普通のセーフティーマッチは木軸のものより紙を使ったブックマッチの方が風には強いようです。しかしこのセーフティーマッチは水にはまったく弱いので，コンテナーはしっかりしたものを使わなければなりません。

　マッチは当然ウォータープルーフ，ウィンドプルーフのものを

マッチボックス。トラディショナルなメタルMBはすでに1912年のカタログに出てくる(右上)ほどのベストセラー。シームレス・ブラスでスクラッチのためのラフ・サーフェイス仕上げ。ウォータープルーフ効果はベスト。35g。プラスティック製はウォータープルーフのハード。コルクのパッキング。ストライク・フリント付き。42g。左側に見えるのはサバイバル用。〈右〉はメタル・マッチ。ウォータープルーフ,安全,クリーン,使いやすさを備えている。専用ナイフ,チップ付き。50g。

使うべきです。4時間水中につけた後のテストでもなお90%の着火力を保ち、軸木とストライカーの表面双方にウォータープルーフ処理が施されている「ウォータープルーフ・マッチ」はカナダのコフラン (coghlan's)、オーストラリアのグリーンライツ (greenlites) が有名ですが、コフランのものも実はグリーンライツの軸を使用しているのです。グリーンライツは Bryant & May's 社から出ているヨットマン用のマッチなのですが、同じ Brymay からもっと強力な防風マッチが出ています。これは軸木の半分位

まで燐が塗られています。これはたしかに強力です。

　さてマッチのコンテナですが，まずシームレス・ドロン・ブラス（seamless drawn brass）を使ったメタル・マッチボックスがあります。これはもちろん円筒部分に継ぎ目がありません。表面はヤスリのようなラフ・サーフェイスに仕上げてあり，スクラッチ（擦って点火する）できるように作られています。このデザインはすでに1912年の"Abbey & Imbrie"（New York）のカタログに50セントで，現在とまったく同じデザイン，材質のものが登場しています。当時からマス釣りのフライ・フィッシャーマンに愛用されていたものです。ただこのスクラッチャーは普通の赤燐セーフティーマッチのように弱い着火力のものではつけられませんので，ストライカーも軸といっしょに中に入れておくべきです。

　もう一つハード・プラスチック製のマッチボックスがあります。コルクパッキングを使用してウォータープルーフを完全にしてあります。ストライキング・フリントが底に装着されています。日本製です。同じようなプラスチック製のマッチボックスでホイッスルとコンパスが天地につけられたサバイバル用品があります。これも日本製です。ウォータープルーフ・マッチとコンテナ。この両方を併用することにより，どんな状況の中ででも必ず一度で点火できるようにしておかなければなりません。

　点火にはこれらのセーフティーマッチのほかにもう一つサバイバル・マッチというものがあります。一番使われているのがメタル・マッチ（metal match）です。これはマグネシウムを混合した原子番号57-71の希土類元素11種を2万ポンドの圧力をかけてプレスした金属棒です。完全な防水，防腐蝕で1000回以上のス

メタル・マッチのほかにもファイアー・スターターは各種ある。右下方はムーア＆マウンテン製。フリントとスティールをセットした木製ホルダー。〈左〉はメタル・マッチの使い方。キットのスティールかナイフなどでスクラッチする。これらのスターターは緊急用として必携品。

パークが可能です。これをナイフなど鋭利な金属片でけずり、金くずを作ります。それから強く棒をこすると火花がスパークし、その金くずが強い熱を発してティンダー（火口(ほぐち)）あるいは紙などに着火するようにできています。これがあればたとえマッチを全部濡らしてしまったときも火は簡単に作れるわけです。metal match fire kit はこのメタルマッチ（棒）、ストライカー（金属片）、ティンダー・ドライ（木屑）がセットになったものです。

フリント・スティック（flint stick）はライターの火石と同じフリントで高温のスパークを起こし、ティンダーに着火させる同じスタイルの火起こしです。このフリントを使ったものはほかに

"Moor & Mountain"から出ているシャープ・ファイアーライター（sharp fire lighter）があります。これもフリントとスティール・ブレードがセットになっているものですが，木製のホルダーの中にフリントがセットされ，スティールも同様に組み込まれているものです。セーフティーマッチを使うのと同じ簡便さでコンパクト，それに木目のホルダーがなんともトラディショナルでいかにも頼りになるという感じです。

これらファイアー・スターターは濡れても安全なので，セーフティーマッチのほかに一つは持っていたいものです。焚火は完全に条件がそろっている場所で時間をかけて作れる場合，それは楽しいものです。森林限界の下で，トラウト・フィッシングやクロスカントリー・スキー，スノーキャンピングを楽しむとき，焚火はただ楽しみというより，必要な生活技術の一つなのです。焚火には鋸（saw），斧（axe），ナイフなどまた別なイクイプメントが登場しますが，今はバックパッキングの炊事用具についてですので，それはまた項を改めることにします。

バックパッキングの炊事は，フリーズドライ食品を主体にしています。焚火をしなければならない理由は別にないのです。理由のない焚火は慎むべきです。燃料が残り少なくなると，どうしても木を伐って焚火をしたくなるものですが，トレール中の焚火には細心の注意が必要です。

朝一番の仕事は水をボイルすること。グランド・ティトン国立公園

6. COOKING ITEMS クッキング・アイテムズ

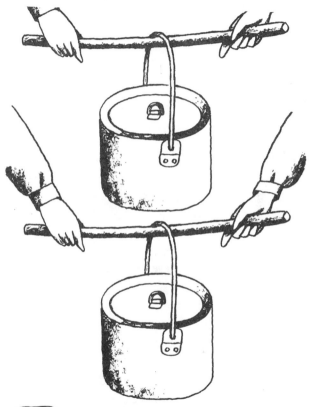

炊事用具（kitchen utensils）は可能な限りシンプルで軽量，使いやすく小型のものを選ばなければなりません。これはどんなイクイプメントを選ぶにも必ずついてまわる基本的な問題です。個人装備という考え方も同じです。フリーズドライのデハイドレイテッド・フーズを主体とする炊事に必要な道具で，一番大きな容積を占めるものがポットです。

ポット
POTS

アルミニウム・クッキング・キット（aluminium cooking kits）はだいたいどこのスポーツショップにもおかれていますが，焚火が許されている地域外では，大きいものは不必要ですし，使いにくいものです。ブタンガスもしくはホワイトガソリンのストーブを1個持って旅をしている場合，ポットがいくつあったところで火にかけられるのは一つだけです。もちろん何人用などという大げさなものは選ばないことです。フライパン1個，ポット（鍋）1個，皿1枚，それにカップ1個，これだけがセットされていれば充分です。

ボーイスカウトのオフィシャルの中に入っているメス・キット（mess kit）はとても使いやすいものです。これは「東京トップ」や「パルコ」「スミス」の製品があります。これについているフライパンで東京トップから出ているものに，テフロン加工（teflon coated pan）されているものがありましたが，こげつかないこと，クリーニングが楽な点，とても便利でした。ただこのメス・キットの中のポットは容量がちょっと小さすぎるようですが，もしト

コッフェルとかキャンピング・セットと呼ばれる大型のものはバックパッカー向きではない。2人用から6人用まで各種のセットがあるが、いずれもバルキーすぎる。これらのセットを利用する場合は、トレールに必要な何点かをピックアップするとよい。ポット1、パーコレーター1、グリッパー1だけで充分。写真はいずれもスポーツショップで見られる一般的なキャンピングあるいはツーリスト・キット。

1人用メス・キット。〈上〉パルコ505。〈右〉東京トップ T4214。フライパン、メスパン、シチューポット、カップ各1。ワンピース・ユニットでセット。21 × 8cm。ウエイト 460g。

PART : 2-6　クッキング・アイテムズ　205

アルミニウムのスカウト・ケトル。〈左上〉はその代表シグ（スイス）。ワークマンシップはベスト。ベイル・ハンドル（半円形取手）はアップライト・ポジションでしっかりとロックされる。リッド（蓋）はフライパン、プレートとして使用。1ℓ, 直径16cm, 250gから4ℓ, 25cm, 567gまで5種。〈左下〉はポットグリッパー。85g。〈上〉はパーコレーター。計量しやすい。プラスティック・ハンドルはヒートプルーフ。5, 7, 9, 14, 20カップがある。写真の5カップ用で190g。

ラウト・フィッシングが可能な地域を一人でトレールしている場合など最適だと思います。なによりもコンパクトなのがとりえです。

もう一つ使いやすいポットがあります。これはスイスのシグ（Sigg）から出されているものですが，材質はポリッシュド・アルミニウム。皿にもフライパンにもなる蓋が付いています。底は丸味がつけられています。これはクリーニングに便利です。このシグの "aluminium scout kettle" は 1.2ℓ，直径 15cm の小型のものから 4.5ℓ，直径 23cm 位の大型のものまで 5 種類に分けられていますが，小型の 1.2ℓ，1.7ℓ 程度のものが使いやすいと思います。これにポット・グリッパー（pot gripper）を付ければ軽量で便利なポットができあがります。グリッパーはアルミニウムとスティールがありますが，もちろんシンプルで軽量なアルミニウムで充分です。

シグのケトルのほかにレンジ・パーコレーター（range percolator）があれば完璧です。この軽量パーコレーターは 5 カップ，9 カップ，20 カップなどに大きく分かれていますが，バックパッカー用には 5 カップで充分です。目盛がうってありますから，便利です。スクリューインのグラストップとヒートプルーフのプラスティック・ハンドルですから，強い火の中でも変形することはありません。

スポーツショップの棚にはそのほか，フライパンやプレッシャー・クッカー（pressure cooker）などが並んでいますが，バックパッカーには必要ありません。また，プレート（plate 皿）をはじめとする食器の類も，いらないでしょう。ポットの蓋がフラ

イパンとプレートの役目を充分果たしてくれます。

グリル
GRILLS

さて、またもや焚火かストーブかという問題が出てきますが、もし焚火が可能な地域でしたら、グリルがあると便利です。ワイヤーグリル（wire grill）には足の付いたものと足なしがありますが、材質にはニッケルめっきの鋼が使われています。直火に長時間当たると多少変形したりしますが丈夫です。バックパックの背の部分にぴったり収めておけば、重さは200g程度なので問題はないのですが、焚火ができなかったときはまったく無用のものです。

焚火が可能かどうかは分からないが、少しは可能性があるとい

〈左〉はバックパッカー・グリル。ステンレスのチューブ構造。アベレージサイズのポット2個をのせるに充分。13 × 38cm。113g。
〈下〉は2点ともキャンプグリッド。折り畳みの足付き。17 × 32cm。足の高さ17.5cm。380g。これらのグリルはニッケルプレート・スティール使用が多い。

う程度の際はバックパッカー・グリル（backpacker grill）を持っているのが良いと思われます。これはステンレススティールのチューブ構造になっていますが，ポットを2個のせるには充分な形にできています。重量は100gで非常に堅牢です。すべての行程をストーブだけで炊事するとなると，ガスのカートリッジや予備ガソリンを入れたフュエル・コンテナーを多く持たなければならないので重量が増します。焚火が許可されているキャンプサイトを途中に予定できるとありがたいのですが。

　フライパンを持ち歩ける旅，あるいはベースキャンプに長く留まる旅，歩く距離が短い旅などでは，グリルは非常に便利です。常に焚火が許されるとなれば，フラットフォールディング・トースター（flat folding toaster）からリフレクター・オーブン（reflector oven），はてはダッチ・オーブン（dutch oven）まで持ち出すことも可能でしょう。しかしそれにはカウボーイトレール・キャンプとかモーターキャンピングのように，トランスポーテーションの機動力が必要になってきます。バックパッキングはあくまでも必要にして最少限の物のみ。今は，大がかりになればなったで楽しみはあり，それに必要な物が当然あるということを述べるにとどめます。いずれにしても魚を釣ることができたり，新鮮な卵を持ち運びできたりする旅にはもちろんですが，燃料を節約する意味からも焚火できることはありがたいことです。そのためにバックパッカー・グリルは必ず持っていてよいアイテムです。

　ただ，焚火が必ず可能と考えてスケジュールをたてることは間違いです。ストーブの活用こそバックパッカーの生活の基本ですから。

カップ
CUPS

グリルの上にポットをのせて……そう，もう一つ忘れてはならないものがあります。シェラカップ（Sierra Club stainless steel cup）です。これはアメリカの自然保全，エコロジカル・リソースの研究を旗印に，ジョン・ミュアによって1892年に設立された有名なSierra Clubがそのオフィシャル・アイテムとしているものです。シェラカップは長い間会長をしていたW. E. Colbyによって考えられたもので，堅牢で，荒い取り扱いにも充分耐えられるようにデザインされています。1905年以来使われてきてい

シェラカップ。ステンレス製のクラシック・デザイン。広口。トップの直径12cm。ベースの直径8cm。深さ5cm。ウエイト90g。スティールワイヤーハンドルは熱くならない。

ベルト・フック。スイベルスナップ・フックを付けた長さ 13cm のナイロン・ストラップ。堅牢。25g。腰やパックにセット。

ますが,現在のものは 10 オンス・ステンレススティールが使われています。クラブのカップには底に刻印がしてありますが,このデザインはシェラクラブ会員以外でも,すべてのアウトドアーズマンに愛され,刻印のないカップがたくさん出ています。バンダナ (bandanna) とシェラカップは自然に親しむ人,エコロジーを生活の基本と考える人々にとってシンボルマークのようなものです。

バックパッカーにとってシェラカップは,その精神的意味合いからも必携品なのです。この底の浅い,広口のカップのリム（縁）にはワイヤーハンドルがめぐらされています。この構造はカップの熱を消散させるのに役立っており,相当に熱いものを入れても決して唇を火傷することがありません。どんなに底が熱くなってもリムだけは大丈夫なのです。ワイヤーに熱が伝わらないので,カップを持っている手も熱くなりません。バックパックや腰のベルトにクリップ (belt clip) でとめてシェラカップをいつも持ち歩いている人たちがたくさんいるアメリカは,それだけ自然を大切にしようと考える人が大勢いるのだという証明でもあるわけです。ほかにもプラスティックのもの,フォールディングのものな

どいろいろなカップがありますが、これは好みの問題です。プラスティック・カップの素材は、丈夫でフレキシブルなポリプロピレンですが、火に弱い欠点があります。重量はシェラカップの3分の1です。

スプーン
SPOONS

まず三つ組セットを考えてみましょう。ナイフ、フォーク、スプーンがいっしょになっていて、どこのショップにもある道具です。これはスプーンだけは必要ですが、ナイフとフォークは不必要です。山の中に入ってテーブルクロスを広げ、ベニスン（鹿肉）のバーベキュー・パーティーでもやろうと考えるなら別ですが、フリーズドライを主体にしたバックパッキングの料理にはフォークやスプーンを使い分けるほどの御馳走はまず無理というものです。軽量でしかも充分な大きさをもったスプーンが1個あれば、事足ります。ナイフにセットされたキャンピング用品もありますが、これも重量がありすぎ、しかもスプーン、フォークが小さすぎて使いやすくありません。

スプーン。ナイフとフォークの付いたセットからスプーンだけを抜き出したもの。ナイフとフォークをはめ込む2個のロックが滑り止めの役目もしてくれる。ウエイトは35g。

私はムーア・アンド・マウンテン（Moor & Mountain）のカ

コンビネーション・イーティング・ユテンシル。ナイフ,フォーク,スプーンの機能をコンバインしたユニークなデザイン。肉を押し切ることができるが口の中では安全。23g。〈下〉はマルチパーパスのスイス・アーミー・ナイフ。ビクトリノックスのボーイスカウト・パイオニア。耐錆,耐腐蝕のステンレス。ウエイト 80g。

タログにあった combination eating utensil という,ナイフとフォークの機能をコンバインさせたスプーンを愛用しています。スプーンの前面に切れ込みが入っていて,フォークの役目をしています。これは口の中に入れたとき,口腔を傷つけることはありません。ステンレス製で実は日本製です。

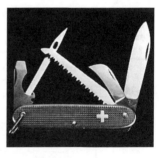

料理の内容がシチューなどですから,スプーンは大きめのものが有利です。ティースプーンのような小型は使いよくありません。大きめのスプーンとポケット・ナイフがあれば炊事,食事とも困ることはないのです。

ナイフ
KNIVES

この項ではあくまでも炊事用具としてのナイフに話を限ります。これはバックパッカーにとって必需品ということにはなるでしょうが，実のところ，ハンティングやフィッシングが大きなウエイトを占める旅以外ではナイフの出番は意外に少ないものです。しかし，自分の体のどこにも刃物や武器がないということは不安がつきまとうものです。ましてエマージェンシーの場合には，きっとその思いは強まります。

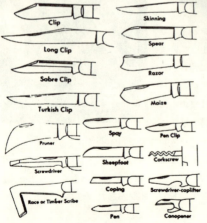

〈右上〉はビクトリノックスのキャンピング・デラックス。ウエイトは145g。〈右下〉はスイス・アーミー用のシース。バスケットウィーブ，スナップどめのフラップ，57g。〈左〉は各種のクリップ例を示す。

アウトドアーライフでナイフの果たす役割は，非常に大きなものがあるといえます。ナイフについては項を改めることにしますが，一言でいえば，ゲーム・アンド・フィッシュ，つまりハンティングやフィッシングを考えない，ただ歩くことだけの旅には小型のフォールディング・ナイフ（folding knife 折り畳みナイフ）があれば充分です。少々の工作と炊事，食事にはこのナイフですべて事足ります。ナイフは国の内外を問わず，さまざまなメーカーが工夫をこらして多種の製品を出しています。炊事を主用途とした小型のポケット・フォールディング・ナイフで，現在手に入る最も有名な品はスイス・アーミー・ナイフ（swiss army knife）と呼ばれるコンビネーション・ナイフでしょう。このマルチブレードのナイフはプラスのスクリュードライバーからピンセット，爪楊枝まで付いています。最高16種もの用途に使い分けられるこのナイフはリベットを使っていません。ブレードとスプリングにはスウェーデン・ステンレス鋼を使っています。

　コンビネーション・ナイフはどうしても重くなりますし，使用しないものまで付いているというのがなにか気になっていやなのですが，たとえばフィッシングの際，急に川辺でフライを巻くときなどには，ピンセットやハサミの付いているこのマルチブレードのナイフは便利だと思います。スイス・アーミーに似せたデザインのコンビネーション・ナイフもたくさん出ていますが，刃物だけは高価でも良質のものを選ぶべきでしょう。

ソルト&ペパー・シェーカー
SALT & PEPPER SHAKER

およそバックパッカーの食事は塩とコショウの二つの調味料で処理されます。シチューであろうとポークアンドビーンズであろうと塩コショウです。現在「東京トップ」から出ている2種のシェーカーは、どちらもプラスティック製で中が見えるようになっています。一つは縦に、もう一つは水平に分割され、ペパーの分量より塩の方が多く入るように考えられています。私は今長さ5.6cm、直径2cm、重量15g、東京トップのシェーカーの約半分の容量のものを使っています。これはもちろん旅の長さによっ

〈右上〉は左から、USA、オーストラリア、日本製のソルト&ペパー・シェーカー。いずれもプラスティック製。ツーセクションにセパレートされ（ダブルエンド）、塩とコショウを別々に収納できる。〈下〉のUSA製で2×5.5cm。ウエイト15g。

て使い分けます。

デハイドレイトの食品は一般に薄味です。ペパーの消費は意外に多いかもしれません。あらかじめテストしておくべきです。

スクイーズ・チューブ
SQUEEZE TUBES

ハード・ポリエチレンの底なしのチューブです。これは"Gerry"の製品ですが，ジャム，ハニー，バター，マスタード，マヨネーズなど，持ち運びにくいクリーム状の食品のコンテナーとして最上です。底を折り畳んでプラスティックのクリップをさしこみます。クリップは溝の中に細いバーが突き出ていて，折られたポリチューブが動かないよう，しっかり固定します。使用して中味が少なくなればそれだけ底の折り込みを深くしてゆけばよいので，とても便利だし，なによりもバルキーでないのが利点です。砂糖，粉乳，茶などは分包パックのものを使うのが手軽ですが，湿気をきらうものはすべてこのコンテナーの中に入れておくと便利です。

ジェリーのポリ・スクイーズ・チューブ。18.5 × 5（直径）cm。クリップ8cm。20g。

また卵を持っているときなど，この中に卵を落としてかきまぜたり，卵黄だけきれいに取り出したり，そんな使い方も可能です。

フーズ・コンテナー
FOODS CONTAINERS

食品はデハイドレイテッドにせよ生鮮にせよ，薄いポリエチレンの袋を使うのが便利ですが，問題はその口のクリップです。固くしばってしまいますと，いざ開く段になって面倒になり，破ったりします。細い輪ゴムも紛失しやすく，固くくいこみやすいので良くありません。これはプラスチック・クリッパー（clipper）を使うのが現在では最も良い方法でしょう。ポリエチレンの袋はアイロンをかけることによってパックできますが，一度口を開けてしまうとあとの始末に困ってしまいます。クリッパーとポリエチレン袋は軽く，場所をとりません。面倒くさがらずに使用するべきだと思います。ポリエチレン袋はそのまま焼却できます。死んだ鹿の胃袋の中に，ポリエチレン袋が塊になって詰まっていたという話などを最近よく耳にします。焼却するか持ち帰るのが絶対条件です。

スカウアリング・クロス＆ペーパー
SCOURING CLOTHES & PAPERS

バックパッカーの朝の日課，それは食器の磨き洗いです。朝食が終わったら食器類は汚れを落とし，焚火などでついたススもきれいに落とし，いつも清潔に磨き上げておくのが常識です。ライバックの『ハイ・アドベンチャー』の中にも，バックパッカーた

ポリ・バッグとプラスティック・ファスナー。フーズのコンテナーとして便利。これらプラスティック（ビニール）製品は必ず持ち帰ること

クロス（上）とペーパー（下）。タワシは常に清潔を保つための必需品。

ちが磨き洗いの競争をするシーンが出ていました。

　油性のものを使う料理がどうしても多いフライパンなどは，水を使っただけでは油気を完全に取り除くことができません。もちろん砂を使ったり，草を束ねてタワシにするのはアウトドアーライフの常識ですが，実際にはそれだけではあまりきれいになりません。ソフトクレンザーはなんでもない磨き砂ですが，この微粒の白土が一番効率よく，便利だと思います。近ごろは化粧品などを入れるための携帯用の小壜（びん）がたくさん出ています。プラスティック製なので，おさえるとスクォーター（squirter）の役目をしてくれます。この中にクレンザーを入れておくと必要な量だけ噴射できます。

クレンザーは多泡性で，水質が悪くても強い洗浄力があり，脂肪分解力も強く，油をよく落としてくれます。メス・キットのセットの中には，よくタワシとしてスポンジが入っていますが，これは油を吸収してくれないので何回も使うことができません。ゴールデン・フリース（golden fleece）という布タワシをスーパーマーケットで売っていますが，このスカウアリング・クロスがタワシとしては一番良いようです。それともう一つ便利なものに「フライパンふき紙」というのが「フジ・スワン」という会社から出ています。これはチリメン状の特殊加工紙ですが，油汚れを落とすのに効果があります。この特殊加工の方法については調べられませんでしたが，とにかく効果のあることは確かです。汚れのない食器を常に持っていることは衛生的であるばかりでなく，気分を明るくしてくれます。食器の磨き洗いは常に心がけるべきでしょう。

　GIソープやキャンプサドなどは，オールパーパスの石鹸で，

〈左〉ゴールデン・フリース。使用後はよくリンスし，乾かしておくこと。22.5×14.5cm。10g。〈右〉はプラスティック・ボトル。アタッチド・キャップ付きとワイドマウス（広口）。0.5ℓ，50g～1ℓ，170g。ノンブレーカブルのポリエチレン製。ワイドマウスの蓋はヘビーデューティー。

洗顔のほか食器洗いにも使えます。お湯でも水でも使えるので便利です。

ウォーター・コンテナー
WATER CONTAINERS

ウォーター・コンテナーには2種類あります。一つは歩行中に飲む水を入れておくカンティーン（canteen）つまり水筒，もう一つはキャンプサイトの炊事用の水を確保しておくコンテナー，水囊です。カンティーンはハード・プラスティックを素材にしたものが軽く便利です。バックパックのサイドポケットの上部は，このカンティーンを収めるように考えられています。キャンプサイトまで遠くて途中水がない場合には，サイドポケットの左右に2個のプラスティック・カンティーンを必要とするかもしれません。ただ車のラジェターの前にかける式のオールドスタイルの水筒は

バッテン・ヨナス（スウェーデン）のコラプシブル・ウォーター・バッグ。フレキシブルビニール。11ℓ。幅30cm。ロールして収納。240g。

〈上〉はジェリーのポリ・ウォーター・バッグ。6ℓ。37×37cm。畳むと掌の中に入ってしまう。40g。〈下〉はフォールディング・ウォーター・コンテナー。カナダ製。プラスティック。キャパシティーは2.5ガロン。195g。

バックパッキング向きではありません。車や馬の背にくくりつけていた，あの両面ブランケットの水筒は，サバイバル・アイテムとしてグッドデザインで，ぜひ持っていたいものですが，歩くということを考えたら，ためらってしまいます。ブランケットやフェルトは中のアルミニウムを保護し，同時にインシュレーションの役目を果たしているので，水温が変化しにくく，水筒としての機能は抜群なのです。ボーイスカウトなどが使う偏平のオフィシャル・カンティーンもカバーがかけられていますが，これはどちらかといえば携帯に便利だということが主な目的です。プラスティック・ボトルはその点，熱の伝導が早いので，いつも冷たい水にありつけるというわけにはいきませんが，この際，小型軽量の魅力の方が優先ということになります。

さてキャンプサイトでのコンテナーですが，現在見うけられるものの中ではスウェーデンのバッテン・ヨナス（Vatten Jonas）製

フォールディング・タイプが最高に使いやすいようです。薄い，フレキシブルなビニール・コンテナーで最大11クォート（12.5ℓ）の水を入れられます。むろん使用しないときはロールアップしておけます。取り外し可能の蛇口が下方に，またハンドルが両端に付けられており，持ち運びや取り扱いともに便利にできています。このコンテナーは夏は快適な水枕，冬は衣類で包んで枕にできますが，これは快適さと同時に，水を凍らせないという利点もあるのです。

　もう一つ，カナダのフォールダキャリア（fold'a carrier）と呼ばれるコラプシブル・コンテナーがあります。これは水を張るとサイコロ状になるもので上部にグリップが付いています。外国製のコンテナーは容量がガロン単位になっています。1ガロンは3.8ℓ弱です。キャンバスのバケット・タイプのコンテナーもたくさん出ていますが，これは重く持ち運びにも不便なので，バックパッカー向きではありません。

デザート・ブランドのオールド・ウォーター・バッグ。キャンバス製。39×28cm。260g。キャップはコルク。

〈上〉キャンプグラウンドのグロサリー(食料雑貨)ストアー。グランド・ティトン国立公園 〈下〉トレールのランチ。日光国立公園

7. FOODS フーズ

バックパッキングの主要食品はフリーズドライを中心としたデハイドレイト。軽いことが最大の利点。

食事。それは体内を暖め，エネルギーを蓄えるためにあるのです。一日の労働をとどこおりなく済ませるだけのエネルギーがとれれば，一日の食事は事足りるのです。裕福な都会生活を代表するものの一つは，美食でしょう。山海の珍味。「どこそこの何々はとてもおいしい」「なにかおいしいものを食べにいきましょう」「たまにはホテルでお食事を」「グルメ」料理教室，料理講座。

　食べるということは労働するためのエネルギーを体内に蓄えることなのだと，もう一度繰り返しておきます。バックパッカーにとってももちろん食事は最大の楽しみの一つです。バックパッカーは名コックでなければならないことは当然ですが，それは味覚の問題よりも，もっと根本的な栄養学の立場においてです。いくらおいしい食物でも，栄養的に問題があれば，それは食事としては良いものとはいえません。度が過ぎた美食というものはバックパッキングには無縁の存在です。常に同じ材料，同じ料理法，同じ味でかまわなくなれた時，それは人間が自然に融けこんでゆくための第一のテストに合格した時です。バックパッキングは衣，食，住すべての価値基準をもう一度自らに問い直すための出発点でもあるのです。

　おそらくバックパッキングにおいて料理は，地図を正確に読むことや，むだのない歩き方をするのと同じ性質のものであり，適切な知識を必要とされます。しかし現実には，アウトドアー・クッキングの問題を深く考える人は意外に少ないようです。それは私たち日本人が，常に新鮮な食物に恵まれ，それを豊かに料理する天才的な腕を持ちすぎていたからでしょう。

　しかし，昔からそうでしたが，山中で生活する人々は米と味噌，

乾し肉と塩少々だけで長い間，獲物を狩り，山菜を採ってきました。バックパッカーにとっては，彼らは良き師です。バックパッカーもベテランになればなるほど米を大事にするようになってくるのは面白い現象です。最近日本人の食生活が次第に米から麦へ移行しているというのに，この米をアウトドアー・クッキングの重要な材料と考えるのは日本だけではありません。たとえばアメリカの生態学者，ビル・ギルバートは長い間のバックパッキング生活から，米こそアウトドアー・クッキングに最高の材料と考え，実践しています。なんの味つけもせず，何日も何日も，米をかじりながら研究を続けています。アメリカのデハイドレイテッド・フーズ（dehydrated foods）は普通，真空パックのインスタント食品とフリーズドライド・フーズ（freeze-dried foods）が非常に多いのですが，この中でも米は主要な材料であり，米を使ったさまざまな料理が出ています。

バックパッキングのための食品（food items）は大きく分けると3種類になります。一つは食料品店，スーパーマーケットで普通売っている食品，一つはスポーツ用品店で売っている食品，それともう一つはハイカロリー・スナック（hi-calories snacks）と呼ばれる特殊な食品です。

罐　詰
CANNED FOODS

今はどこの食料品店にもスーパーマーケットにも，バラエティーに富んだ罐詰食品が並べられています。フリーズドライ製品に比べると問題にならないほど安上がりです。それに品数が多

いので好みのものを選択できます。日数と歩く距離が短いバックパッキングならば，無理に高い価格のフリーズドライ製品を買うよりも罐詰の方がよいと思います。

しかし，その際考えねばならないのは罐詰の持っている欠点です。まず重量。このために長い旅には決定的に使用不能です。少しでも他の道具類を減らすことができれば可能性がなくはないのですが，現代のシステマティックなパックパッキングでは，どれ一つとして不要なものがないばかりか，そのどれもがぎりぎり最低限の重量に押えられています。どれかを落とすということは不可能です。ですから重量が少々増えても耐えられる程度の日数，距離に限り使用されるべきでしょう。

もう一つの欠点は食べたあとの空罐を，そのまま持ち帰らねばならないことです。山も荒野も神聖で美しき友です。あの心ない登山者の真似はエコロジー・ジェネレーションとしてのバックパッカーはすべきではありません。空罐を捨てれば，やがて雨水がたまり，ボウフラがわきます。罐を焼いて，たたいてつぶし，土中に埋めてもよいのですが，焼くためには燃料が必要ですし，自然の樹木を燃すことはなによりも慎まなければなりません。そこで人目のつかないところに捨てる結果になります。空罐を持ち帰る自信がない場合は，始めから使わないことです。罐詰をあけるにはGIカンオープナーやハンディー・オープナー（写真下）が小型，折り畳みで便利です。

デハイドレイテッド・フード
DEHYDRATED FOODS

旅が長くなるならば、デハイドレイテッド・フードを使うのがよいでしょう。ただし、これを持って旅に出る場合には、あらかじめ味見しておくのが無難です。デハイドレイテッド・フードはすでにスーパーマーケットの主要な部分を占めるようになってきましたし、デパートの食品売場にもたくさんあります。単にインスタント食品と呼ばれるものの中にも、それぞれ異なった性質のものがあります。とにかくバックパッキングの台所としては、①栄養価、②短い調理時間、③重量、④味、⑤パッケージ、⑥値段、という問題を念頭において食事を決定しなければなりません。デハイドレイテッド・フードはその点⑥を除けばまったく合格です。日常の家庭生活にもデハイドレイテッド・フードは浸透して

ジフィーズの各種ご飯類、日高食品のワンタッチライス、日清食品のカップライスなどは日本人の口に合った味つけがされている。ジフィーズ松茸飯、113g、熱量391cal、蛋白質9.9g、脂肪1.2g、炭水化物85.1g。ワンタッチライス140g(左)。〈右〉はクッキング・オイル30g。スポイトを使用。

います。特に真空パックのインスタント食品はただ湯を注ぐだけ,あるいは温めるだけという簡便さがうけているのでしょう。

話はちょっと横道にそれますが,私はこれらのデハイドレイテッド・フードが一般の家庭生活に入り込むのには反対です。家庭というものの本来あるべき姿を考えるなら,鉋をかけないロッジポール・パインの赤い木肌のままの家に住み,ハドソンベイ・アックスを使ってあの鉄のストーブにくべる薪を割り,バターとチーズを作り,ジャムと果実酒の壜を並べ,いろいろなピクルスを漬け,鱒の塩漬けを作り,バターをたっぷり練り込んだパンを焼き,アルファルファの若芽をそれにはさんで食事し,犬を供に連れて小川にフライ・フィッシングに出かける,そんなのが家庭

アメリカのスポーツショップの店頭にならんだ各種のフリーズドライ食品。

PART:2-7 フーズ 231

だという気がします。インスタント食品はあくまでも家庭というものにはふさわしくない気がするのです。

それはさておき，先にあげた6項目に合格する製品があれば，それはバックパッキング向きのものと考えられます。たとえば真空パックのインスタントスープなどはどこのスーパーマーケットにもあります。果物もドライになってパックされています。レイズンは昔から携帯食という名がつけられていました。リンゴ，アプリコット，プラムその他のドライフルーツは食事の最後に沸かした湯の中に入れて，デザートになるように作られています。その他ミルクなども普通の生のものはとうてい持ってゆくことは不可能ですが，現在はパウダーミルクがあります。もちろんパンは短期間ならそのまま使えますし，クラッカーもビスケットもライキング（ry-king）もスーパーマーケットに並んでいます。現在あるさまざまなデハイドレイテッド・フードは，強くて軽い，湿気をシャットアウトしたポリエチレン系の材質を使った密封パッケージになっています。使用後は火の中で燃やすことができます。

現在市場に出回っているデハイドレイテッド・フードは，一般に使われているインスタント食品のほかに，スポーツ用品店などにあるバックパッキング用あるいはマウンテニアリング用のフリーズドライ製品があります。これは野菜，肉，デザートのゼリーや菓子まで，バラエティーに富んでいます。それに肉と野菜，あるいは米，肉，野菜がいっしょになったもの，またツナサラダのようなものまでそろいます。さらにブレックファースト用，ランチ用，ディナー用というふうにそれぞれ1食ずつパックされたものまであります。そのバラエティーの豊かさは驚くばかりです。

メイン・ディッシュのパッケージ。朝，昼，夜食それぞれ4人分となっている。もちろん使用の際はこの中から必要な食品を必要な量だけピックアップする。平均600〜800g（上）。ポークチョップ，ビーフ＆ライス，ビーフ入り野菜スープなどがメインコースのサンプル（下）。〈右〉はディナー用のパック。

　そのうち1食ごとにパッキングされているものは勧めかねます。たしかに栄養などがうまく組み合わされていて良いのですが，重量はともかくとして，あまりにバルキーです。これを何食も持ってバックパッキングすることは現実に不可能だと思います。車を使ったモーターキャンピングなどには適当だとは思いますが，その場合はむしろクーラーを使って生の食品を持っていくほうが良

作り方は2種類。ケトルに中身と同量の熱湯を入れ，蒸らす法（上）。これは一度パッケージを開けてしまったときの手。一度で使いきれる場合は〈右〉の方法。パッケージを開け，熱湯を注ぎ，かきまぜて密封し，5分間待つだけでOK。

いということになってしまいます。

　やはりバックパッキングには個々の食品を，おおまかなメニューにしたがって持つのが良い方法だと思います。一日一日の食事を3回とも，がっちりメニューを決めてしまうのは考えものです。その時その時，気分の変化につれて料理すれば良いと思います。面倒だったら毎食同じものを食べていても良いのです。ただしカロリーのことだけは頭の中に入れておいて下さい。デハイドレイテッド食品は，だいたいパッケージ1個で2人分とか4人分とか書かれています。ですから，あらかじめ旅に出る前にテストをしておくべきです。実際に2人分を二人で食べて充分な量か，自分の使うメス・キット（mess kit）で問題なく料理できるか，水と燃料の消費時間はどれくらいかなどをテストし，経験しておくべきです。そして頭の中に入れておくなり，メモしておくようにすべきでしょう。

メニューの好みは個人個人で違うものです。なにをどう食べようとそれはまったく個人の自由ですから，ここでは触れないことにします。アウトドアーライフには，昔から伝えられている代表的なメニューがあります。生の食品を使ったメニューのサンプルはアウトドアー・クッキングの本には無数にのっています。Sierra Club で出している"Food for Knapsackers"などは，読んでいるだけで楽しくなってきます。これらのメニューは今もボーイスカウトやマウンテンマンに伝えられています。しかし，これらのメニューどおりの食事をしようとすれば，重量と燃料という，バックパッカーにはどうにもならない難題に直面してしまいます。今はバックパッキングというテーマにしぼって考えることにしましょう。

　バックパッカーにとってありがたいのは，やはりフリーズドライや真空パック食品ということになりますが，唯一の，しかし最大の欠点はあまりに高価だということです。ざっと考えても一回の食事代が 1000 円を軽く超えてしまうことになります。ですから全体の行程を考え，カロリーと栄養を考えておおまかなメニューを作り，コストを最低限に抑える努力をしなければなりません。その結果，フリーズドライ・フードに，一般に「行動食」といわれるハイカロリー・フードをミックスし，少ない量の食品でカロリーを上げることを考えねばならなくなります。あとはあなたが料理人です。いかようにも料理して楽しんで，もしくは苦しんで下さい。

　だいたい朝食は，夜の明けきらないうちに起きてすぐとることになります。簡単で急いで作れるものになるでしょう。ランチは

スープと，エナージー・バー（energy bar）かビーフ・ジャーキー（beef jerky）それにお茶という行動食。夜は夕闇の中で作るフリーズドライのシチュー（stew）といったところでしょうか。各種のフリーズドライ食品のうちで，日清食品のカップライスは調理の簡単さ，味ともにベストです。ただしパッケージはバックパッキング向きではありませんから，ポリエチレン・バッグに移し変えておくべきです。

コーンフレイク
CORN FLAKES

なんの変哲もない食品ですが，朝食に使うには悪くありません。しかし，コーンフレイクだけを単品として朝食に使用し，半日を過ごすのは考えものです。やはり他の食品とミックスすべきです。また普通の食事をとっていた人間がいきなりバックパッキング用のデハイドレイテッド・フードを使うと胃袋が驚いてしまいます。そこへ移行してゆくためのアブソーバーとしてコーンフレイクなどは旅の始めに，胃袋を慣らすために使うには便利です。ライバックの『ハイ・アドベンチャー』の中にも胃袋を慣らす話が出てきます。ドライフルーツ（dehydrated fruit），これはクッキングの必要がありません。ポリエチレンバッグ（polyethylene bags）に入れて一晩水に浸しておくだけでよいのです。朝食には便利です。リンゴ，アプリコット，ピーチ，ペアーなどがあります。ドライフルーツは非常に便利なスナックです。昼でも夜でも取り出して食べることができます。

ビーフ・ジャーキー
BEEF JERKY

これはカウボーイたちがもっぱら愛用した乾し肉です。私も子供のころ,キャンプに出かけるとき,母に手伝ってもらって自分で作ったことを覚えています。このカラカラの薄い肉片はバッグのどこへでも入ってしまいますし,いつでも食べられます。これは100gが340gの生肉に相当するといわれます。ただしこのジャーキーは非常に塩辛いので喉が乾きます。一度に食

フレデリック・レミントンのイラストを使った,いかにもトラディショナルなビーフ・ジャーキー。20g。燻製肉は自分でも作れる。

べすぎないようにすべきです。朝食に限らず,ランチタイムのスープや夜のシチューの中に細かくして入れるのも非常に良いと思います。しかし湯の中に入れても乾し肉が元に戻るわけではありません。

朝食はナビスコやパンケーキ,昼はナッツやチーズ,オイルサーディンやビーフ・ジャーキー,それを毎日繰り返してもいやにならなければ,ベテラン・バックパッカーと呼ばれること請け合いです。栄養価の高いスナックをトレール中にとるのも有効です。

エナージー・バー
ENERGY BARS

現在日本で手に入るのはスイス製のオボ・スポート (ovo sport) です。この濃縮された43gのバーは200カロリーを持って

います。含水炭素，脂肪，蛋白質は理想的に配合されています。成分はサンフラワーオイル，ハニー，イースト，パパイヤ，ウォータークレソン，リボフラビンその他のビタミンなど健康を維持するに充分な37種類ものエッセンスを含むとリストアップされています。味は甘く，口当たり良くできています。この他フランスのスポーツ・ムスリ（sport musli）や西ドイツのヴァイタリアル（vitareal）も輸入されています。ムスリは果実やナッツ類を基本成分とした植物性のエネルギー源。100gで422カロリーです。ヴァイタリアルもトウモロコシ，果実，ナッツ，それに蜂蜜，卵を主材とし，植物性蛋白質80%，動物性蛋白質20%の割合にしてあります。1箱に3パック，その1パックに6個が入っていますが，1個あたりの熱量は99カロリーです。これらのエナージー・バー

スポーツ・ムスリ（上）。〈上右〉はオボ・スポートとトレールブランチ。いずれもハイカロリー行動食。〈下〉はハーブキャンディーとココナッツ。

は蛋白質,脂肪,炭水化物を中心に活性ビタミン,ミネラル,アミノ酸など必要な栄養素のすべてを含有させてあります。フリーズドライ,真空パックで長期の保存にも耐えられます。

エナージー・バーに近いものは自分で作ることもできます。植物性食品をミックスして煮つめ,型に入れて冷やします。

スープ
SOUP

「マギー」や「クノール」の製品は今どこの家庭でも使われていますが,取り扱いがとても簡単でバックパッキング向きです。温かい流動食は活力を呼び起こしてくれます。スイスやドイツの製品も輸入されています。野菜だけのもの,スモークド・ハムや卵など動物性の要素をミックスしたものなどがありますが,ミックスしたものの方がカロリーは高くなります。ただしチキンだけは蛋白質,カロリーともそれほど高くありません。ノンファット(non fat 脱脂)の製品,自然食の製品などもありますが,どれが良いかは個人の好みの問題です。

インスタントの味噌汁も,コンパクトにパッケージされたものが各種あります。味は言うことありません。米食によく合います。

ビーフやチキンを中心としたコンソメ・タイプでワンカップ用にパッケージされているものを。即席みそ汁をはじめ,市販のスープ類で充分。

フルーツペミカン（左），110g。〈右〉はベーコン・バー，90g。メインコース・ディッシュその他のプレート，スープに混ぜて使用するとよい。

ミート・バー
MEAT BARS

これは普通ペミカン（pemmican）と呼ばれています。脂肪を混入したペーストの中にすりつぶした肉を入れてケーキやバーの形にしたものです。罐詰になっているものもあります。レーズンや砂糖も入れられており，最もハイカロリーの携行食です。もともとペミカンという言葉はカナダに住んだクリー・インディアンの"fat meat"という意味の語から来ているのです。太りたいと考えている人には最高の食品でしょう。500gのペミカンが持っている熱量は3590カロリーで，ほぼ一日に必要なエネルギー・バリューがあります。ペミカンは普通，味つけがほとんどしてありません。直接食べるよりも，野菜やスープに入れて栄養をつけるという食べ方をしたほうが良いようです。3オンス・バー（約85g）1個は500gのフレッシュ・ミートに相当するといわれています。1週間の旅に1個使用するというのが適しているようです。

蛋白質 16%，含水炭素 48%，脂肪 36% というペミカンには及びませんが，ミートボール，ベーコン・バーもハイカロリーです。

野　菜
VEGETABLES

野菜がないとどうも体の調子が良くないという人は意外に多いと思います。しかし長い旅になったり，乾燥の激しい季節だったりすると，なかなか新鮮な生野菜を使うことは困難です。野菜はどうしてもフリーズドライを使うことになります。一番良いのはビーンズです。他のフリーズドライ野菜に比べると重量が増しますが，カロリーはポテトの2倍以上，ミックスド・ベジタブルの3倍以上あります。脂肪は8倍以上，含水炭素は6倍以上というハイカロリーです。ホウレン草など青菜のフリーズドライを混ぜれば，非常に良いシチューになります。

山菜が無理なく手に入る場合は，もちろん料理してかまいません。ただ，アク抜きをしなければならないのが少し面倒です。

ミルク
MILK

ノンファットもしくはスキムミルクが一番です。ミルク・スクォーター（milk squirter）か，プラスティック・コンテナーに入れて持ち運びます。

罐入りのものは一度口を開けると，あとの持ち運びが厄介になります。口のまわりをよくふいて，ガムテープでふさいでおきます。

シュガー
SUGAR

ブラウンシュガー(赤砂糖)かグラニュー糖に限ります。粒子の細かい普通の白砂糖は湿度が高い場合,ベトベトしてしまいます。白砂糖でなければ困るという人はパラフィンなどでパックされた小袋のハンディーシュガーが良いでしょう。砂糖はすぐエネルギーになるものです。

昔からハイキングには角砂糖が重宝がられてきましたが,バルキーであり,重量も多めになります。

チョコレート
CHOCOLATE

ピクニックの代表的なアイテムですが,たしかにいろいろな料理に使えて便利です。普通のチョコレートよりセミスイートの方が料理に使いやすいばかりでなく,溶け方も少ないようです。ただし,あまり暑い所へは持っていかないほうがよいでしょう。ハーシーのチョコバーはサバイバル用の食料として有名ですが,それもチョコレートには小さくてもハイカロリーという利点があるからです。

ハイカロリーチョコ。上はハーシー,25g。

ティーバッグ
TEA BAGS

紅茶，緑茶ともいろいろ出ています。味の良し悪しはともかく，茶を飲むということは心を落ち着かせるものです。茶を飲みなれている私たちには欠かせません。ティーバッグではありませんが，インスタントコーヒーを小袋に詰めたものも出ています。

コーヒー，紅茶，砂糖，塩もパッケージ入りを。

また，ドライフリーズの真空パック入りコーヒーもあります。瞬間冷凍のフリーズドライは，このコーヒーから始まったようです。

デザートは面倒でないものを。ポンチは便利だ。

フルーツ・ドリンク・ミックス
FRUIT DRINK MIX

いわゆる粉末ジュースですが，その土地の水がアルカリ性の強いものだったり硫黄分を含んでいて口当たりが悪いときには，これを使うと便利です。オレンジ，レモネードその他いろいろのタイプがありますが，各人の好みのものが一番良いと思います。

これらの粉末ジュースは天然果実から作られているものはまれで，フルーツエイドが多いのです。人工着色料，人工香料入りです。

バター
BUTTER

バターと書きましたが、これはマーガリン(margarine)の方がはるかに良いと思います。バターよりずっともちが良いからです。どんな料理にも使えますし、とくにマス、イワナ、ヤマメのいる渓流を歩く場合はフライパンと少々多めのマーガリンを持ってゆくと役に立ちます。

バターのコンテナーにはプラスティック・ケースよりスクイーズの方が便利です。また魚料理には味噌もよく使われます。

塩
SALT

暑さのこたえる夏の旅では、塩は料理に使うときに、普通より多めにすべきです。汗をかいて塩分をロスしたのをそのまま放置しておくのは良くありません。日射病は高温の中でだけ起こるわけではありません。もし夏の長旅だったら塩の錠剤(salt tablets)を持つのが便利です。暑さが続くと次第に食欲が落ち、塩分の摂取も少なくなってしまいます。筋肉の硬直、頭痛がしてくるようでしたら気をつけねばなりません。タブレットはとても便利です。

フリーズドライ・フーズだけで何日も過ごすことは、たしかにあまり気持よいものではありません。普通の食事をしたくて

塩のタブレットは行動用。料理用は別に持つ。

たまらなくなる時がくるでしょう。そんな時のために自分の一番好きな罐詰を1個持ってゆくのはグッドアイデアです。どうにも我慢できない時，気が滅入ってきた時，その1個の罐詰が救ってくれるでしょう。でも急に里心がついて，バックパッキングは終了ということになるかもしれません。

フリーズドライ主体のバックパッキングの食事は，味よりも水の使用量，炊事時間，重量，バックパッカビリティーを重視します。

包 装
PACKING

さて，ドライフリーズあるいはインスタント食品は密封包装され，細菌が入ったりしないようになっていますが，バラバラにしておくことは，必要なものが見つけ出せなくてイライラしたり，硬質のものに当たって破けたりしないとも限りません。できればポリエチレン・プラスティックの袋にまとめてパックすると便利です。口は輪ゴムで締めないほうがよいと思います。輪ゴムはなくしやすいし，固く締めすぎると，ほどけなくなったりして，せっかくのパックを破かなければならなくなります。プラスティックのパッキングベルトがあると便利です。もしくは幅のあるゴムベルトが良いでしょう。バックパッキングの歩く部分は，他のスポーツとなんら変わるところない肉体労働です。自分の体重，荷重，行程の天候，地理条件，日程などを考えあわせて必要な蛋白質，脂肪，カロリー，を割り出し，食品のリストアップをして下さい。経験から必要と思えば，ビタミン剤を持つことも良いと思います。

ベテランのバックパッカーは食品が決まっているので、1日分ずつスタッフ・バッグに入れておきます。この方法が一番確実です。

水
WATER

バックパッカーにとって、これくらい大切で、また厄介なものはありません。フリーズドライ・フードをいくら持っていようと、水がなければ空腹に悩まされる羽目になります。デハイドレイテッド・フードはカップ1杯から6〜7杯の水を使って料理するという前提があるからです。日本は水の豊かな国です。森林限界を越えなければ危険に陥るということはまず考えられません。しかし食事をしたいと思う場所にうまく水があるとは、また限りません。トポグラフィック・マップ（topographic map）の2万5千分の1もしくは5万分の1地図には水のある場所、渓流とその枝流はもちろん記されています。しかしそれが果たして使用できる水か、乾いていないか、清水があるかまでは表わされていません。いずれにしてもある必要量の水だけは身につけているべきでしょう。日本には、大都会を除けば砂漠はありません。アメリカその他乾燥したウィルダネスを持つ国とは比較はできませんが、それにしても水が命を保つうえで大事なことに変わりありません。キャンプサイトを決定する場合は時間が少し早いと思っても、水が近くにあったなら、そこに決めるべきです。

森林限界の上に出るときは充分に水を持たなければなりません。水はどこででも見つかるというわけにいかなくなります。水

は特別重い荷になります。およそ1ℓ強が1kg。標準値で1人当たり1日に使う水の量は食事，飲用，洗濯，すべてを含めて4ℓから5ℓ。ということはほぼ4kgの重量がかかるということです。もちろん一日中4kgの水を背負わなければならないということではありませんが，少しでも水を持たねばならないとしたら，せっかくほかでライトウエイトを心がけても，何キロかの荷重が加わるのだということは考えに入れなければなりません。つまり，水を調達できる場所をつないで歩くことが，一番確実な方法です。トレールでも，一応水のある所を確認しておく必要があります。

水の浄化剤
WATER PURIFICATION TABLETS

まったく知らない土地を歩くのですから，水を見つけても，そのまま使えるかどうか判断するのはなかなか困難なものです。少々腐った水を飲んでも大丈夫なだけの胃腸に訓練しておくのは，大事なことですが，少しでも疑わしい水は沸騰させて使うべきです。10分間沸騰させればたいがいの水は安全です。しかしその時間やガス燃料や手間がもったいない場合があります。そんなときに使うのがウォーター・ピュアリフィケーション・タブレット（water purification tablets），水の浄化剤です。

chlorine-liberating halazone tablets（塩素作用ハラゾン錠）は

ハラゾン・タブレットは有効期間が印刷されている。古くなったものは効果がないので注意。1瓶100錠，50g。

1ℓの水を消毒するのに5錠が必要です。普通100錠入りで重さ50g, 値段550円程度です。使い方は水をカンティーンに詰め, その中に錠剤を落とし, よく振ってかきまぜます。そのまま30分待てばOKです。塩素消毒した水は味があって飲みにくいと思ったら, フルーツ・ドリンク・ミックスを併用すればよいのです。放牧地帯の水, 湖や池の水, 雨後の濁り水, 硫黄分のある水, とにかくちょっとでも心配だなと思ったら, 沸騰させるか浄化剤

日程どおりのメニューをあらかじめ組みあげることは単独の場合には有効でないかもしれない。幅をもたせた食事にすることが大事だ。また予備の食料は別のパッキングにして, ハイカロリーのものを必ず持つことも決して忘れてはならない。

を使うかすべきでしょう。

　水の飲み方として,昔から休憩時間にはあまりとらないほうが良い,なるべく水分は減らしたほうが良いと言われてきました。これはミリタリー方式,つまり軍隊の行軍に使われてきたものなのですが,現在は水はなるべくとるべきだと言われています。体質的な問題もありますが,どうしても水が欲しいと体が要求するときは,いつでも水をとって良いのではないでしょうか。なにしろ汗をかきながら自然の山野を歩くのですから。

　なお,ウィークエンドの旅でも1週間のバックパッキングでも,毎食のパッケージ以外に非常用のサバイバル食を持つことは常識です。これに手をつけずにすむよう祈ります。

なまゴミを出さないフリーズドライ・フーズ(上)とイエローストーン国立公園のクズカゴ(下)。

ニュージーランドのミルフォード・トラックに
向かう船上のバックパッカーたち

8. CLOTHING クロージング

バックパッカー，すなわち，エコロジック・マインデッド・ピープルにとって服装は一つのシンボルでもあり，その主張を具現化した「形」でもあります。バックパッキングに使用される衣服は耐久力があり，暖かく，軽いものであることが必要です。それらの条件を必要としない場合は裸で過ごせばよいわけです。つまりバックパッキング・クローズ（back-packing clothes）はある意味で普遍的なファッションなのです。

　都会で生活するより自然，山野，荒野はあらゆる意味で環境がハードであることはいうまでもありません。そのハードな条件に適応する衣服を都会で着用することに何の不便もないはずです。私たちの毎日の生活は，「個性的」という言葉を冠されて，材質，形態とも千差万別の衣服で彩られています。しかしどこにそんな必要があるのでしょうか。なぜ皆が同じ服装ではいけないのでしょうか。男と女の服装が違わなければならない理由がどこにあるのでしょうか。一個の人間の価値あるいは個性は，決して服装によって判断されるべきものではありませんが，都会生活では往々にしてそんな不都合が通用しています。しかし一歩自然の中へ足を踏み入れたらそんなことはいっていられないはずです。そこでは身分の違いも男女の区別も関係ありません。常に苛酷な自然の条件から適切に身を守るための最少限の衣服だけが必要となるのですから。さて実際のワードローブに入る前に，色と材質についての一般的な事柄に触れておきます。

(左頁) Tシャツ，ジーンズ，ダウン・ジャケットはバックパッカーのユニフォーム。男と女，大人と子供，という区別もない（上）。Tシャツからパーカまで，レイヤー・システムにのっとったクロージングのサンプル。

色
COLOR

単にバックパッキングだけでなく，アウトドアーライフ全般をとおして，そのクロージングは対照的な2種類の色が選ばれます。それはダークな自然の中に融けこむ色と，自然の中で鮮やかに目立つ色です。

ダークな色はグリーン，ブラウン，グレイということになりますが，この色が好まれ，必要とされる理由はまず汚れが目立たない点にあります。一日中自然の中で過こすのです。土ぼこり，泥，汚れは避けられません。もう一つの理由は自然に融けこむためです。緑を，大地を，自然を大切なものと思う心情，それが，ピンク，紫などという，どちらかといえば都会的な色彩を敬遠させ，極端なプリント模様などの華やかな柄を不釣合いに感じさせるのです。たしかにカントリー，あるいはウィルダネスに似つかわしい色というものはあります。ダークな無地はまた身を隠す必要のある場合は有効です。魚釣り，写真撮影，ハンティングやバード・ウォッチングなど，カモフラージュを必要とする場合には当然その自然に適応した色が良いのはいうまでもありません。

バックパッキングあるいはアウトドアーライフ全般をとおして許される鮮やかな色は1色だけです。それは，つまり世界中で通用する緊急事態用に指定された赤です。赤と言っても international emergency red，つまりオレンジがかった赤色です。この色は緑や茶色の多い大自然の中では一番目立ちます。発煙筒の煙にしろ雪の上にSOSを描く着色剤にしろ，およそ緊急用，救急用と名のつくものすべてにこのブライトレッドが使用されるのも，それ

が目立つ色だからです。クロージングにこの赤を使う理由も同じです。ハンティングの季節に一人で森の中を保護色を着て歩いているのは非常に危険です。どこから銃弾を浴びるか分かりません。バックパックやテントにこのブライトレッドを使用するのも，遠くから目立つように考えられているのです。

ただし夜間は別として，日光がナイロン地のテントを通過する場合は，カノピーの色が赤，青であるよりもベージュ，イエロー，グリーンの方が落ち着けるようです。

雪上での赤はたしかに理想的な色です。カナダの騎馬警官のユニフォームがこの赤なのも，雪と森林の多い土地ではこれが一番安全な色だからです。カナダやアラスカなどのある地方では，狩猟の季節にはブライトレッドを着用することを義務づけられることがあるほどです。それで，あのウールのアラスカン・シャツ，スタッグ・シャツ，クルーザー・ジャケットなどにはブライトレッドが多く使われるのです。

材質
MATERIALS

現代のクロージングのマテリアルは，大きく分けると2種類あります。一つは天然繊維 (natural fibers)，もう一つは化学繊維のうちの合成繊維 (synthetic fibers) です。ここでいう天然繊維はコットンを主とした植物繊維とウールを主とした動物繊維であり，合成繊維はナイロン6あるいは66のポリアミド系，テトロン，ダクロンのポリエステル系を主とします。

一般に言えることは，吸水性 (moisture-absorbent) では合繊よ

りも天然繊維の方が優れており，風に対しては天然繊維より合繊の方に分があります。ですから一般的には肌に近いところにはコットンやウールの天然繊維を，アウターガーメント（outer garments）には合繊を使うのが普通です。合繊は日々研究が進み，欠点はどんどん改良されてゆきますが，現在の時点では特有のきまりがあります。それは，コーテッド・ナイロン（coated nylon）は防水性（waterproof）は高いが通気性（breathe）が悪くトリーテッド・ナイロン（treated nylon）は通気性があるので蒸れないかわりに，水に対しては撥水性（water repellent）があるにすぎないということです。このきまりはガーメントを選ぶ場合，特に留意しておく必要があります。使用する条件に合わせて2種類のナイロンを使い分けるべきだからです。

ダクロン（テトロン）のポリエステル系マテリアルや60/40クロスなどが，最近目立ってガーメントに使用されてきています。これは日光，濡れに対する研究の結果です。

レイヤー・システム
LAYER SYSTEM

さて，自然が提示してくる最も苛酷な条件，それは寒気です。暖かさを保ってくれること，これはクロージングを選択する上で最も重要なファクターです。トレールの途中では，その時の気象条件によって毎日衣服を取り替えることは不可能です。いかに多くの衣服をタンスの中に持っていようと，そのタンスを持ってトレールすることはできません。さまざまに変化する気象，地理的条件の中で，相当なサクリファイスを伴いながら，最大公約数的

なクロージングを選びだす必要があるわけですが、その最も重要なファクターが暖かいこと（warmth）です。

今私たちの日常生活では自身の体をでなく、それを取り巻く環境の方をコントロールしています。セントラル・ヒーティングあるいはエア・コンディション。自然の中には、それがありません。自分の体だけで順応しなければならないのです。そして多分、自分が今足を踏み入れる地域の条件については、まったく無知なのです。記録や統計は手に入るかもしれません。しかしそれが今、まったく同じ条件であてはまるということは信じられません。昨年の同じ時期にその地域を歩いた経験があるとしても、今年も同じだとは言えないのです。つまり私たちはクロージングの決定に際しては常に最悪の条件を想定し、それを普遍化したものを選ばなければ

ペンドルトンやスタッグなどの見えるウーリーマテリアルのシャツ売場（上）。ライトウエイト・ダウン・クロージングの棚（中）。トレーナーやダウン・ベスト、パーカのコーナー（下）。バックパッキング・クロージングは広範囲な利用価値を持つ。ダウンやパーカはひとまわり大きめのサイズを選ぶことが必要。

ばならないのです。気象のグラデーションに合わせて，クロージングのグラデーションをつくる。これがバックパッキング・クロージングの基本的な考え方です。条件に合わせて着たり脱いだりするわけです。そして明らかな特殊条件を除いて，それをシステムにしておくことにより，どのような条件にも適応できるようにしておこうという考え方なのです。これを，レイヤー・システムと言います。

このシステムは夏と冬とでは違いがありますし，状況に応じての変化もあります。これから述べるのはすべての基本となる考え方です。

肌の上に直接当たるのは下着です。レイヤー・システムはここからスタートします。夏の暑い盛り，天気も上々ならもちろん裸で歩くのが最上です。男はすぐ裸になれますが，女性は裸になれないものです。そのときはセパレーツの水着のトップかホルター（halter）を使えば，人に出会っても恥ずかしい思いをしないで済みます。ホールターというのは首でつって背中，肩，腕を露出した遊び着です。着替えの下着を何枚も持つことなど考えられないバックパッキングの旅では，水着のパンツはとても便利です。もっとも洗濯して乾くまでは裸でいなければなりませんが。

夏のスタイルで一番ポピュラーなものはTシャツとショートパンツ（T-shirt & hiking shorts）でしょう。Tシャツはもちろんコットンの半袖。朝夕の涼しさを覚える時刻には，その上にダウン・ジャケット（down jacket），つまり軽い羽毛服を着てしまえばよいわけです。しかしこれはあくまで乾いている時期のことで，山上では天候の変化が激しいものです。標高の高い山，雨と風，春

秋などの条件では一応しっかりしたアンダークロージングが必要です。内臓が詰まっているトルソーの部分，それに頭部と足先さえしっかりガードしていれば，たいていの自然条件に耐えられるはずです。

ストリング・シャツ
STRING SHIRTS

網シャツといわれているものです。ストリング・シャツあるいはフィッシュネット・ベスト（fishnet vests）とも呼ばれています。この下着の歴史は古いのですが，従来のものはネットの穴が大きすぎ，それほど効果的でなく，木綿の糸が硬すぎると肌に強く当たって着心地の良いものではないといわれてきました。しかし現在の製品はストリングにソフトニッテッド・コットン（soft knitted cotton）を使用するようになり，肌に当たる感じは完全になくなりました。北欧のフィッシャーマン，アウトドアーズマンに愛用されてきたストリング・シャツをバックパッカー用に改良した新しい製品では袖をラグランにし，バックパックの取り扱いを

楽にしています。また肩から袖にかけて、フルニットのスムーズ・パネルにしてあるので、ショルダー・ストラップがくいこむことはなく、快適です。

ストリング・ホールの直径は1cm位が普通ですが、このホールがストリングネット・シャツの特色であり、生命でもあります。寒さを感じるとき、体の熱はこのオープンメッシュのエアポケットに蓄えられて、肌と下着の上に重ねたガーメントの間に暖気の層を作るのです。そこで空気は乾き、その暖気はアウターレイヤーをしっかり着用することによって逃げ出さなくなります。逆に暑さを感じるときはアウターガーメントを開放することによって、肌の湿気を放出し、乾いた空気を蓄えるので涼しく感じるのです。

こうした二重の効果を持っているためストリングの下着は、行

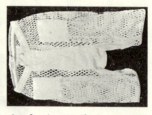

フィッシュネット・アンダーシャツ。50%コットン、50% ポリエステル。クルーネック、フルニットのラグランショルダー。クリームにタンカラーのトリム。ウエイト200g（上左）。足首までのアンダーパンツ。足首、股間はフルニット。ウエイト210g（右）。寒さから身をまもるにはフィッシュネットの下着の上にウール製品を使用する。ネットとウールの間に蓄えられた空気が暖かさを保証してくれる。

動して汗をかく時，次に休んで寒気に触れる時（登山という行為はその繰り返しであるわけですが）どちらの場合にも快適さをもたらしてくれます。特に高山では，行動中にかいた汗は，休憩中に風が吹いたり小さな雲がちょっと太陽を隠したりした瞬間，一転して寒気を感じさせる原因になります。普通の下着はこの急激な変化に対応できません。ストリング・ホールがあまり小さすぎると，濡れの面積が大きくなって効果が薄れてしまいます。暑さ，寒さの両方に効果があるこの下着はたしかに便利です。寒さに対しては，その上に着るガーメントをきっちり閉じることによって効果が上がるわけですが，どうしても首のまわりが一番ルーズで，そこから空気が逃げやすくなります。ネッカチーフすなわちバンダナを首に巻くのは，その点でとても有効な方法です。

　ストリングにはシャツと同時にパンツもあります。主に寒さが厳しい冬期に使用するものですから，足首までのものが有効です。冬期用のアンダーウェアとしてはトラディショナルなロングジョン・タイプ（long john type）のものがありますが，現在ではセパレーツにして細紐などを使って上下をとめるようになっています。

　ストリング・シャツに使われている材質は 50％ コットン，50％ ポリエステルが多くなっていますが，冬用のスポーツ・アンダーウェアでは 2-layer，あるいは 3-layer のものが多くなっています。2枚重ねの場合は内側，つまり肌に直接触れる側（inner layer）に 50％ コットン，50％ ポリエステルを使い，外側（outer layer）に 30％ ウール，70％ ポリエステルを使用しています。また 3 重のものは 50％ コットン，50％ ポリエステルのブレンドを内・外両側

ネットメッシュをクローズしたままのサーマルアンダーウェア。75% コットン, 25% ポリエステル, 長袖, クルーネック, ウエイト 240g。

デュアル・レイヤー・アンダーウェア。インナーは 50% ポリエステル, 50% コットン。アウターは 50% アクリル, 50% ポリエステル。上下のつなぎは前後のコードを使用。

に使用し、その間にストレッチ・ナイロン (stretch bulking nylon) を使用しています。これらは保温には特別優れた効果を持っています。特に3重のものはアイス・フィッシング、ウォッチ・ハンティング、ウィンターキャンピングなど、行動というより寒気の中でじっと動かないでいる時間の多い場合には非常に有効です。

いわゆるウール・アンダーウェア、ロングジョンは95%ウールにナイロン5%を加えて、耐久性を強め型くずれを防ぐようになっています。保温力はどんな下着にも負けませんが、あまりにもバルキーです。厳冬期に山中で骨折し何日も動けないという非常事態にでも陥れば、このアンダーウェアのありがたさは納得いくかもしれませんが、バックパッキングでは多分もてあましてしまうことでしょう。ただし一日の行動が短く、ただ歩く以外に別の目的を持っている場合などはその限りではありません。

またグースダウンでインシュレートしたアンダーガーメントもあります。これは遠征隊用、あるいはスノーモビルその他、冬のアウトドアーライフ用です。

その他下着については合成繊維部門での研究が進んできています。コットンとポリエステルのブレンド、ウーステッドウール40%、コットン50%、ナイロン10%というブレンドのほかアクリル系のものも出ています。また天然繊維同士のラムウール55%、コットン45%のものなど数えあげればきりがありませんが、原則的にはストリング・シャツが便利だと言えると思います。

コットン・シャツ
COTTON SHIRTS

一口にシャツと言っても,種類の多さ,デザインの多様さはまったく驚くばかりで,数えあげたらきりがありません。バックパッキングにはもちろん1枚のシャツは必要ですが,どれを選ぶかはその旅の状況によります。裸,Tシャツ,夏の暑い盛りはそれで充分ですが,その他の季節,あるいは標高の高い山,緯度の高い地方では,ストリング・アンダーシャツの上に着る二番目のレイヤーは,やはりシャツということになります。コットン,薄手のウール,あるいはそのコンビネーション,合成繊維,夏はどれで

バックパッカー用Tシャツはデュオフォルド・ツーレイヤー(二重層式)のものが望ましい。インナー100%コットン,アウターが25%ウール65%コットン,10%ナイロン。肌合いはスムーズ,洗っても型くずれせず,肌にフィットしてシャツの下でもずれたりしない。速乾性,保温性とも優れている。バックパッキングや登山具メーカーの出すTシャツにはこのデュオフォルドのものが多い(左)。〈上〉は100%コットンシャツ。

も良いと思います。ダンガリー（dungaree）の洗いざらしたシャツとカットオフ・ジーンズ（cut off jeans）というスタイルは，夏のバックパッカーの代表的なスタイルかもしれません。川の水で洗って15分も干しておけば汗の匂いも消え，さわやかな気分で着ることができます。

ダンガリーシャツとならんで夏のバックパッキングに愛用されているものにウエスタンシャツ（western shirts）があります。本式にはオーセンティック・ツーソンスタイリング・ウエスタンズ

100％コットンのウエスタン（上）100％コットンのバンダナと，コットン，ポリエステル混紡のウエスタン（下左）。コットン，ポリエステル混紡のバンダナシャツ（下右）。〈右〉はシャモアクロス・シャツ。カラーに100％ナイロンのバンド付き。ロングスリーブ，ロングテール。

PART : 2-8　クロージング

(authentic tucson styling westerns) と呼ばれます。これはトラディショナルなディテールをそのまま残したものでなければその良さが出ません。材質は100%コットン・フランネル。しかし現在の製品はポリエステルとのコンビネーションでウォッシャブルなものの方が多くなっています。コーデュロイを使ったものもよく見かけます。柄はトラッド・プレイド (plaids 格子じま) で地味なものが味があります。無地のものも多いのですが、生成のものなどは汚れが目立ちますので、ダークグリーンやブラウンを選びたいところです。ウエスタン・シャツのディテールで最も特徴があるのは、そのポインテッド・ショルダーヨーク (pointed shoulder yoke) とパールスナップ・ボタン (pearl snaps) です。このどちらが欠けてもウエスタン・シャツとは呼べません。ポインテッド・フラップのポケットは左右2個。これもパールスナップ。カフ (cuff 袖口) も同じで、3個から4個のスナップで留めるようになっています。もちろんロングスリーブ (長袖) です。アウトドアーライフではショートスリーブのシャツはあまり使用しません。これは日射、風、虫などから肌を守るためです。

　もう一つコットンの代表的なシャツにシャモア・シャツ (chamois shirt) があります。これは厚手の100%コットン・シャモアクロスを使って、ダブルナップ (double nap) にしたものです。シャモア・レザー (セーム皮) のような手ざわりのするところからこの名がありますが、柔らかくて暖かく、丈夫なのでアウトドアーズマンに人気が出始めているものです。大きめのブレストポケットが左右2個、ボタン・フラップです。裾丈はもちろんロングテール (long tails) です。

ここで断っておきますが、バックパッキングその他アウトドアースポーツに使用されるシャツのディテールのうち、ブレストポケットは必ず左右2個、裾はロングテールというのはきまりなのです。胸ポケットが左右2個というのは通常左ポケットに金属性のもの、たとえばライターとかシガレットケースなどを入れて心臓をガードし、雷などに遭いそうなときは逆の右ポケットに入れ直して心臓を直撃されることを避けるという役目があり、ロングテールはパンツの中に入れて腰と尻を寒気や湿気から守る役目をしているのです。ポケットはフラップを必ず付けて中の物が落ちないようにしてあります。これらのディテールを持たないシャツは、実用性に欠点があるといえます。

ほかにも、バックパッカーやクライマーに人気のあるコットン・シャツがあります。ラグビー・ジャージーです。もともと格闘技を織りこんだスポーツ用なのですから、コットンといってもヘビーデューティーです。肩部分にレインフォースしてあったりして、荒い扱いにも充分耐えられる仕組みになっています。ショイナードをはじめ

ラグビー・ジャージーはタフでヘビーデューティー。100%コットン、アベレージウエイト540g。ニュージーランド、USA、カナダ、日本製など。ニュージーランド製(上の右側)がベスト。〈下〉はショイナードのバックパッカー、クライマー用ジャージー。

PART : 2-8 クロージング　　267

として登山やバックパッキング関係のメーカーから，このラグビー・ジャージーが販売されているのを見ても人気のほどが分かります。前開きできないこと，トレードマークの白襟が汚れやすいことなど欠点もありますが，一度使ってみると，快適で手放せなくなります。夏の盛りのトレールで，このジャージーの袖を切り落としてスリーブレスにしているバックパッカーを見かけました。冬が近づくと，ジャージーや，次に述べるウール・シャツの下に100%ウールのタートルネックを着る人が多くなりますが，湿気を感じさせないモスプルーフで，しかも暖かいのですから合理的です。

次にウールのシャツに入りますが，2個のブレストポケット，ロングテールというディテールはまったく共通なので，いちいち断らないことにします。

ペンドルトン・シャツ
PENDLETON SHIRTS

スポーツ用品店などではウール地でチェック柄のシャツを総称してカッターシャツ（cutter shirts）と呼び，ファッション雑誌では同種のものをCPOシャツと呼んでいます。かつてはカラーが身頃にそのまま付いているシャツ，つまりドレスシャツに対してのスポーツシャツという意味でカッターシャツといわれていましたが，現在一般にはこの言葉は使われておりません。またこれらすべてをCPOシャツと呼ぶのも実は正確ではありません。元来CPOは"chief petty officer"海軍下士官の略であり，アウターシャツには違いありませんが，色無地のメルトンなどの厚手紡毛を使

用し,ロングテール,左右2個のパッチ・アンド・フラップのポケット,大きなスナップ・ボタンに錨のマークが付いているというのが純正です。ウールのチェック模様シャツすべてを CPO とは言えません。現在アウトドアーズマンが愛用する CPO シャツは 85% ウール,15% ナイロンのコンビが多いようです。色はネービーブルー,グリーン,ブラウンです。

さてアウトドアースポーツに一番使われるウール・シャツは,本式にはペンドルトン（pendleton）と呼称されています。ペンドルトン・ウーリン・ミルズ（Pendleton Woolen Mills）から出された本当のクラシックで,1世紀以上の歴史があるシャツです。このペンドルトンを筆頭にアウトドアースポーツ・シャツにはスタッグ・シャツ,アラスカンシャツ,それにジャケット・タイプ

ペンドルトン・クラシックス。〈右上〉はそのレーベル。糸の染めから始まる一貫作業が独特の風格を持つ。

PART : 2-8 クロージング

のクルーザー・シャツ, ブッシュ・コートなどがあります。

　まずペンドルトン。50％ラムウール (lambs-wool) と 50％コットンのライトウエイトから 100％ヴァージン・ウールのヘビーウエイトまでさまざまですが, タータン・プレイド (tartan plaid) かチェック (checks) の柄になっています。だいたいスポーツシャツに使われているタータンはエインシアン・マクミラン (ancient MacMillan), ブラック・ウォッチ (black watch) レッド・マクドナルド (red MacDonald), カニンガム (Cunningham) の 4 種類が最も代表的なパターンです。最初のパターンはブラック, ダークレッド, ブルー, タン。2 番目はグリーン, ネービーブルー, ブラック。3 番目がブラック, ダークレッド, グリーン, イエロー。最後がレッド, ブラック, ホワイトを使っています。グリーン, ホワイト, イエローのドレスキャンベル (dress Campbell) やレッド, ブルー, グリーン, ホワイト, イエローのローヤル・ステュワート (royal stewart), レッド, ブラック, イエロー, ホワイトのクルーニー (cluny), レッド, ホワイト, イエロー, ブルーのベアトリス (beatrice) などのクラン・タータンもスポーツシャツによく見かけるパターンです。

　さて純正のペンドルトン, つまり Pendleton Woolen Mills, Portland, Oregon という有名なレーベルのはってあるシャツはクラシック (classic) という女性用と, クラシックス (classics) という男性用の 2 種類があります。もちろんペンドルトンはシャツのほかスェーター, スラックス, ニットシャツ, ソックス, マフラーなどさまざまな製品を出しています。シャツのうち女性用のクラシックは赤無地の 1 色のみ。ディテールは男性用クラシックスと

まったく同じです。そのクラシックスはブルーとレッドの無地もありますが、一番すばらしいのはシャドー・プレイド（shadow plaid）という、柔らかく目立たない同色系のタータン・プレイドです。ペンドルトンは毛のクリーニングから仕立てまで、すべて一貫作業として同社内で取り扱っているので、その品質の良さは

ウールプレイド・シャツジャケット（CPO）。〈右上〉は最もポピュラーなタイプ。赤, 黒の5cm角バッファロープレイド, 35%アクリル, 25%ウール, 20%コットン, 15%ナイロン, 5%ポリエステル。もちろん100%ヴァージンウールもある。標準重量700g。カラー部分ナイロンベルト（中）。このベルトはウールシャツには必ず欲しいディテール。〈下〉はラウンドカットのサイドベンツとレインフォースのためのガシット。

ブロック・プレイドの一般的な CPO シャツ。

定評があります。なお，ヴァージン・ウールという表示はニュー・ウールという意味で，再生毛を含まず，99.7％以上の新毛を使っているということです。純正ペンドルトンは国内では手に入れにくいので，メールオーダーの方が早いかもしれません。チェックのウールシャツ全体をペンドルトンという言葉で総称するほど，アウトドアーズマンにはなじみ深く，また代表的なものである，ということは知っておいてよいでしょう。ペンドルトンのカラーはいわゆるカッターシャツの形ではなく，がっちりしたネックバンド・スタイル (neckband style collar)，裾はロングテールです。

同社ではトップスターズと呼ばれるジャケットも出しています。ノッチドカラー，プレーンバック，ボタンカフ，パッチポケット3個，フロントボタンはレザーのくるみで3個，プレイドはブラック・ウォッチとカニンガム。このペンドルトンのシャツやジャケットが1世紀もの間，交易商人やガイド，野生動物監視人，猟師，木樵などに愛用され大事にされてきたわけは一度手にとってみればよく分かります。彼ら本当のアウトドアーズマンは，365日それを手放すことはありません。そして現在カリフォルニア，コロラドなどの学生の間でもペンドルトンは圧倒的な人気を持っています。

純正，本物のペンドルトンをはじめとして，ウールのシャツには各種の伝統的なパターンがあります。ウールリッチ（Woolrich）

のシャツにはシャモア，CPO，スタッグ，アラスカンなどがあり，"Backpacking" のタグ標示です。

スタッグ・シャツ
STAG SHIRTS

50年の歴史を持つこのシャツの最も特徴的なディテールは，フロント，バックの両方に付けられているダブルのショルダー・ヨーク（shoulders yoke）です。これは雨，風，雪，寒さに対するプロテクションを考慮したグッドデザインです。ヘビーウエイトの100%ヴァージンウールを使用していますのでシングルでも非常に厚味を感じるのですが，それを2枚重ねているのですから完全に寒気をシャットアウトしてくれます。色はグレイか赤黒をミックスしたダイヤゴナル。このフロント・ショルダー・ヨークは，またそのままブレストポケットのフラップの役割をしています。これがまたなんともいえぬ良い味です。ポケットの深さは

スタッグ・シャツ。フロント，バック両面のダブルレイヤー・ショルダー。ヨークポケット，マフポケット各2。標準重量1kg。

15cm程度あって大型です。ボタンも大型のものを使用。深いステッチが入っているので、アクシデントが起こった場合でも簡単にシャツが破れてしまうようなことはありません。テールは通常ロングでトラウザーズの中に入れるようになっていますが、スクエア・カットにしてジャケットとして外に出して着られるようにしたものもあります。アメリカ北西部、カナダ、アラスカなどの寒い地方では最もポピュラーなシャツの一つです。

アラスカン・シャツ
ALASKAN SHIRTS

名のとおりアラスカで、ガイドやレンジャー、フィッシャーマンなどに愛用されているものです。このシャツは、ほとんどペパーグレイかカラシ色のダイヤゴナル・ウィーブ（diagonal weave）で

アラスカン・シャツ。ペパーグレイのダイヤゴナル、100%ヘビーブレンド・ウールで雨に強い。重量850g（左）。〈上〉はフィルソン・スカーレットクルーザー。マキノークロスの100%ウール。

柄ものなどは絶対にありません。ファブリックは現在では90%ウール，10%ナイロンのブレンドが多いようです。雨，雪，風のブロッキングには効果充分です。なによりもその落ち着いた風合いは，このシャツを身につけただけでエコロジックな気分にひたることができるという感じで，バックパッカーに人気がある理由がよく分かります。

スタッグやアラスカン，マキノーなどのウール・アウターガーメントの多くは，雨が多く天候が変わりやすい北米ウエストコーストの産物です。フィルソン，ペンドルトン，ウールリッチ。カナダではバンクーバーのジョーンズ・ファミリーの製品が有名です。

クルーザー・ジャケット
CRUISERS JACKETS

これはオールドファッションのマキノー・コート（mackinaw coat）と同種のものです。クルーザーにしろマキノーにしろ，一番外側に着るアウターガーメントなので，材質，ディテールともそれにそったデザインになっています。クルーザー・ジャケットの最も有名な製品はシアトルのフィルソン（Filson）の製品で，1897年から出されており，あのなつかしいクロンダイクのゴールドラッシュ時代に大勢のアウトドアーズマンに愛用されたものです。フィルソンはもともと，プロのアウトドアーズマン向けの製品を出した会社ですから，普通のコットンのクルーザー、コート，パンツにもオイル・フィニッシュで雨が入らないような仕立てにしてあるなど，バックパッカーにはうってつけの製品ばかり

フィルソン・プレイド・クルーザー〈上〉。スカーレットと材質,デザインディテールに変化はない。〈下〉はウィルダネス・シャツジャック。21オンス・ファブリックのボールド・プレイド。ボタンフラップのチェストポケット。下にはマフ用のスラッシュポケット。袖口,シャツジャック・フロントはともにボタン留め。標準重量1.2kg。

です。そのフィルソンの中でも一番有名であり,現在でも人気があるのがこのクルーザーズなのです。

材質は100%ヴァージンウールのみ。ここに使われるfilson mackinaw fabricというのは特に毛足の長いマウンテングロウン・ウールを特殊加工した26オンスというヘビーウエイトの生地です。普通21オンス地の少し軽いマキノーもありますが,この場合には,ライニングにキルティングしたフォームラバーを使っていることが多いようです。とにかくこのヘビーウエイトのクルーザーズは丈夫で長持ち,暖かくて雨に強い,非のうちどころのないアウターガーメントです。クルーザーズの一番の特徴はそのポケットにあります。外側に出ているものが7個,パッチポケット4,マフポケット2,リアキャリングポケット1です。大きなフロン

トポケットの上に，もう一つ小さめのパッチポケットがはりつけてあったり，ブレストポケットの内側にもまた別のポケットがプラスされたりしています。背中のポケットは幅いっぱいにとってあり，両側が口になっているジャンボサイズです。アウターポケットにはすべてスナップ留めのフラップが付けられています。カラーは深めのストームカラーで，ボタン留めのタブ（tab）が付いているため強い雨の中でも襟からの濡れを防いでくれます。クルーザーズはコート，ジャケットで，裾いっぱいまでポケットがとってあり，ヒップ・レングスなので，パンツの中へは入れられません。なおCPOシャツはパンツの外へ出して着るものだとよく言われますが，本当のCPOはロングテールでシャツ仕立てのものであり，パンツの中へ入れて着るようにできています。また，これらのウールシャツ類は下に何か着ることを前提にしているので，サイズは普通より大きめです。

　もう一つジャケット，コートとしてはブッシュ・コートがあります。これはコーデュロイやサキソニーを使って，プリーツを入れたブレストポケットやサイドポケットを付けたヒップレングス・ジャケットです。カラーはシャツカラーです。このブッシュ・コートは，全体のシルエットとその機能性を考えても，バックパッキング用というよりは，バックカントリーでの遊び着という感じがします。いずれにしても，レイヤー・システムの中にウールのシャツを1枚入れることは必要だと思います。種類が多く，どれが良いか一概に断定できませんが，自分のツアーするコースや状境に応じて選ぶべきだと思います。

スェーター
SWEATERS

ペンドルトンの上にウールのスェーターがあれば防寒に役立ち、身を守る上で有効だといいたいところですが、バックパッカーたちはウールを大量に使用するスェーターを好みません。というのも、ウールのもとである羊という存在が、自然保護や環境保全の点で問題があるからです。羊を養う牧草地を大量に増やすことが、とりもなおさず樹林の伐採につながるからなのですが、それでなくてもシャツをはじめ、相当量のウールを身につけるバックパッカーたちは、大量消費のスェーター類に目をつぶろうというわけなのです。そのかわりを食用のガチョウやアヒルの、いわば捨てられる運命にあるダウンに求めました。ウールにかわりグースやダックダウンのスェーターやジャケットの隆盛という現象が現われてきたのです。もちろんウール・スェーターがあまりにバルキーで重く、防風にも効果的ではないという、実利的な問題もからんではいるのですが。アウターガーメントとしての意義はかつてほどには重視されなくなりましたが、その中でもまだ愛用者

〈左〉フィッシャーマン・ニット。〈右〉カワチン・インディアン・スェーター。カナダBC特産のハンドニット。ブラック＆グレイのウールを洗いから一貫したハンドメイドで織りあげたもの。撥水性に優れている。

が多いウール・スェーターについて少し触れておきます。

　その代表的なものはアイリッシュ・フィッシャーマンズ（Irish fishermans' sweaters）でしょう。アンダイド（未晒し）の太糸を使って手編みにし，粗い編目を浮き出させている手編みのクラシックスェーターがそれです。オルタネイティングの高低をつけたこの編目が空気を中に捕えて，スムーズな表面を持った普通のスェーターよりも保温効果を高めているのです。現在フィッシャーマンズはタートルネック，プルオーバー，カーディガン，ウォッチ・キャップ，タムがコーディネイトされて各社から出されていますが，アイルランドやノルウェーなどの北国の手編みのものは水や湿気を通さず優れています。もちろん機械編みの製品も多く，イタリー製，日本製にも良いものがたくさんあります。

　またアイスランディック・ハンドニット（handknit icelandic sweaters）というトラッドなスェーターも同じタイプのものです。これはアンダイドの白地に特有のジオメトリックパターンを編み込んだバルキーですが，目方は意外に軽く仕上げられています。アイスランディックによく似ているものに，カナダ・カワチン地方のインディアンが編むハンドニットスェーターがあります。普通このスェーターはカワチン（Cowichan）と呼ばれています。インディアンのジオメトリック模様を編み込んだものですが，長い毛足が編目をつぶして，シトシト降る北国の夏の雨を通さないようになっています。

　ノルウェージアン・フィッシャーマン（norwegian fishermans'）もトラディショナル・スェーターとして長い人気を持っています。小さな四角形を連続して編み出したクルーネックですが，これも

フーデッド・スェット・シャツ。フルジッパーのフロント・クロージャー，ソフト・ジャージーの外側，内側はサーマル・ウィーブ。標準重量 480g。

撥水性が高く評価されています。これら北国のスェーターは保温と撥水に優れているところから，アウターガーメントとして長くその地位を保ってきたのですが，最近ではナイロンなどの合成繊維とダウン製品の進歩によって，バルキーなウール・スェーターは使用される範囲がせばめられてきています。バックパッキングにおけるウール・スェーターは，アウターガーメントとしてではなく，アンダーウェアの次にくるインナーとしてラムウールやシェットランドなどの柔らかく軽いものを1枚持つことを考えてもよい，という程度です。

夏の場合，スェーターというよりフードの付いたスェット・シャツ（sweat shirt）を1枚持つほうが便利です。その場合も必ず前開きのものを選びます。ショールカラーのファウルウェザー・フードは暖かくて便利です。

ショートパンツ
SHORT PANTS

夏と冬ではマテリアルに違いがあることはもちろんですが，パ

ンツはタフであることがなにより大事です。ゴツゴツした岩，濡れた草や雪の中，どれもパンツにとって楽な場所ではありません。マテリアルがタフで，汚れの目立たない色でできていることは基本的な条件です。

欧米におけるショーツの流行は，その乾いた夏の風土と切っても切れない関係があります。コーリン・フレッチャー（Colin Fletcher）などのショーツマンの影響があることも確かでしょう。ちなみに彼は，雪の富士山にもショーツで登っています。ショーツの一番の特質はそのベンチレーションにあります。夏の暑い日，ロングパンツに比べれば風通しの良いショーツは快適この上もありません。そのうえ膝下がフリーに

〈上〉スポーティフ・ストレッチ・ショーツ。62% ポリエステル，33% コットン，5% スパンデックス，ダブルレイヤー・シート，4フロントポケット。標準重量350g。

なっている点が非常に楽な気分にしてくれます。雨の日でも，なまじロングパンツで歩いて濡らすより，ショーツをはき，行程が終わったところでロングパンツに着替えるほうが快適なことは確かです。しかし虫の多いところでは不利です。今はインセクト・リペレントの良いものがありますが，それでもつらい思いをしな

ければなりません。また風の強い稜線などでは、いくら夏とはいえむき出しの足では熱がうばわれて筋肉の疲労が増すことを考えねばなりません。ショーツだけで全行程をまかなうことはやはり避けるべきです。

ショーツのマテリアルに多く使われているのは、コーデュロイ、コットンスエード、62％ポリエステル33％コットン5％スパンデックスのストレッチツイルなどです。ディテールはほとんど同じで6ポケット。フロントトップに付けられたカーゴポケットは

ハイキング・ショーツ女性用。〈右〉フロント、〈左〉リアデザイン。バックジッパーとカウハイドのレインフォース、裾はストレッチ。重量310g。

ショーツは自分でも作れる。この3点は、それぞれ古いロングパンツをカットして作ったオリジナル。

深さ35cmで，17.5cmのボタンフラップポケットがその上にはりつけられています。ヒップポケットは，ボタンフラップのものと，ジッパーのものとがあります。女性用も同じデザインですが，ヒップポケットは付いていません。スコッチガードが施してあるものが多いようです。高度のある山では，コーデュロイが暖かく使いやすいかもしれません。

　カットオフ・ジーンズをはじめショーツは，なにもお金をかけなくても自分で作れます。オリジナル・パンツができあがります。

ロングパンツ
LONG PANTS

　ショーツのマテリアルとディテールをそのまま長くすればロングパンツになるわけですから，それ以外の要点に触れましょう。要するに汚れが目立たないようなパンツならなんでも良いのですが，やはり丈夫な材質のものを選ばなければなりません。ショーツの項で述べた材質のほかにウィップコード（whip cord）やウールがあります。できれば尻と膝の部分が補強されているもの（reinforced seat）を選びたいものです。ウールのパンツは18オンス程度のマテリアルで，動きがフリーになるようにカッティングされたものを選ぶべきです。

　バックパッカーの多くは夏の間よくブルージーンズ（blue jeans）を用います。今やカジュアルウェアになったジーンズですが，もともとはカントリーウェアですし，使い道さえ間違えなければ非常に優れたパンツであることは確かです。ここでいうジーンズは，インディゴで染め上げた13オンスのブルーデニムのヘ

ビーウェアのことです。ソフトデニム，あるいはカラージーンズなどと呼ばれるファッショナブルなものではなく，ラッグドもしくはブラッシュドのストレートハンギングに限ります。極端にテーパードのものや逆にベルボトムのものなどは，見た目だけでなく歩きにくいという点からも敬遠されます。このインディゴダイド・ブルーデニムのヘビーウェアは，本場アメリカではリバイス（levi's）と呼ばれています。これは，Levi Strauss & Co. が出したヘビーウェアがオーセンティックで長い間人気を保ってきたことから総称になったのですが，事実このリバイの製品は実用性の面で最も優れたヘビーウェアといってよいでしょう。丈夫で長持ち，毎日毎日はき続けることのできるヘビーウェア，これは自然の中に生活する人々のユニフォームといってよいかもしれませ

ジーンズの代表リバイのブランドレーベル〈上〉。人気のロット 501 などはシュリンク・トウ・フィット式なので，一度洗った後で自分の体にフィットするサイズを選ばなければならない。〈下〉はそのサイズ表。〈右〉はレイン・チャップス。コーテッドナイロン。足を入れてコードをベルトに結ぶだけ。150g。

ん。ヘビーデューティーのステッチング，レインフォースドポケット，ワイド・ベルトループス，リベット，これら不変のディテールは信頼してよいものです。

リバイのほか，リー（Lee）やラングラー（Wrangler）が信頼性の保証（guaranteed dependability）を受けている製品です。日本の登山においてはジーンズは良くないと言われていますが，それはヘビーウェアの本当の使い方を心得ていないからです。しかしいくらヘビーウェアとはいえジーンズはコットンです。雨に弱いことは当然です。このジーンズを用いるときは必ず上につけるレイン・チャップス（rain chaps）やレイン・パンツを忘れてはいけません。雨に濡れたジーンズは肌にはりついて体温を急激にうばっていきます。雨に対する充分な用意がされてこそ，ジーンズはオールラウンドのアクティブ・スポーツ・パンツになりうるのです。

ショーツとロングパンツは同じディテールを持つ。ただ丈が長い，短いの違いだけ（上）。パンツのポケットはあまり大きな物は入れられない。高い位置に付けられたものが良い（下）。

雨に濡れやすいのは，太ももから膝上の部分と踵上の2カ所です。ロバート・ウッドはその著『プレジャーパッキング』で，雨

に降られたときジーンズのこの2カ所にワックス（フライタイングのフロスにかける固型ワックス）を塗りつけた話を書いています。

ニッカーズ
KNICKERS

ブルージーンズが純然たるアメリカン・スタイルなのに対して，ニッカーズはヨーロッパのトラディショナルなアウトドアーウェアといえます。現在ではニッカーズは登山用パンツとして専門的なものになり，それ以外のスポーツに使用される例としてはクロスカントリー・スキーをあげられる程度でしょう。このヨーロッパ・スタイルのクライミング・ニッカーズ（climbing knickers）の利点は膝下がフリーの状態になっていることで，大きなストライドを必要とするロッククライムやクロスカントリー・スキーにはその特性をフルに発揮できるわけです。

ヨーロッパでマウンテニアリングという言葉を使うのは当然アルプスのことです。アルプスは高地草原の上に岩と雪だけの世界があるのですから，山登りとは当然ロッククライムがそのすべてになります。アルプスでこそニッカーズはその特性を充分に発揮でき，そこでこそ必要なパンツだと言えます。しかしアメリカや日本では，岩と雪だけの世界というより樹林と渓流の，いってみればバックカントリー的な地域が多いのですから，なにがなんでもニッカーズが有利だとは言いきれません。ニッカーズを一つのユニフォームのように考えて使用するのはナンセンスです。ただし純然たるロッククライムを楽しむのならショーツやニッカーズ

が有利なことは言うまでもありませんが，最近はロッククライマーもニッカーズより，ストレッチニット・ナイロンのトレパン愛用者が多いようです。

　ニッカーズはスポーツショップに種々の製品が置かれています。マテリアルには圧倒的にウールが多いようです。100％ウールとダービーツイード(derby tweed)のように75％ウール25％コットンのブレンドがあります。ウール以外で多く使われているものには，100％コットンコーデュロイ，ウィップコード，モールコードなどのコットン製品と，テトロンとコットンをブレンドした合成繊維などがあります。もちろんコットンは濡れには弱いものですから，乾いた岩やクロスカントリーなどに使用されています。ディテールはどれも差がありません。シート・レインフォースメント，ワイドなベルト・ループス，ボタンフラップの大きめのポケット，ロッククライム用のハンマーポケット，膝下のカフには近ごろはベルクロ（マジックテープ）を使用するものが多くなったようです。どのように使うか個人の自由ですが，とにかく一度ためしてニッカーズの特性を知っておくのも悪くないでしょう。

ベルト
BELTS

　ジーンズやウエスタン・スタイルにはどうしても，あのカリフォルニア・ポピーを刻んだクラシックなカウハイドのウエスタンベルトを締めてみたくなりますが，実はバックパッキングにワイドなベルトは良くありません。というのはバックパックにはウエスト・ベルトもしくはヒップ・バンドが付きものであり，最も新し

サドルステッチ・ベルト。ローハイドのセンターとエッジをサドルステッチした単純で堅牢なベルト。3.8cm幅。ブラスバックル。

いタイプのヒップハガーのバックパックでも荷重は背中と腰で受けとめる方法になっているため、ヒップ・ベルトの役割がますます重要になってきているのです。ヒップハガーの場合、ベルトを完全に締めあげて腰に固定しなければ、荷重は肩に残ってしまいます。少し苦しいと思える位きっちり締めたとき肩の荷重が解放されるのです。パンツのベルトがワイドだと、腰まわりに二重のベルトが当たることになって具合が悪いのです。外見はよくなくても、実用的にはバスケットウィーブなどの布製の方が快適です。特に夏などはショーツに幅の広い、スティフなベルトを締めていると汗がたまり、つらい思いをさせられます。ベルトレス。できればこれが一番快適です。

ライトウエイト・ダウン・ジャケット
LIGHTWEIGHT DOWN JACKETS

さてアンダーウェア、Tシャツあるいは薄手のタートルネックシャツ、ペンドルトンなどのシャツと重ねてきたレイヤー・システムの仕上げともいえるアウターガーメントは、ダウンのジャケットです。ダウンの特長についてはスリーピング・バッグの項で述べたので、ここではダウン・ジャケットの種類についてだけ説明することにします。

雪の季節を除けば、日本の山では本当の寒気というものはあり

WIND - CHILL CHART

Estimated Wind Speed MPH	ACTUAL THERMOMETER READING °F.											
	50	40	30	20	10	0	-10	-20	-30	-40	-50	-60
	EQUIVALENT TEMPERATURE °F.											
Calm	50	40	30	20	10	0	-10	-20	-30	-40	-50	-60
5	48	37	27	16	6	-5	-15	-26	-36	-47	-57	-68
10	40	28	16	4	-9	-21	-33	-46	-58	-70	-83	-95
15	36	22	9	-5	-18	-36	-45	-58	-72	-85	-99	-112
20	32	18	4	-10	-25	-39	-53	-67	-82	-96	-110	-124
25	50	16	0	-15	-29	-44	-59	-74	-88	-104	-118	-133
30	28	13	-2	-18	-33	-48	-63	-79	-94	-109	-125	-140
35	27	11	-4	-20	-35	-49	-67	-82	-98	-113	-129	-145
40	26	10	-6	-21	-37	-53	-69	-85	-100	-116	-132	-148
Wind speeds greater than 40 MPH have little additional effect	LITTLE DANGER FOR PROPERLY CLOTHED PERSON				INCREASING DANGER				GREAT DANGER			
					DANGER FROM FREEZING OF EXPOSED FLESH							

To use the chart, find the estimated or actual wind speed in the left hand column and the actual temperature in degrees F. in the top row. The equivalent temperature is found where these two intersect. For example, with a wind speed of 10 mph and a temperature of -10°F., the equivalent temperature is -33°F. This lies within the zone of increasing danger of frostbite, and protective measures should be taken.

ウインド・チル・チャート，この表では温度に華氏（F）を用いている。F から 32 を減じ ⅝ を乗じたものが摂氏（C）。50°F ＝10℃，0°F ＝ － 18℃，－ 50°F ＝ － 45℃。また風力は MPH（マイル／時）で表示。1 マイル 1.6km。

シェラデザインのシェラジャケット。グースダウン 280g 使用。アウターシェル 60/40 クロス。インナーはリップストップ。スタッフサックのサイズ直径 26 × 48cm。この小型サックの中に収納できる。重量はスタッフサックとも 670g。ヒップレングス。ダウンはネックカラーからポケット，ドラフトフラップまで充分に使用されている。

ません。私たちが寒気を感ずるのは気温が低下するからですが、寒気が危険を伴う場合を考えると、実は気温よりも風の方が大きな問題になってくるのです。風速が増すに従って体感気温が低下します。どこの国でもその危険度を示すチャートを作っています

アウターシェル60/40クロス、インナーにリップストップ。この組み合わせはハイクォリティーのジャケットに多い。ツーウェイ・ジッパーにドラフトフラップのボタン留めも同じ。

ポケットはダウン・インシュレートのハンドウォーム・スラッシュポケット。ベルクロ使用のフラップポケットもハイクォリティーの製品には多い。

フードはジャケットにインクルードされているが、スナップで取りはずしできる方法が良い。

アウタージッパーとその内側にとられたドラフトフラップ。アベレージクラスに多い方法。

ジッパーのみは風を通しやすい。ドラフトフラップとのコンビで威力倍増。

が，これは風速と体感気温の関係を示したものです。気温とともにイクィヴァレント・チル・テンペラチュア（equivalent chill temperature）の表示がされているものですが，たとえば30度F（−1度C）の気温のときに時速30マイル（風速13.4m/秒）の風が吹くと体感気湿は−2度F（−18度C）まで下がることがチャートで分かります。すでに危険は増し，凍傷の恐れが出てくるといえます。このチャートを見ると寒気による危険は，単なる気温の低下より風がより強く作用することが分かります。夏の暑い盛りでも，強い風があり，体を濡らしてしまったような状態では，凍死の恐れが出てくるのです。ダウン・ジャケットは寒気の大きな原因となる風に対して，最も有効なアウターガーメントと言えます。このダウン・ジャケットも条件に応じて幾種かに分かれ，そのうち一番軽量のものをライトウエイト・ダウン・ジャケットと呼びます。これはさらにスェーターとジャケットに分けられます。

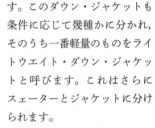

　ナイロンシェルの軽量羽毛服は，アンダーウェアにもアウ

その他のディテールでは袖口のスナップボタン（上），インナーポケット（下），ウエスト部分とボトム（裾）にドローコード，などがチェックポイント。丈はハイクォリティーのダウン・パーカ類がヒップレングスなのに対し，ジャケットやスェータークラスはウエストレングスの短いものが多い。

ターウェアにも使うことができます。ここでいうライトウエイト，あるいはヘビーウエイトというのはダウンの量の問題であって質の問題ではありません。軽量でも中は上質のグースダウンでなければならないのは当然です。スェーターのディテールは袖口がエラスティック・ニットになっており，きっちり締まるようになっています。襟元にも同じエラスティック・ニットを使っていますが，これだけでは不充分なのでバンダナその他のネッカチーフが必要です。フロントはボタンあるいはジッパーで開閉します。このダウン・スェーターはアンダーウェアとして販売しているメーカーが多いのですが，厳冬期にはこの上にもう1枚厚手のダウン・ジャケットを重ねることによって完璧に防寒できますし，夏場にはこれ1枚で朝夕の寒気に充分対応できます。ダウンの量をもっと多くしたのがヘビーウエイトのダウン・ジャケットで，デザインももっと丁寧になります。これが一般的なダウン・ジャケットといえます。

〈下〉アルパインデザイン。〈右〉マウンテン・プロダクツ。どちらもリップストップ1.9，ウエストレングス。重量はおのおの380g，460g。標準的なダウン・ジャケット。

ダウン・ベスト
DOWN VESTS

寒気に対して保護しなければならないのは、トルソー部分、つまり胸、肩、背中、脇腹などです。このトルソー部と頭や足先の保温がしっかりしていれば、極端な寒さでないかぎり安全です。ダウン・ベストは、その大事なトルソー部分をプロテクトするためのアクティブ・ウェアです。長さは普通のジャケット・レングスつまり尻までのものと、もっと短い腰までのも

ダウン・ベストは軽く、コンパクトで機能的。ダウン・ジャケットのスリーブを取ったものと考えればよい。したがってディテールはジャケットと変わらない。〈下左〉はウッズ、〈下右〉はコモンデザインのもの、〈上左〉はエディーバウアーの特殊なリバーシブル。ハンター用で裏がレッド。〈上右〉はポケット部分（ウッズ）。

のとがあります。ディテールは普通の羽毛服の袖を取ったものと考えれば間違いありません。中にはエディーバウアーのハンターズ・ベストのように，リバーシブルになっていて裏に安全のためのオレンジ色のナイロンタフタを張ったものもあります。いずれにしてもベストはウルトラライトで，非常に小さくパッキングできるので，インスタントな防寒衣としてイヤーラウンドに使用できる便利さがあります。ただし，フロントパネルのクロージャーがボタンだけのものは，シティー用です。バックパッカーのベストにはボタン，ジッパー併用がぜひとも必要です。

シック・ダウン・ジャケット
THICK DOWN JACKETS

私たちが羽毛服と呼んでいる厚手のダウン・ジャケットは本当の寒気について考えなければいけない冬季や高所では必需品です。普通ダウン・パーカ（down parka）と呼ばれていますが，この場合にはフード（hood）が付いているものを指します。国内のスポーツショップには質，重量，価格ともいろいろな段階のダウン・パーカが並んでいます。バックカントリーで使用するものからヒマラヤの頂上に立ったためのものまであります。遠征隊が使用したタイプは非常にできがよく，選択の目安になります。

たとえばフランスのヒマラヤ遠征隊が使用したテレー（Lionel Terray)・ブランドは，最上のものの一つです。ダウンの質はもちろんですが，オーバーラッピング・チューブ・コンストラクションのナイロンシェルが完璧なのです。アメリカの遠征隊が使用するエディーバウアーの「カラコルム」ブランドも同じような仕様

ダウン・パーカ。遠征隊あるいは極地で使用されるものでダウンの量だけで600gもある。これらのパーカは内部にもう1枚のダウン・スェーターあるいはジャケットと併用されるのが普通である。〈右〉はホルバーのパーカ。総重量1.8kg。

です。これら高所用ダウン・ジャケットは，そのディテールが非常に良く考えられています。外側はセットイン・スリーブでありながら内側がサドル・ショルダーになっていたり，フードがトンネルのようになっていて顔面をしっかり保護していたりします。ジッパーはもちろん両面です。フロント部分は内側にジッパーを使い，さらにその上にボタン・ファスナーを使うフライ・フロントになっていたりします。袖口も内側がストレッチ・ナイロン・ニットのストームカフスで，その上にさらにダウン部分がかぶさるようになっていたり，ポケットはベルクロのカーゴで，その奥にハンドウォーマー用の口が付けられていたりします。そのインシュレーションは完全ですから，スリーピング・バッグなしでそのまま雪の中で寝ても，寒さを感ずることはまずありません。そ

のような，特別寒気が強いときは，ジャケットとともにパンツを使用することになります。

ダウン・パンツ
DOWN PANTS

高所用羽毛服には必ずダウン・パンツがそろえられています。パンツで一番問題になるのはウエスト・バンドです。どんな動きをしても不自由でないようなエラスティックのベルトで，自分の体にフィットするものでなければなりません。もう一つは着脱の問題です。靴を履き，下に着たパンツの上に着けるのですから，着脱が容易でなければなりません。サイドジッパーを使用しているものは，なるべく大きく開閉できるようになっているものが便利です。日本やニュージーランド，アメリカ・ウエストコースト北部など，雨に悩まされる地域では，ダウンよりもダクロン・ファイバーⅡのような化繊が有利になります。

レイヤー・システムはこれだけでは万全ではありません。激しい風や雨の中では，ダウン・ジャケットの上にさらにもう1枚アウターガーメントが必要なのです。そのうち，風に対処するためのウィンドプルーフ・ガーメントは，パーカあるいはアノラックと呼ばれています。

ダウン・パンツ。インシームにジッパーとスナップを使用。オーバーシューズやクランポンをつける場合を考慮。ホルバー。重量1.3kg。

パーカ，アノラック
PARKAS OR ANORAKS

パーカはアリューシャン列島で使われていた言葉で，もともとの意味はファー・ジャケット，あるいはフードを付けパイルかフリース(白いふわふわした羊の毛)でライニングしたヘビーなウーリンシャツということです。また，アノラックはグリーンランド・エスキモーが使用していたもので，レザーに同じようにフードやライニングを付けたガーメントです。現在ではパーカとアノラックは同義語として使われています。つまりフードの付いたウインドプルーフ，ウォータープルーフのガーメントという意味です。ダウン・ジャケットの上にパーカを使うというのは，単に風当たりをカットするだけではありません。雪が降りしきるときは，体温で温められているダウン・ジャケットは，その表面についた雪片を溶かして水滴にしてしまいます。ダウン・ジャケットだけでは，気温が低くなるにつれて体温のエスケープがジャケットの各所から起こります。そのため，山岳では特にこのパーカが有用なアウターガーメントなのです。

マウンテン・パーカ。ラグランスリーブ，フロントパネル，フード付きは一般的な傾向。写真はムーア＆マウンテンのパーカ。900g。

パーカあるいはアノラックと称するものも選択の幅が広く、一つだけを選び出すとなると非常に困難です。とにかくパーカで一番問題になるのはその材質です。まず丈夫でなければなりません。次がブレス、つまり蒸れの問題です。雨に濡れるのも、蒸れでガーメントの内側を濡らすのも結果は同じことです。現在使用されている製品で最も有効と思えるものは、もちろんダブルで、外側に60/40クロス、つまり60％コットン、40％ナイロンのミクスチュ

マテリアルは60/40クロスが一般的〈左上〉。P&Oのように100％コットンポプリンも優れている。〈左下〉ムーア＆マウンテンのカラーはボタンスナップでフードを装着するようになっているが、普通はフードはカラーからそのままのびているものがほとんど。〈右上〉はジッパーとスナップのフロント。〈右下〉はドラフトフラップ部分。

アを使い，内側はベンタイル・コットン（ventile cotton）という仕様になっています。このマテリアルは水と風を防ぎ，蒸れずに保温するという複雑な機能性をよく備えています。

　まずダブルのパーカを選ぶのがなによりの条件ですが，そのほかにいくつか注意しなければならない問題があります。風を防ぐのが大きな目的ですから，フードやウエスト部分にドローコードが入っていなければならないこと，もちろん袖口にもベルクロその他の効果的なファスナーが必要なこと，大きめのポケットがたくさんあることなどです。しかし忘れてならないのは，頭からかぶるものではなく必ずフロント・オープニング・ジッパーとボタンの二重ファスナーで開閉できるものでなければならないこと，大きめのサイズを選ぶことです。頭からかぶる古いスタイルは，一度身につけてしまうと脱ぐのが面倒になりますから，気象の変化に応じて調整するのが困難です。汗をかいたり蒸れたりするので危険です。前を開閉して体温の調整を図れるようになっているもの，これは下にダウン・ジャケットを着ている場合には絶対の条件です。

　またサイズは大きすぎると思えるくらいのものを選ぶことです。ダウン・ジャケットはそれぞれのパフの中に空気を蓄えてこそ効果があるのですから，小さいパーカでパフを押しつぶしてはなんにもなりません。サイズが大きいと着脱を面倒がらずに済みます。ラグランスリーブであることも必要です。パーカは風と同時に雨にも強くなければなりません。

　以上述べてきたパーカは一般にマウンテン・パーカと呼ばれます。これに対して従来のトラッドなナイロンやコットン・ファブ

リックの薄いプルオーバー・パーカは，シェル・パーカ（shell parka）と呼んで区別されます。これも，ウインドプルーフ効果を期待するものです。プルオーバーとカンガルーポケット，ビルトイン・フードが特徴で，山でのファウルウエザー以外に着用し

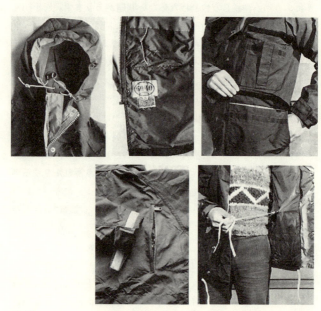

〈上左〉フードとドローコード，カウハイドのストッパー。〈中〉ウエスト部分のドローコード。シェラデザインのパーカは細かい部分にも気を配ったハイクォリティー。〈上右〉はポケット。ハンドウォームとカーゴのダブル。ベルクロ使用。背中に付けられたカーゴ，マップのジッパーポケット（下左）。〈下右〉はエラスティックのドローストリングをウエスト，ボトムに使ったムーア＆マウンテンの例。これらのパーカの標準ウエイトは 400〜800g。

たりすると，よくしかられたものです。最後に身を守るウェアとして重要視されていたからです。しかし，このシェル・パーカで雨を防ぐのは無理です。バックパッカーのパーカは，風と雨の双方に効果のあるものを要求したいのです。

　特に日本のような多雨の地域では，冬の乾いた雪を除けばレインウェアがそのままパーカとして通用するといってもよいかもしれません。レインウェアは風に対しても有効であることは当然です。レインウェアは，日本と同じように雨の多い英国の製品に良いものが多いようです。

レインウェア
RAIN JACKETS & PANTS

　バブアー（J. Barbour and Sons. Ltd.）とモーガン（Morgans Sportwear Ltd.），ピーター・ストーム（Peter Storm）が現在私たちが目にすることのできる代表的なレインギアーといってもよいでしょう。バブアーは，トラディショナルなオイルトリートメント・マテリアルに特色があります。表地はヘビー・ウォーブンのコットン。かつてはアザラシなどの獣脂でトリートしたようですが，現在はミネラルオイルを使用しています。織りの目の間にこのオイルがすりこまれているので，ウォータープルーフはゴム引きと同じように完全です。と言ってもゴム引きのような蒸れがありません。このオイルコーティングはモーガンの製品も同様で，ニトリル・コートが施されています。生地そのものは雨が入りにくくても縫い目からしみこんでくるケースがよくありますが，これらのレインパーカは一目一目すべてコーティングされています。モー

〈左〉はエディーバウアーのトラディショナルなウインドプルーフ・パーカ上下。ウォータープルーフにはなっていないので雨具としては使えない。〈下〉はバブアーのオイルトリートメントのレイン・ジャケット。ヒップレングス，ラージポケット。

ガンのパーカには濡れた地面に座っても大丈夫なように，45cmという大きなドロップシート（drop seat）がビルトインされています。また肩にはシームをとらず，ラグランになっています。一番雨の当たる肩にシームがあると，長い時間雨の中にいた場合どうしてもそこからしみこむことがあります。ラグランスリーブはレインウェアに必須の条件です。また袖口は，エラスティックのリストレットを付けて二重にしたストーム・カフスになっています。

　レインパーカ，ジャケットだけでは雨具は完璧ではありません。

必ずパンツをつけるべきです。材質，仕様などはレインパーカと同じですが，行動中はバルキーな登山靴などを履いているのですから，いちいちそれを脱いだりせずにパンツが着られなければなりません。そのためレインパンツも（ウィンドプルーフパンツも同じ）膝下に大きめのマチが入れてあります。ジッパーか紐締めになっています。このマチのとってないパンツは身につけるのが面倒なので，ついつい下半身を濡らすことになったりします。

〈上〉はダブルレイヤーのショルダーヨークとフード。〈下〉はジッパーガードとさらにその上のボタンスナップのストームガード。

特別の雨用帽子が必要とはいえないが，あればもちろん便利。写真はバブアーのレインハット。ジャケットと同じオイルトリートメント。内側はコットン。〈上〉は特にストーム用として後ろのブリムを深くとってある。

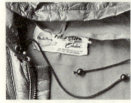

ピーター・ストーム。アウターシェル100%ポリウレタン。それに100%ナイロンのライニング。これがウォータープルーフとブレスを解決したといわれる新しい材質バクフレックス。フード付き, フードとボトムにドローコード, デルリンジッパー。ポケットはナイロンジッパーとストーム・フラップ。ストーム・カフス付き。パーカとパンツ。パーカの重量500g。

バックパッキング, リバーフロート, マウンテニアリング, いずれもレインギアーを破損する恐れの大きいスポーツです。材質は丈夫でなければなりませんが, 同時にリペア・キットは必ず持参したいものです。またウインドパーカと同様に, 頭からかぶるオールドタイプはやめたほうが賢明です。一カ所に長く留まっている場合は良くても, 歩くことを主とするバックパッキングでは着脱が面倒です。前あきのものを選んで

下さい。

　ピーター・ストームが新しく出したバクフレックス（bukflex）という材質のレインギアーが最近話題になっています。もともとピーター・ストームは，ヨットマン，フィッシャーマン用のマリーン・ウェアの会社で，濡れと蒸れに対する研究は永く，優れたレインギアーを提供していました。このバクフレックスは化学繊維を使って初めて濡れと蒸れを解決したものとして評判になったのです。

　ファウルウェザー・スーツ（foul weather suit）という，そのものずばりの名を持った雨具はケルティー製です。2.7オンス・コーテッドナイロンにカレンダリング〔圧縮・平滑加工〕してあります。

ポンチョ
PONCHOS

　ポンチョは専用の雨具ではありません。本来これはいくつかの用途を持ったウォータープルーフ・シートなのです。5×7フィートという寸法が標準の，少し横長のシートで，中心に穴があけられており，雨具として用いる場合には，そこがフードになるように考えられています。最近のバックパッキング用ポンチョでは，バックパックを背負ったまま着られるようにリア部分が長くなっており，そのためフードもセンターの位置ではなくなっています。このフード部分にはドローストリング（引き紐）が付いています。雨が激しい時はこの紐で，顔のまわりをぴったり覆うことができます。シートの四隅にはリングが付けられており，また長い2辺にはスナップが付けられています。このポンチョをかぶりスナッ

プを留めると、簡単な貫頭衣ができることになります。

　高地などで風のある場合には、このスナップで袖下を留めないと風にあおられて役に立たないばかりか、事故の原因にもなります。またポンチョはどうしても下開きになりますので、自分の足元に目をやるのに不都合です。特に石の多い下りの山道などでは不安になることがあります。ポンチョの内側、ちょうど腹部に当たる部分にも、ドローストリングが縫着されていますので、それをしっかり体に回して背で結んでおくと、ある程度は前下方のだぶつきを押えることができます。時折りドローストリングの付いていないポンチョを着て、腰のまわりを紐で結んでいる人を見かけますが、これは摩擦でポンチョの材質を痛めてウォータープルーフにダメージを与えるので、やめたほうがいいようです。

　山で使う雨具としてポンチョが良いとよくいわれますが、ポンチョを雨具だけとして考えた場合には、バックパッキングやクライミングに使用するのは考えものです。下から吹き上げる雨と風に弱く、足元に死角を作ることなど欠点が多いからです。ホースバック・ライディング（馬でのトレール）やリバーフロート（カヌー、ボートでの川下り）に使用したり、平地を歩くときやキャ

ラバー、ウレタンコーテッド・ナイロンなどの材質。バックパックごとかぶれるオーバーパックがバックパッカー向き。

ンプサイトで使うぶんには便利ですが,山地での行動にはしっかりしたレインギアーが絶対に必要です。

　ポンチョは用途の多いヴァーサタイル・ガーメント (versatile garment) なのです。まずシェルターとして使えます。1枚だけで作っても1人なら雨をしのぐことができますし,スナップ・ファスナーを結合することによって2枚,3枚とつなぎ,大きなテントを作ることもできます。グラウンド・シートに使われることもあります。川を徒渉する際はバックパックをくるんだり,夜露から荷物を守るためのオーバーシートにも使います。用途の非常に多い便利なものです。

　ポンチョのマテリアルには,ラバライズド (heavy duty rubberized fabrics),コーテッド・ナイロン,合成繊維,ビニールなどがあります。そのうちラバライズド・ファブリックは重いのですが丈夫です。この代表的なものは,U. S. Army のサープラス・モデルのものです。現在では,ナイロンなどの合成繊維のものが軽くて強く,ウォータープルーフもしっかりしているのでベストです。ビニール製品も軽くて雨に強く,安いのですが,強度に問題があるのと,蒸れて非常に暑いのが欠点です。

　オーバーパック (overpack) ポンチョはスタンダードサイズより 75cm も後部が長くなっています。バックパックの上からかけてスナップを留めるとちょうどよい長さになります。

　さて,もう一つポンチョという名で呼ばれていますが,用途の違う製品があります。これはカグールというものです。

カグール
CAGOULES

フランス語で僧衣の意味です。たしかにこれはポンチョと同じように思えますが、ポンチョはいろいろな用途を持った一枚のシート、カグールは最初から着衣の形をしているものです。膝下までの長さでフード付き、筒袖です。材質はウォータープルーフ・コーテッド・ナイロン。フードや裾にドローストリングが付いています。これは最初からエマージェンシー・ビバーク用に作られているものです。これにくるまり、膝を立ててフードと裾の紐をしっかり締めれば、全身を袋で覆ったのと同じことになります。袖口にはエラスティック・バンドが付けられていますから、手を

カグール。ウォータープルーフ・コーテッド・ナイロン。ニーレングス・パーカ。カンガルーポケット。フードとボトムにナイロンスライダー付きドローコード。ビバークの際は足を中に入れ、ボトムのドローコードを閉める。重量570g。

内側に入れてしまえば体全体をカグールで覆うことができ、ダウンのハーフ・バッグとダウン・ジャケットとの組み合わせにより、ビバークは何の不安もないものになります。

アンダーウェアから始まったベーシックなレイヤー・システムはこれで終わります。ボディーをさまざまな条件から守ることは、快適さを求めるためばかりでなく、事故を未然に防ぐ意味からも非常に重要です。ファッションはあくまでも実用性、機能性、堅牢さを持ったものでなければならず、またそれを大事に使用していく気持を失ってはなりません。

さて昔から暖かさを保つ秘訣は、足元を暖かくし帽子をかぶることだとよく言われます。ボディーをいくら暖めても足元が濡れたままだったり、首筋から頭部を風雨にさらしていたりしては効果は半減します。そして、日本のアウトドアーライフの敵である雨に、しっかりした対策をたてるのが成功のカギです。でも山でコウモリガサをさすのはやめましょう。両手は必ずあけておいて下さい。

手 袋
GLOVES

寒さから守るということだけでなく、手袋の効用はさまざまなものがあります。焚火、炊事、サンバーンや虫からの保護。とにかくトレールには欠かしてはならないものです。春から秋までの穏やかな気候条件では、薄手のウールやシープスキンのもので間に合います。寒気の予防以外に考えられる手袋の必要性、これはキャンプあるいはさまざまなアウトドアースポーツの経験がある

人なら，誰でも知っていることでしょう。また，ロッククライミングやフィッシングには，指先のない手袋が細かい仕事をするのに便利です。このフィンガーフリー・ミット（finger-free mitts）の代表的なものは英国製のミラー・ミット（millar mitts）です。甲とリストの部分はシリコントリートのウールで，掌の部分は，滑りを止めるテクスチャー，コットン・ウィーブの丈夫なものを

〈上〉はミラーのファームグリップ・グローブ（ゴーリーというニックネームはゴールキーパーの意）。スリップレジスタント・テクスチュアのコットンパーム。バックとリストはウォーターリペレントの100%ウール。〈下〉もフィンガーレザーのグローブ。

〈上〉はミラーミット。フィンガーフリー。バックとリスト部分はウォーターリペレント100%ウール。シリコントリート。パーム（掌）はノンスリップ・テクステュアのコットン。クライミング，フィッシング用として愛用されてきた。重量80g。〈下〉は普通のウールグローブ。パームにレザー，カフにエラスティック。75%ウール25%モヘア。重量115g。

使っています。

　フィンガーフリーでないオーソドックスなウールの手袋でも，掌にディアースキンなどをはったレザー・パームド・ニット（leather palmed knit）の方が，補強の点からも滑り止めの点からも良いと思います。単純なウール手袋は，どうしても指先の磨耗が激しく，穴があきやすいものです。近ごろのウール手袋は20%ぐらいナイロンを加えて強くしてありますが，野外生活での手の使用の激しさは想像以上です。レザーパームの手袋は自転車，車などのハンドルグリップ，フィッシングのリール操作，クライミングのホールドグリップなどにその効果を発揮してくれます。

　さて山岳，特に雪山ではダウンの手袋が必要になります。ナイロン・コットンのファブリックに包まれたグースダウンのミットはもちろん一番外側に使用するものですから，中にインナー・グラブスが必要なことは言うまでもありません。シビアな寒さの中では，裸手のままカメラに触ったりストーブに触れたりすると，すぐ凍傷にかかる恐れがあります。薄手のシルクの手袋をインナーとして用いるのがポピュラーです。

　グースダウンのミットは普通，親指と掌の部分にゴートスキン（山羊皮）などのレザーをはってあります。またカフ部分はスキー用などの丈の短いものにはストレッチニット・ナイロンを，また登山用の肘までの長さ（オーバー手袋と呼ばれている）のものはその最後の部分にエラスティックを使用しています。

　この長いミットでは，手首に当たる部分にアジャスタブルのストラップが付けてあり，それを締めることによっていっそう手が活動しやすくなっています。また甲の部分には，凍傷からガード

100%ウールのグローブとナイロンシェルのダウンオーバーミットの併用はパーフェクト(左)。〈下〉内側にニットのリストレット、リストストラップ、パームはゴートスキンレザー、バックにはムートンラムのファーを付けて顔面をこする凍傷よけ。エディーバウアーのダウン・ミット。

するためにラムの毛がはってあります。これで顔面をこすることによって、血行を良くし、凍傷を防ぐことができます。

夏のトレールでは、寒さのために手袋が必要になることはまずありません。手袋は厄介なもので、暖かさを求めればフィンガー・コントロールに難がでてきます。

ダウン・ミットやヘビーウエイトのウール・ミットは、どうしても指の動きを鈍くします。靴紐を結び直すぐらいはできなくてはなりませんが、細かい動作は苦手です。そんなとき、ミットを外して仕事をする必要が出てきますが、裸手では非常に危険です。金属性の道具が身のま

わりに多いからです。シルクあるいはウールのインナー・グラブスを何組か用意しておくべきです。同じように, 靴下もスペアを何組か用意しなければならない性質のものです。

靴 下
SOCKS

弾力性, 汗の吸収性, 断熱性, どれをとってもウールが最上の材質ということになります。しかし, ウールの最大の欠点は弱いということです。特に靴下のように, 一定の部分だけが常に酷使されるものでは, その部分に特に補強が必要になります。靴下の場合, ツギを当てることはあまり感心できません。穴のあいてしまう部分は, 靴と一番摩擦の機会が多いところ, つまり爪先や踵やくるぶしです。その部分にツギをして弾性が違ってくると, 靴

ヒール, トウにナイロンでレインフォースしたブーツホースとウール, コットンミックスの米軍放出品（下）

〈上〉は 50% ウール, 50% ナイロンのヘビーウエイト・ラグソックス。200g。〈下〉はウィック・ドライ。ダブル・レイヤー。100g。

擦れなどを起こしやすくなります。そのため100%ウールの靴下より、全体に15%程度ナイロンを混ぜ、特に爪先と踵部分には40%ぐらいナイロンを多くしたレインフォースの靴下が適切ということになります。

ヘビーブーツには薄手のものを中に、厚手のものを外に、というのが靴下の常識になっています。この場合、旅が短いものなら内側は100%ウール、外側の厚手の方にナイロン補強のものを選ぶのが良い組み合わせです。

靴擦れ、凍傷などから足を守るには、乾いた靴下を履いていることが一番大切です。雪や雨などで外から濡れてくる場合だけではなく、蒸れて中から靴下を濡らす場合もあるのです。それを防ぐには靴下の取り替えを早め早めに行なうことです。特に暑いシーズンには、1時間ごとに取り替える必要も出てきます。濡れた靴下はすぐに陽にあてて乾かします。この2枚の靴下をレイヤードするもののほかに1枚でダブル・レイヤーになっているソックスもあります。ウィック・ドライ（wick dry）のように、ナイロン、オーロン、コットンの材質を使い、湿気に対して外側はアブソーブ、内側はリペレントの役割を持たせたものです。

もう一つ、靴下として扱うべきか、靴なのか迷うところですが、ダウン・ブーティーというのがあります。テントの中やキャンプサイトで利用するダウン入りの室内履きといったところでしょうか。スリーピング・バッグの中でも使います。雪の中でのテント暮らしでもこのブーティーがあると気分的に楽しくなることは確かです。底の付いたものと、単にダウンシェルでくるんだだけのものがありますが、底があると雪の中を少しは歩くこともできま

グースダウン・ブーティー。ナイロンダックにエンソライト・カバー〈左〉。〈右〉はリップストップ。ソールはカーフスキン。230g平均。

す。ソールにはエンソライトが入れられています。トップにドローストリングを付け，着脱も便利です。ウレタンコーテッドナイロンやリップストップ・ナイロンをシェルにグースダウンを詰める方法は，寝袋やジャケットと変わりありません。とにかく持っていると，非常に便利なことは確かです。またライトウエイトの100％シルクも履き心地が良く，インナー・ソックスとして愛用されています。

帽　子
HEAD GEARS

寒暖双方の条件に対して帽子が果たす役割は，とても重要です。ただし一つでオールマイティーの役目を果たしてくれるものではありません。軽量でコンパクトという絶対的条件を基本において，現在多くのバックパッカーに愛用されているものをいくつか取り上げてみることにします。太陽の光線をさえぎること，雨をよけること，夏を中心にした暑い季節に帽子が必要とされる理由は，たいていその二つです。

その代表的なものはローラー・クラッシャー（roller crusher）です。名のとおり，巻こうがつぶそうがいっこうかまわないという便利なフエルト・ハットです。ブリムの幅は5cm，クラウンの高さが10cm。バックパッキング・アイテムには絶対必要なヘッドギアーといえます。一昔前の良質ボルサリーノなどは内側の革のスェットベルトを取り外すと，そのままローラー・クラッシャーになります。クラウンが高いことは，ベンチレーションのために絶対必要です。アメリカ西部のカウボーイ・ハット（テンガロン），オーストラリアのディガー・ハット，アフリカのサファリ・ハットなどブリムが7〜8cm程度もある帽子も，ヘッドギアーとして昔から愛用されてきたものですが，形をくずすことができません。またバックパックを背負ったスタイルには，やはりクラッシュ・ハットの方がふさわしい感じがします。

　テンガロン，ディガー，サファリなどのワイドブリムの帽子は，たいていビーバーのファーフエルトを成型したものですが，ディガー，サファリは砂漠やサバンナで使用するものですから，雨対

バックパッカーの帽子は，それほど種類は多くない。〈右〉はその代表的なローラー・クラッシャー。小さく畳めることがなによりも魅力。

策より日よけとしての意味を強く持っています。テンガロンも乾いた牧草地帯で愛用されるものですから、日よけの役目は充分です。それにビーバーファーという材質は、雨に対して非常に強いので全天候のヘッドギアーと言えるのですが、バルキーである点、どうしても取り扱いが面倒です。これらブリムのあるハットを使用するときは、必ずあご紐（chin-strap）を付けるようにしておくべきです。山稜の風で飛ばされてしまう心配があるからです。

ローラー・クラッシャー以外の夏用帽子としては、白コットン100％のハイキング・ハットがあります。例のクルー・スタイルの単純なもの。ブリムの裏

〈上〉ローラー・クラッシャー。フェルト。雨に濡れると縮んでくる。1サイズ大きめのものを選び、あらかじめシュリンクさせてから使う。
〈下〉夏のハイキング・ハット。左はクルー・スタイルの100％コットン。ブリムの内側はグリーン。右はスワードフィッシュ・キャップ。グリーンのサンバイザーは長さ10cm。重量は 60～90g。

側をグリーンにして、サンシェードの役目をさせているトラディショナル。もちろん日本には、唇の内側までクラックさせ、強い日射病をひきおこす乾いた土地はありません。しかし、夏の直射日光に一日中頭部をさらすことは感心できません。クラッシャーをはじめ、ヘッドギアーはクラウンを高くしてありますが、これ

は頭部と帽子の天井との間に空気の層をたくさんとることによってベンチレーションを良くしているのです。

雨だけを考える場合にはもちろんビーバーファーのテンガロンなど有効なものがありますが、長いトレールを考えるとバルキーである点あまり感心できません。レインギアーの項で説明した「バブアー」のレインハットは、コートと同じミネラルオイルのトリートメントをコットンの材質に施したもので、雨に対しては完璧です。これには2種類あって、ブリムの幅が一定のものと、後方首筋部分が長くとってあるものとがあります。しかし雨用、日よけ用と分けて

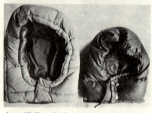

冬の帽子。〈上〉バラクラーバとウォッチ・キャップ。バラクラーバはオーロンニットやシェットランド・ウールなどがマテリアル。ウォッチ・キャップは100%ウーステッド・ウール。重量90g、70g。〈下〉はダウンのフード。70g。

帽子を持っていくことは困難です。ハイキング・ハットやクラッシャーのようにブリムが広くて柔らかい帽子の上に、レインギアーに付けられているフードをかぶって雨用とするのが良いのではないでしょうか。

次は寒さを防ぐためのヘッドギアーになりますが、この代表選手はなんといってもトラディショナルなネービー・ウォッチ・

キャップ（navy watch cap）です。100％ウーステッド・ウールで，長さの充分な，伸縮性のある材質，それでいてかゆさを感じないものを選ばなければなりません。完全に雪だけの世界になる冬を除いては，このウォッチ・キャップとクラッシャーを持つというのが，ヘッドギアーの一番良い取り合わせでしょう。どちらも小さく折り畳むことができ，かさばらないからです。春・秋は寒さと雨に対する帽子が必要です。ウォッチ・キャップはアウトドアーライフすべてに通用するアイテムの一つです。

このウォッチ・キャップをさらに一歩進めた防寒用のヘッドギアーがバラクラーバ（balaclava）です。目出帽などといわれてい

ますが、これは目だけ出すのではなく、鼻や口まで出ていなければなりません。バラクラーバに使われている材質は、ウーステッド・ウール、100％オーロンのダブル・ファブリック・ニット、ロングファイバーのシェットランド・ウール、それにグースダウンなどです。バラクラーバは頭部、顔、首回りを同時に寒さから守るために考えられたものです。注意したいのは、いくらフル・プロテクションだからといって、鼻や口までも覆ってしまってはいけないということです。呼吸のために水蒸気が凍りついて防寒の役目をしなくなること、眼鏡やサングラスを曇らせて視界を悪くするなどの問題が出てくるからです。風、雪ともに強く、どうしても鼻や口まで守りたい場合は、別にフェースマスクを使うほうが効果的です。もちろんバラクラーバは、二つ折りにしてウォッチ・キャップとして使用できます。また、首回りを深くガードできるだけの長さがないと、効果は半減します。

　冬、特に厳寒期にはバラクラーバは非常に効果的です。ただし耳を完全に覆ってしまいますから、音にも神経をとがらせていなければならない状況では不自由を感じますが、耳はまた冷たさに弱い部分なので、いたしかたないでしょう。

フェースマスク
FACE MASKS

　名のとおり顔面を強い風雨からガードし、凍傷などを防ぐためのものですが、氷上でのアイス・フィッシング、スノーモビリング、あるいはスキー場の長いリフトに乗る際などに使用すると便利です。シャモアやディアースキンを用いたものと、グースダウ

ディアースキン・フェースマスク。ソフトタッチ。ウィンドプルーフ。幅広のエラスティック・ヘッドバンド。凍傷よけにはエッセンシャル。〈左〉はM&M, 40g。〈下〉はステファンソン。

ン使用のものがあります。レザースキンのものは肌ざわりがとてもソフトですし，小さく畳んでポケットに入れられる位の大きさです。エラスティックのヘッドバンドで固定するようになっています。またダウンのフェースマスクはあごから頭部，耳まですっぽり包むようになっています。背後にはストレッチ・ニットを用い，頭からかぶる式です。ダウンのマスクは明らかに凍傷防止用ですから，普通はレザースキンのもので充分です。

バラクラーバにせよフェースマスクにせよ，厳冬期の用品です。サマートレールにエッセンシャルな用具ではありません。

バンダナ
BANDANNAS

さてバラクラーバやダウン・ジャケットでしっかりガードされる場合は別にして，普通の服装ではなんとなく首筋が一番無防備だという感じがします。ちょっとした布きれを首に巻くだけで，寒さの感じは大分違ってくるものです。西部劇に出てくるカウ

ボーイたちがいつもネッカチーフを首に巻いているのも、ただのおしゃれではなく実用性が高いからでした。バックパッカーはバンダナを使います。

これは約55cm四方のコットンで、昔から赤、青と相場が決まっていましたが、最近はその他各色が出ています。しかし本命は赤です。というのは、エマージェンシー時の認識用、あるいはセーフティー・フラッグとしての用途もあるからです。バンダナの用途は非常に広く、ポットホルダー、ナプキン、布巾、緊急用のヘッドギアー、三角巾、包帯、マスク、あるいはブラジャーやイチジクの葉がわりなど、数えあげたらきりがありません。もちろんネッカチーフや、汗どめのヘアバンドとしても使われます。銀行強盗のとき使うのは、映画の中だけにとどめておきましょう。

なんとなく寒さを感じるときに、このバンダナを首に巻くだけで、大分違うものです。バンダナもアウトドアーズマンのシンボルのようなものです。1枚は必ず用意しておきたいものです。暑いときは濡らして帽子に入れておくのも、とても具合の良いものです。薄いコットンなので、乾くのもすぐです。なお余談ですが、このバンダナに付けられているバティック風の、なんとなく東洋的な模様は、もともとこれがインドから入ったもの（ヒンズー語のbandiueバンデューが語源）だからです。

一応のレイヤー・システムを紹介してきましたが、服装はその状況に応じてさまざまに組み合わされて形となることは言うまでもありません。ただアウトドアーライフにおける服装というのは、他人に見せるためのおしゃれではなく、あくまでも自然の中で自分の身を守るためのものだということを正しく認識しておくべき

バンダナ。オールパーパスの便利なハンカチーフ。レッド,ブルーがトラディショナル・パターン。55cm平方。30g。

でしょう。ヘビーデューティーにしてカンファタブル。これが人間にとって必要な服装の基本です。

　服装が身分の選別に関係ないとすれば,このレイヤー・システムに登場したクロージングだけで,夏冬を問わず,またいかにシビアな状況の中でも,人の生活は可能なのです。

〈上〉グランド・ティトン国立公園の氷河モレーンの解説プレート
〈下〉ヨセミテ国立公園のトレール・サイン

9. MAPS & COMPASSES マップ&コンパス

八ガ岳中信高原国定公園。モッシー・テレインのバックパッカー

はじめての土地，それが高度の低いバックカントリーであっても見知らぬ土地への旅は不安なものです。しかし日常生活の中でも私たちは結構見知らぬ土地へ足を運んでいるのです。それはロードマップ頼りであったり，住居表示板の地図を見たり，メモ用紙に書いてもらった簡単な略図をながめながめだったりします。いずれにしても知らない土地へ出かけるときは，手助けにいろいろな地図を目にしています。

　バックパッキングでも同じことです。地図を読みながら，あるいはコンパスの助けを借りて目的地に達する。そこには，ただガイドブックの旅程だけを当てにして歩く旅に比べれば幾層倍もの喜びがあります。地図を読める，あるいはコンパスが使えるということは決して特殊な技能であってはなりません。人間である以上，山野を友として自然の中に存在し，移動する生物でありたいものです。残念ながら私たちは，スノーグースやサーモンのように脳の中に精密な星図や地形を読む力を持っていません。学ぶことによってしか地図を読む力を備えることができません。地図とコンパス。バックパッカーはこの武器を最大限に利用すべきです。

地形図
TOPO MAPS

　地図は単にルートを探すためだけに必要なのではありません。その役目はアウトドアーライフ全般にわたります。それは水の問題，足場，寒暖，キャンプサイトの選択など，さまざまな問いに答えてくれます。次に来る問題について，いつも答えを示してくれているのが地図だと言えます。バックパッカーの使う地図は地

形図です。地形図とは，土地の様子を表わした地図です。しかしこの言葉は地面の形（form）を指すのではなく土地のありさま（topography）を表わすという意味です。トポグラフィーはその土地の自然，人文のすべて，山，渓谷，河川，道路，集落，森林などを組織だてて示した地誌と言うことができます。つまり必要な情報をきわめて克明に提供してくれているのがこのトポグラフィック（topographic）——地形図なのです。アメリカの場合はUnited States Geological Survey，略してUSGS toposと称されるものであり，日本の場合は建設省〔現国土交通省〕国土地理院刊行の

建設省国土地理院刊行地図の種類（左）。バックパッカーが使うのは地形図。〔現在の定価は，2万5千分1地形図が278円（3色刷）／339円（多色刷），5万分1地形図が278円（3色刷）／298円（4色刷）／329円（6色刷）。詳細は国土地理院または日本地図センターのウェブサイト参照〕

地形図がこれに当たります。この地図の一番特徴的な点はコンターライン（contour lines）つまり等高線が示されていることです。一般には5万分の1地図とか2万5千分の1地図とか，縮尺の大きさによって呼ばれています。これは現地での平板測量により，あるいは測量用空中写真から図化機を用いて作られた実測図です。ただし現在の5万分の1地形図の中には，正確には，実測した2万5千分の1地形図を縮めて作りなおした編集図もあります。左右が経度差15分，上下が緯度差10分の柾判（まさばん）（左右58cm，天地46cm）の切図が5万分の1，経度差7分30秒，緯度差5分が2万5千分の1，経度差3分，緯度差2分のものが1万分の1で，登山やバックパッキングに使用されるのはだいたいこの縮尺のものです。昭和50年8月1日現在，5万分の1が1255面，2万5

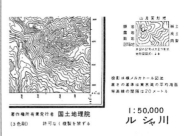

町村道，小径などの記号がトレールに使われる。三角点を始め記号は読図の上で重要なポイント。

地図の右下部分。発行者，種類，図名などが示されている。等高線の間隔20mは5万分の1図。

千分の1が3887面，1万分の1が118面発行されています。この地形図に示される等高線間隔（contour interval）は5万が20m，2万5千が10m，1万が5mになっています。このコンターラインとともに川，渓流，丘，谷，山などが示されています。

道は実際にあっても示されていないものがあります。ゼンマイ道のようにある程度しっかり固められた踏み跡道でも示されていないことがあります。もちろん，地図の実測時より後にできた道は示せません。道路記号のうち最も狭い道幅の記号は1m以下の

小径〔現在の徒歩道は幅1.5m未満の道路〕を表わしています。しかしこの表示を正確に記入するとなると、地図が真黒になるような事態も起こりうるわけです。つまり地図には省略があるのです。

　地図の読み方。これは小学生の社会科の時間にも登場するのですが、大きい縮尺のトポ・マップの読み方になると、迷路のようなコンターラインがなかなか厄介で、ある程度の経験が必要になってきます。常に地図を携行し、よく知っている場所でも地図とコンパスを出して調べるようにしていると身につくものです。地形と地図には詳しく触れている余裕がありませんので、一冊のすばらしい本を紹介しておきます。五百沢智也著『新版・登山者のための地形図読本』(山と溪谷社刊)〔絶版〕がそれです。マップ・リーディングの基礎もこの本に詳しく説明されています。

　さて、国土地理院〔http://www.gsi.go.jp〕の地形図はどこで手に入れることができるかという問題があります。この地図は日本地図センターが印刷、刊行し、東京にある3つの元売捌店を経由して全国主要都市の特定販売代理店(多くは書店)で売られています。また社団法人地図協会〔現在は一般社団法人地図協会、通信販売はしていない／東京都目黒区青葉台4-9-6・一般財団法人日本地図センター2F　http://chizu-kyoukai.com/〕と財団法人日本地図センター〔現在は一般財団法人日本地図センター／東京都目黒区青葉台4-9-6　http://www.jmc.or.jp/〕では通信販売、ネット販売をしています。

　マップ・リーディングで重要なのは自分が今いる地点、目的地の方向、距離などトレールに関するものです。これを地図の上から読みとるにはコンパスが必要になります。コロンブスの昔から、航海にコンパスが使われてきたのは誰でも知っていますが、まあ

たいていの人は北の方向を示す針の動きを見るだけにコンパスを手にとっているといってもよいでしょう。トポ・マップとコンパスを組み合わせることによって本当のルート・ファインディング，マップ・リーディングが可能になるのです。自分が足を踏みいれる地域の鳥瞰図が頭の中に描かれ，コンパスがなくても自分の位置や目的地の方向がその図の中に浮かぶようになればベテランです。

コンパス
COMPASSES

コンパスは基本的には3種のクラスに分けられます。第1はブラスやプラスティックの丸いケースの中に方位盤が描かれ，その上に簡単な針がのっている最も単純なタイプです。これにも玩具のようにしか見えないものから，しっかりしたフードが付いていてガラス面の保護とユニットを清潔に保つ役目をしているものまでさまざまです。総じて価格は安いものです。コンパスは普通，磁石と呼ばれているとおり地磁気の作用によって針が南北を示すようになっています。プラスティック・ハウジングのものは，普通アルコールやグリセリンなどのリキッドが入れてありますが，これは寒さの厳しいところでも凍りつかないようにするためです。このリキッドは針の振れをゆっくりさせる役目をしています。角度のスケールは，時計と同じ右回りで1から360度に目盛がつけられています。単に東西南北の目盛だけがうたれている程度のものは別として，この種のコンパスでも一応役に立ちます。

第2はミリタリー (military) もしくはレンザティック (lensatic)・

コンパスと呼ばれるタイプです。これも同じクロックワイズのデグリースケールを持っていますが、それに加えて方角を正確に測定するサイティング・システムが組み込まれています。ビューファインダーに小さなレンズが取り付けられており、その助けでスケールが読みやすくなっています。このコンパスは価格も手ごろですし、とても使いやすいタイプです。日本製で、外国でもよく見かけるものです。

第3は森林や山で働くレンジャーや学術的なプロフェッショナル、あるいはオリエンテーリング競技に用いられるコンパスです。

簡単な方位表示と360°目盛。それに蛍光塗料をつけた針。メタルハウジングと蓋付き。

〈上〉は単純なポケット・コンパスだが、実用性が高いリング回転式のプラスティック・ハウジング。重量15g。クルーザー・コンパスのサブに良い。

これが以上の二つのものと異なるのは、360度を数える目盛のほかに、定規が付いていることです。普通、このタイプはクルーザー（cruiser）・コンパスと呼ばれますが、このコンパスと2万5千分の1のトポ・マップを組み合わせると、非常に精密な進行法や現在位置確認法を得ることができます。もちろん現在位置から目的地まで地図の上に直線を引いて、なにがなんでもその方向へ進め

シルバとの技術提携による普及型、キャンパー。

レンザティック・コンパス。ミリタリーあるいはエンジニア・タイプ。目標物に目線を合わせながら度数を読み取れる拡大鏡つき。堅牢。60g。

地図とあわせて使うに最も便利なシルバ・コンパスの一般型,タイプ4。距離測定目盛はミリ。プレート,ハウジングともプラスティック。

れば問題はないのですが,自然はなかなかそれを許してくれません。さまざまな障害物が現われて,何回も迂回を重ねて目的地に近づくのが普通です。

　コンパスを本当に使いこなしたら,それだけでもとても面白いスポーツができます。オリエンテーリングがそれです。どんな立派なコンパスを持っていても,それがいつもバックパックの底で眠っていたのでは宝の持ちぐされです。自分が使いこなせるタイプのコンパスから始めるべきです。オリエンテーリングのための入門書は何種類か出版されていますが,これはコンパスの使い方を丁寧に説明してくれているので,とても勉強になります。

　クルーザー・コンパスの中で有名な製品は,スウェーデンのシルバ(Silva)です。ポラリス,エクスプローラー,ハンツマン,レンジャーなどタイプはいろいろありますが,どれもサファイア・ジュエル・ベアリングとリキッド・フィルド・ハウジングのユニッ

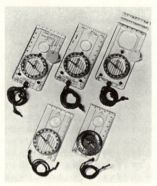

サファイア・ジュエル・ベアリング, リキッドフィルド・ハウジング, 針の振動は4秒以内停止, ウォータープルーフという性能のタイプ4を中心とするバリエーション（上左）。スピード, 精密さを増すミラーを付けたレンジャー。タイプ15, 16（上右）。下方右は4W, アームベルト・タイプ。〈下〉はおのおののケース。

トにセンチメートルあるいはセンチ，インチ両方の目盛をうった定規が付いています。つまり，指北磁針，分度器，距離測定目盛の3つの機能を1枚の板に組み込んであり，幾通りにも使い分けられるようになっているのです。

　詳しいコンパスの使い方はオリエンテーリングの入門書などで勉強していただくとして，今ここでは，最も基礎的な2, 3の問題について触れておきます。コンパスの針が常に北を指すことは誰でも知っていますが，地図の上での北極点とコンパスの指す北とは合致しないのです。コンパスの指した北にそのまま進んだとすると，北極点にではなく，ハドソン湾の北，カナディアン・アークティック・アイランズの中に出てしまうことになります。というのは現在，磁北点はそこに位置しているからです。真北からおよそ1600kmほど離れた地点です。磁北はゆっくりと動いているのです。日本の場合，この真北と磁北の角度の差が札幌で9度00分〔2015.0年値は9度30分〕，東京で6度20分〔同7度20分〕，鹿児島で5度20分〔同7度0分〕です。この数字は小さく，たいした意味はないようですが，たとえば6度差で100m進むと，目標から約10mそれてしまう勘定になります。

　あらかじめ地図の上にコンパスの針が指す磁北線を引いておき，それをコンパス操作の基準とすることによってこの誤りを防ぐことができます。磁北線の引き方は簡単です。地図の記号例の下に，磁針方位は西偏約6度という具合に記されています。仮に札幌9度の例で磁北線の引き方を示してみると，①コンパスのリングを回して，コンパスの進行線に351度の目盛を合わせます。これは，360度から西偏9度を引いた数です。②次にコンパスを

地図に見える磁北線偏差（上）〔現在は文章で記載〕と自分のトレールに必要な地図にあらかじめ赤で書きこみした磁北線。北に矢印をつけておくとトラブル防止に便利（下）。

地図の上に置き、地図の左右どちらかの経線、つまり両端の上下の線に、コンパスのNとS、あるいは360度と180度の数字を合わせます。これでコンパス自体は、地図に対して少し左に傾いたことになります。③コンパスの長辺に沿って直線を引きます。これが磁北線です。この線がすべてのコンパス操作の基準になるわけです。あらかじめ自分が必要とする部分に、4cm程度の幅で何本か線を正確

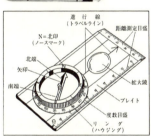

シルバ・コンパスの各部分名称。トラベルラインが自分の進むべき方向を示す。矢印（ニードル）の北端は赤の塗料、南端は白の塗料に塗り分けられている。〈右下〉は日本列島における磁北の偏差。くわしくはトポ・マップに表示されている数値に従う。〔最新値（2015.0年値）はインターネット上の「地理院地図」（電子国土Web）で見ることができる〕

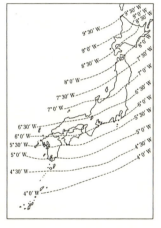

に引いておくと便利です。

目的地への方向を知ることがコンパス使用の一番大きな目的になると思いますが、その方法は、①地図上の現在地と目的地とにコンパスの長辺を合わせます。このとき進行線の矢印の方向が現在地から目的地への方向となるようにします。決して目的地から現在地の方に矢印が向いていないように注意します。②次にその

PART : 2-9　マップ＆コンパス　339

ままでコンパスのリングを回して，リング内の矢印が磁北線と平行になるようにします。もちろん指北矢印の方向が北を指すようにします。磁北線の北の方向に矢印を書いておくと，うっかりしたミスをしなくてすみます。このときリングの中の針は関係のない方向を指していますが，それは無視していいのです。③次にコンパスを地図から離し，胸の位置に構え，リングの矢印に針が重なるまで体の位置を回していきます。針が重なったときの体の前方，つまりコンパスの進行線矢印が向いている方向が目的地，ということになります。ただ目的地の方向が分かったからといって，そのまま直進できるとは限らないのは当然です。地図で目的地へ到達するためのルートをさぐり，そのチェックポイントをいくつか定め，それをつないでいく方向をとることになります。

　もう一つ基本になるのは現在位置の確認法ですが，これは①まず地図上にも明記されていて実際に目にすることのできる目標物を捜し，その目標物にコンパスの進行線矢印を合わせます。②次にそのままの位置でリングを回し，リング矢印と針とを一致させます。③それからリングを動かさないように注意しながらコンパスを地図の上にのせ，コンパスの長辺を地図上の目標物に合わせ，そこを支点として矢印と磁北線が平行になるまでコンパスを回転させます。平行になったら，コンパスの長辺に沿って線を引きます。次にまた90度ぐらいずらした地点の目標物を捜し，同じ方法でもう1本の線を引きます。この線の交差する点が，だいたい現在地ということになります。沢や尾根などで，同じような地形で自分のいる位置が確認できない場合，①沢筋，尾根筋（上・下流）に向かって正しくコンパスを構え，リングの矢印と針を合

わせます。②次に地図の上で，そのコンパスの矢印と磁北線を平行にします。この時コンパスの進行線の指す方向と合っているのが，自分の立っている尾根あるいは沢ということになります。

シルバ・コンパスを使用すると直進，迂回，逆もどり，方向確認，後方交会などの進行法と現在地確認法を使い分けられます。立派なコンパスを持っていても，バックパックの底にしまいこんだままでは何の役にも立ちません。軽いハイキングのときなどに，地図とコンパスの使い方をしっかりマスターしておくべきです。

シルバ・コンパスを使いこなすことができない場合は，しっかりしたミリタリー・コンパスかポケット・コンパスを使用した方が安全です。雪の山を単独で長いトレールをするような場合，また自分がコンパスを確実にマスターしている場合には，シルバのエクスプローラーやレンジャーなどのしっかりしたものを1個とポケット・コンパスを2個持つのが良い方法とされています。コンパス2個だけではどちらかが故障した際，かえって迷いを生じるためです。メイン・コンパスとサブ・コンパスの2個を使ってのトレールは，例のライバックもパシフィック・クレスト・トレールの際に経験しています。彼も多数決の原則に従うと言っています。しかし普通のトレールだったら，慣れたメイン・コンパス1個を確実に使いこなすのが最も安全な方法だと思います。

国内の山では登山用のトレール，ゼンマイ採りのトレールなどたくさんのルートがありますし，冬にしてもガイドブックには登山ルートの解説があります。それを利用すれば，地図とコンパスは確認のためだけに使用することにもなりそうですが，アクシデントを起こしたとき，間違った沢へ下りたり尾根を取り違えたり

する例が少なくありません。コンパスを正確に使えたら助かっていたのではないかと思える例も結構多いのです。ガイドブックの簡単な略図だけで歩いている人を見かけますが、バックパッカーは必ず地図とコンパスを正しく使える人間でありたいものです。

二つの地点を結ぶだいたいの道のりを測ることも地図の利用法の一つです。直線を測る場合には正確に出ますが、バックパッカーが歩くトレールは曲がりくねっているものです。それを測るには、ルートをカーブからカーブまでの直線に分断してその個々の距離を測り、合計する方法や、糸を地図上のトレールに沿ってはわせ、その長さを直線に直して値を出す方法があります。

またマップ・メジャラー（map measurer）という名の器具もあります。キルビメーター（curvimètre）とも呼ばれ、製図や測量道具を扱う店におかれています。サーキュラー・ダイヤルの上部に細長いバーが出ています。これを鉛筆のように握って、ダイヤ

マップ・メジャラーとペドメーター〔歩数計〕（中）。メジャラーはあらかじめ地図の上を転がして距離を知ることができる。ペドメーターは自分の歩幅を知っていれば歩数から距離を出せる。〈右〉アルチメーター〔高度計〕。

抜群のコンパスを体内に
そなえているサーモン。

ルの下方に付いている小さなホイールを地図のトレールに沿って転がしながらたどると、図上の距離が目盛の針先に示されるようになっているのです。これはあらかじめトレールを読図して実際の距離をおおよそつかみ、所要時間を割り出す場合などに用いるのが良いのではないでしょうか。実際に現地へ持っていってもそれほど役に立つとは思えません。等高線によっても所要時間は変わってくるのですから。

出発前の準備段階で役立てるのがマップ・メジャラーの本当の意義でしょう。長いトレールでは途中に食糧をデポする必要もでてきます。距離測定は利用範囲が広く有意義です。

ガイドブック
GUIDE BOOKS

登山用のガイドブックは何種類もありますが、国内の場合、主に小屋から小屋への距離、時間が掲載されており、小屋を避けたいバックパッカーにとっては不充分かもしれません。しかしこれらのガイドブックも森林限界を越えた山稜、尾根を歩く場合には非常に役立ちます。あらかじめ、自分が歩くトレールが含まれて

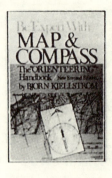

オリエンテーリングハンドブックには,地図とコンパスについてバックパッカーの参考になるものが多い。下の表は1マイル(1.6km)を歩く場合,走る場合のテレイン別所要時間。一度自分のペースを確かめておくと,だいたいの時間を計算するのに役立つ。

NUMBER OF MINUTES TO COVER 1 MILE	HIGHWAY	OPEN FIELD	OPEN WOODS	MOUNTAIN & FOREST
WALK	15	25	30	40
RUN	10	13	16	22

いる部分は調べておいて損はありません。ただそれだけを頼りにすることなく,地図を使用することをなるべく密にしなければなりません。それがアクシデントを防ぐ基本的な問題です。所要時間にまどわされることなく,しっかり自分のペースを守ることがなによりです。ガイドブックに出てくる所要タイムは,だいたい10kg程度の荷を背負った若者のパーティを標準にしていることが多いようです。平地は4km,山地では高差300mにつき1時間というのが一般的な考え方です。もちろん,この行動時間というものには食事や休憩,観察などの時間は含まれていません。

一日24時間をどのように使うかはバックパッカー個人個人の問題です。朝食をはじめ食後の休息は充分に。また動植物や人間との対話の時間も,余裕を持たせておくべきです。

パーティを組む場合は,必ず一人一人のペースを確認し,それぞれのペースを守ることが必要です。パーティの一員だからといって,他人のペースに陥ることは非常に危険です。それぞれが

各自のペースを守れないようなパーティは,単独よりはるかにアクシデントの危険性が高くなるのです。

　緊急事態。どんな簡単なトレールにも,アクシデントが絶対に起こらないという保証は得られません。エマージェンシー(emergency)に際しての用具だけは,必ず個人の装備として常に身につけておく習慣を持ってほしいと思います。

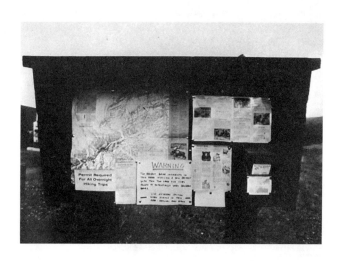

北海道利尻山の夜。利尻礼文国立公園〔現在は利尻礼文サロベツ国立公園〕
PHOTO BY YOSHINORI NIZUMA

10. LAMPS ランプ

鳥の渡り。普通にはなかなか目にすることのできないものですが，かすかに明るさを残している秋の夜空に，雁の逆V字形の編隊を見つけて歓声をあげるのも，バックパッカーの喜びの一つかもしれません。それにしても，人間は夜になると何も見えません。電灯の光をあたりまえに考えている日常生活では，信じられない夜の闇の存在を重く感じながら，ロウソクや懐中電灯の小さな灯を頼りにするとき自然の中で人間の存在がまたひと回り小さくなってしまうような気がします。しかしバックパッカーはケロシンやガソリンを使う大きなランタンを持っていくわけにいきません。小型のフラッシュライトかキャンドル・ランタンということになるでしょう。

フラッシュライト
FLASHLIGHTS

一言でいえば，手持ちのフラッシュライトのベストは，マロリー（Mallory）のコンパクト・フラッシュライト（duracell 805）でしょう。805はこれまでのプラスティック・マロリーを一歩前進させ

たものですが，両タイプとも小さく，コンパクトで強力であることは変わりありません。変わったところは，ストレートのボディーであったものをハンドグリップにそった弓形にして持ちやすくした点，プラスティック・ケースに穴をあけ，コードを取り付けられるようにした点，ケースを2枚重ねてマイナスのスクリューねじで留めていた開閉部を，コイン・インサート式（スプーンハンドルなどでもよい）にした点など，デザイン上の改善だけです。

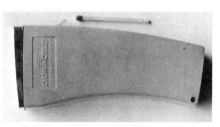

マロリー・デュラセル・フラッシュライト。モールドプラスティック・ケース。長さは10.3cm，重量（単3乾電池2本入）80g（上）。〈下右〉は現在の805コンパクトとこれまでのミニライト。〈左〉はその2種の内部メカニズム。シンプルで強力。

プラスティックのケースとその内部の構造などまったくシンプルで、いったいこれで大丈夫だろうかと心配になるほどですが、使ってみると、そのヘビーデューティーさにきっと誰もが驚くことでしょう。ペラペラに見えるプラスティック・レンズも非常に破れにくく、内部の金属部分も耐蝕性に優れています。また、反射鏡のない小型のライトとは信じられない明るさ（250-foot beam）を持っていますが、これはレンズを頭につけたバルブ（電球）を使用して、集光効果をあげているためもあります。小さく、軽く、明るく、デザイン的にも優れ、単純で頑強。バックパッカーにとって、これほど心強いものはありません。このライトは単3乾電池2本を使用します。仕様には、マロリーの duracell AA alkaline batteries 使用となっています。AAサイズはわが国でいうと単3です。

懐中電灯などに用いる乾電池には、二酸化マンガン・タイプとアルカリ・タイプがあります。マンガン電池は短時間間欠的に使用するのに良く、アルカリ電池は連続的に使用するのに向いています。マンガン電池でも、スーパー、ハイトップ、ロングライフなどと表示してあるものはスタンダードなものよりも寿命が長くなっています。たとえばナショナル（松下電器）の製品ではスタンダードな「ハイパー」に比べて高性能型の「ハイトップ」は約2倍、さらに改良された高性能型の「ネオハイトップ」は約3倍の寿命があります。

連続使用ではアルカリ電池の寿命は群を抜いています。気温20度Cで4オームの負荷をかけ、連続して放電させると、スタンダードなマンガン電池が3時間50分、高性能型が6時間40分、

マロリー・コンパクトは手持ちと同時にコードを使って首などから下げられるようにできている〈左〉。〈右〉は小型フラッシュライトに使用されるバルブとバッテリー。アルカリン単3バッテリー2本の重量40g。マロリー，ナショナルマロリーなどアルカリンが長寿命で使いよい。

改良高性能型が11時間40分もったのに対し，アルカリ電池は28時間20分持続したというデータがあります。スタンダードなマンガン電池の約7.4倍の寿命です。連続して使用することの多いバックパッカーには，アルカリ電池の方が有利と言えます。

アルカリ電池のもう一つの特徴は安定性にあります。マンガン電池は使用するうちに次第に光量が落ちて暗くなってきますが，アルカリ電池は同じ明るさを維持して，寿命が切れたとき突然暗くなってしまうのです。使用中に懐中電灯の光量が落ちてくるということはありません。予告なしに突然バッテリーが切れてしまうのはちょっとしたマイナスですが，すぐに暗くなってしまうマンガン電池よりははるかに優れています。

バッテリーは気温によって性能が変わります。普通は20度Cを基準にして作られていますが，それよりも気温が下がるにつれて持続時間が短くなり，−20度Cではほとんど働かなくなります。高温ではむしろ化学反応が促進されて持続時間が延びますが，

ケルライト (kel-lites) はヘビーデューティー。エアクラフト・アルミニウム，耐錆，耐蝕。ノンスリップ・ハンドル，集中ピンポイント・ビーム。バックパッカーが使用できるのは小型。

60度Cぐらいになると液もれを生じ，使えなくなります。

単1の高性能型マンガン電池を1回30分，4時間の間隔をおいて1日2回，2オームの負荷で放電させたデータによると，標準の20度Cでは6時間40分，零度Cでは3時間20分，-10度Cでは2時間40分持続しましたが，-20度Cではわずか8分の寿命で事実上使用不能でした。おおざっぱに考えて，零度Cでは20度Cの50%，-10度Cでは40%の寿命と言えます。単3ではおそらくこの半分位の寿命でしょう。日本には砂漠のような異常な高温地をトレールすることはありません。むしろ低温時にバッテリーの性能がどのくらい低下するかを知っておくほうが大切です。

ヘッドストラップ・フラッシュライト
HEAD STRAP FLASHLIGHTS

このマロリーなどの小型フラッシュライトは手持ちです。キャンプサイトなどでの使用には最も便利ですが，夜の行動には不便です。両手をあけておくことは，危険に対する最大の予防です。フラッシュライトを手に持っていては危険が予想されるトレールを，夜歩くという事態は，よほどの緊急時以外は避けるのが本筋

です。ただスキー・ツーリング，ロッククライムなど両手がふさがってしまう場合は，手持ちのライトでは不便なことが出てきます。ヘッドストラップの付いたフラッシュライトがあると便利です。

このタイプで最も明るく，またグッドデザインのものは，フランス製のワンダー（Wonder）モデルでしょう。手持ちとヘッドストラップの両方に使い分けられます。バルブが手持ちの本体とヘッドランプの2カ所にあり，プラグの差し替えにより使用するバルブをチェンジできるようになっているのです。本体はクリップ・オンでポケットなどに固定でき，またヘッドランプは角度を変えることができます。重量はマロリーに比べると重くなりますが，状況によってはどうしてもヘッドランプが必要になります。しかし，ヘッドランプしか持たないのは考えものです。というのは，ヘッドランプを固定するストラップがずり落ちてはなんにもなりませんから，どうしても少しきつめに締めます。長時間頭に

ワンダー・ヘッドランプ。コンパクトなメタルケース，10×6×2cm。ヘッドストラップ部分と本体の両方にバルブとリフレクターユニット装着。ヘッドランプにする際は本体にプラグを差し込む。

巻きつけておくと，頭痛の原因になります。ヘッドランプと手持ちとの双方に使い分けられるワンダー・タイプは，その点使うものの身になって考えられていると言えます。ただ重量のリスクは考えなければいけませんから，状況に応じてマロリーなどの小型ハンディー・タイプと使い分けたほうが良いと思います。

　もう一つワンダーがかかえている問題はバッテリーです。純正部品としては pile wonder の type "silva" という 4.5 ボルトの特殊乾電池が使われています。この純正と同型のものはナショナルからも出されていますが，有効時間が純正ほどではありません。ワンダーの純正バッテリーが常に手に入れば問題はありませんが，その点が心配です。アメリカでは現在，このワンダーランプに使用するバッテリーを，スタンダードな単 2 電池で代用できるような特殊アダプターが作られています。これは Buck Canedy という人が考え出したものですが，これを使用すればどんなメーカーのバッテリーでも間に合うので安心です。

　バッテリーやバルブは，旅の長さに応じてスペアを持つべきです。バルブには普通クリアーのスタンダードを使いますが，マロリーやワンダーなどの小型タイプでは反射板がありませんから，集光用のレンズ付きバルブの方が有効です。これはジュール・ベルヌの描いた火星人のように先端がとがった形をしています。これにもたとえば，緊急用に赤色を出すものなど種類はいろいろあります。マロリーなどの小型のほか，スポーツマン・タイプなどの大型のフラッシュランプも光量が強く（25000 燭光）非常にヘビーデューティーですが，重量や大きさの点で持ち運びには無理です。

キャンドル・ランタン
CANDLE LANTERNS

　日が暮れて夜の世界が始まる。都会の生活では想像もできないことですが、大自然の中では夜すなわち労働の停止の時間です。それだけ夜の暗い時間が長くなるわけです。暗くなったら眠ってしまえばよいのですが、いつもそうばかりもできません。炊事の仕度やテントの中での細々した片づけものなど、結構仕事があります。それをフラッシュライトだけでやるとなると、バッテリーの消費が心配になります。小型のキャンドル・ランタンと併用するのがベストです。

　現在手に入れることのできるキャンドル・ランタンのうち最も小型で機能的なのは、フランス製アルミニウムの円筒形をしたコラプシブル・タイプのランタンです。ステアリン・キャンドルを使用するもので、シールド・グラスのチムニーが安全性と防風の役目を果たし、ボトル部分に入ったスプリング・メカニズムで炎を一定の高さに保つようになっています。安全かつ効果の高いランタンです。ガラスも強く、コラプシブルで、使用しない場合はアルミニウムの外フレームがかぶさるようになっているため、破損の心配がありません。フレームの上部に付いているチェーンに金属が使われていますが、これはキャンドルの熱は予想外に強く、繊維のコードでは燃えてしまうからです。

　キャンパーズなどの名称で出されているキャンドルは高純度のパラフィンを使用していますので、光度の強さ、照明時間の長さともランタン向きです。ただサイズが特にこのフレンチ・キャンドル・ランタンに合わせて作られていないので、長さ4cm程度

罐入りのガーデンキャンドルはそのままでも使える。〈下〉はランタン用のキャンドル。

フレンチ・キャンドル・ランタン。アルミニウム製で折り畳んだときのサイズは5(直径)×11cm。オープンしたときは高さ30cm。シールドグラス・チムニー,110g。安全性が高く,きわめて効果的だ。

フォールディング・ランタン。キャンドル使用。アミカリフレクター。一面のサイズ10×16cm。重量220g。〈右〉はキャンピング・ガス・ランタン。サイズ27×10cm。重量650g。

〈左〉コールマンのホワイトガス使用ランタン。
〈右〉ペトロマックス（西独）のケロシン使用。

にカットし，まわりを少し削って受け皿に差し込まなければなりません。乾電池，バルブ，キャンドルなどは消耗品ですから，日程や旅の状況に合わせてスペアを持たなければなりません。冬には1本のキャンドルがテントの中を暖め，暖房の役目も果たしてくれます。充分な量を用意する必要があります。キャンパーズ・キャンドルは1本でだいたい1時間半の照明が可能です。

勧められるもう一つのキャンドル・ランタンは，フォールディング・タイプのものです。「東京トップ」から出ているキャンピングライト・フォールディング・ランタンは，マイカ（mica 雲母）ウィンドーの小型ランタンです。これはキャンパーズ・キャンドルをそのまま使用できますし，折り畳むと薄い板状になりますので便利です。ただ重量は，フランス製のコラプシブルに比べると2倍あります。

ガス・カートリッジ・ランタン
GAS-CARTRIDGE LANTERNS

キャンドル・ランタンよりさらに大型のものはガス・カートリッ

ジ・ランタンです。ブタンガスのカートリッジを使用したランタンで，ストーブの項に記した「キャンピング・ガス」や「プリムス」などから出されています。キャンピング・ガスL200，プリムス2220などが代表的な製品です。構造はストーブと同じです。単純で使いやすいのですが，重量や大きさがバックパッキングには不向きです。キャンピングなどの移動が少ない旅には便利です。カートリッジはストーブと同種のものを使用します。ブタンガス・カートリッジのランタンは取り扱いが便利ですから，これから小型軽量の新しい製品が出てくることでしょう。白ガス使用のコールマン・ランタンはバルキーで，バックパッキングには無理です。

トレール中の水遊び。ニュージーランド・ミルフォード・トラックにて

11. TOILET GEAR トイレット・ギアー

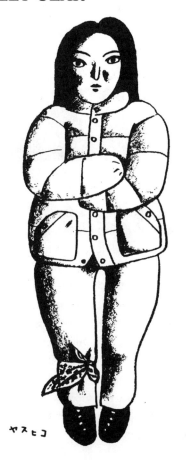

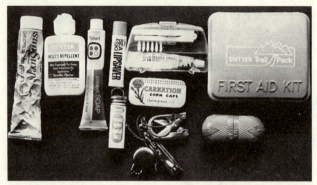

歯ブラシからファースト・エイド・キットまで野外でのトイレット・ギアーはコンパクトにまとめる。

　日常生活と異なる環境の中で、自分の体やキャンプ中の身のまわりを清潔に保つことはなかなか困難なものです。毎朝シャワーを浴び、夜はのびのびと風呂に入る。汚れた衣類は洗濯機に投げ込み、ウール製品はクリーニング店に出す。電気掃除器を使い、鏡の前で化粧する。こんな時間をトレールの途中で持つことは不可能です。しかし、体や身のまわりを最低限清潔に保つ努力は必要ですし、重要なことです。トレール中の健康はキープ・クリーンによって保たれる部分も、たしかにあるからです。このキープ・クリーン、あるいは健康のために必要な用具をトイレット・ギアー (toilet gear) としてまとめることにします。しかし日常的な生活用具ですから、これにとらわれる必要はそれほどありません。ヘビーデューティーとカンファタブル、それにコンパクト、アンチバルキーという線にそって選べばいいのですから。

石 鹼
SOAP

一番手軽なのはホテルなどで使っている小型の石鹼です。これで充分なのですが，アレルギー体質の人には薬用石鹼ニュートロジーナ（neutrogena）を勧めます。刺激，乾燥，薬物反応に対して配慮されているので，皮膚の弱い人向きです。これら固型の石鹼は，プラスティックのケースかビニールの袋に入れて携行します。

リキッドでラミネート・チューブ入りの化粧石鹼があります。淡水，海水双方に使えるトラベルソープが便利です。パケット（Paket Corp.）のポケットソープなどは，最もバックパッカー向きと言えるかもしれません。容量は21gですが，50～60回の洗顔が可能です。これらのトラベルソープにはよく，バイオデグレイダブル（biodegradable）〔生分解性〕という説明が出てきますが，これは合成洗剤ではなく，ヤシ油やオリーブ油とソーダで作る純粋の油脂石鹼のことです。洗剤によ

パケットのポケットソープ。長さ11cm，リキッド重量21.3g,50～60回の使用可能（上）。〈下〉はニュートロジーナ薬用石鹼

る水質汚染はバックパッカーの望むところではありません。カスティールなどの油脂石鹸を使うこと、またその場合も直接川や湖の中で使用しないことが大切です。バケツに水を汲み、その中で洗い、汚れた水は川や湖から20m程度離れた場所に捨てるように心がけて下さい。冷たい、硬質の水の中では石鹸も泡だたず、体がだんだん不潔になっていくように感じられますが、可能な限り清潔を保つのはバックパッカーの務めです。

シャンプーも粉末で旅行用に小さくパックされたものや、ラミネート・チューブに入ったリキッド・タイプのものがあります。これらの製品はスーパーマーケットや化粧雑貨品店で求められます。

歯ブラシ
TOOTHBRUSH

最近はトラベルキットとして、ペーストとセットになった小型のものがたくさん出ています。折り畳み (folding) タイプやグリッ

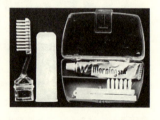

ラミネート・チューブ入りの石鹸シャンプー、リンスなど。ラミネート・チューブは破れにくく軽量（左）。〈右〉は歯ブラシの一例。フォールディング・タイプの方がコンパクトにまとまる。

プ部分を取り外せるタイプなどがあります。これは好みの問題です。ペーストも同じですが、ラミネート・チューブに入った小型のものが便利で持ち運びやすいと思います。もちろん昔ながらの塩という手もあります。ほかにデンタル・フロス（dental floss）を使う方法もあります。ワックスをかけたナイロン糸で、歯の間の食べかすを取り除くという目的にはたしかにかなったものです。また釣り糸や縫い糸、その他に利用でき、持っていて損はありません。冬のキャンピング中に、虫歯が原因で体

〈左〉はデンタル・フロス。ワックスナイロン3ヤード。〈右〉はハンドルの中に2週間分のペーストをおさめているバスタの歯ブラシ。コンパクトで最もバックパッカー向き。重量15g。

が不調になるバックパッカーが多いのにも驚かされます。平常から適当な処置を施しておくのは当然の心がけです。

その他の化粧品やヘアブラシはもちろん個人の自由です。ただし、顔には防虫クリームやサンタン・ローションをたっぷり塗らなければならないし、頭には帽子をかぶることになるので、なぜそれらが必要かは使う当人にしか分からない問題だとはいえるでしょう。

またトイレット用ロールペーパー、布巾、スモール・タオルなどは本来の使用目的のほかに、さまざまな利用価値を持っているものです。日用品の中から好みのものを選んで問題はありません。

爪切り，爪ブラシ
CLIP & NAIL BRUSH

　一度でもキャンプ生活をすれば，野外での生活がいかに手を使うものか，そして手はいかに汚れ荒れるものであるか分かると思います。爪ブラシは非常に役に立ちます。ビルトイン・タイプの小型のものを選んで下さい。クリップは普通の小型のもので充分ですが，特にアングラーズ・クリップ（angler's clip）と呼ばれる特殊なものもあります。もともと釣りのためのものですから，ディスゴーガー（disgorger 鉤はずし）やスティレット（stiletto 穴あけ），ナイフの刃などが組み込まれています。コードが付いているので，ボタンホールやベルトに簡単に取り付けられます。野外で使うものなのでクローム仕上げになっており，水や錆に対して強くしてあります。足の爪の手入れも重要です。トレール・ブーツの中で靴下を2枚重ねているとはいえ，爪が伸びていると下り坂などで

アングラーズ・クリップとフォールディング・シザース。それらをまとめるピンオン・リトラクター。

セーフティースニップシザース。サージカル・ステンレス。ハイクォリティーで，安全度も高い。重量28g。小型ハサミの用途は広い。

足指を痛めがちです。不精せずに手入れしておきましょう。

ハサミ
SCISSORS

これも小型で良いものがたくさんあります。特別なものとしては折り畳めるフォールディング・シザース（folding scissors）があります。使用しないときは刃をしまいこめるので危険がありません。切れ味は多少劣るかもしれませんが、旅には便利だと思います。外科用器具に使用するサージカル・ステンレス製です。ハサミ、ポケット・ナイフ、クリッパーなどは一つにまとめておくと便利ですが、そのための用具としてピンオン・リトラクター（pin-on retractor）があります。これもフィッシング用具ですが、ドラムの中に巻き込まれているコードを使用時は30cmほど引き出すことができる仕組みになっています。リトラクターはベルト用のものもあります。コードの長さは56cm、ドラムの直径5cmで、80gです。West Coast Mfg. Co.のキーバク (key-bak) がヘビーデューティーです。

レイザー，シェーバー
RAZORS & SHAVERS

人里離れて気ままな旅を楽しんでいるのだから、本当はヒゲなんてどうでもいいんです。というよりも自然に伸びてくるのですから、そのままにしておくのが自然です。でも、どうしてもヒゲをそってさっぱりしたい人も当然いるでしょう。水や石鹼の制限されている所で、カミソリを使うのは大変です。山上湖のほとり、

ガーバーの薄刃のフォールディング・ナイフでゆっくりヒゲをあたるなんていうのも，たしかにバックパッカーにとってこの上もない楽しみではありますが，これも毎日となったら大変です。少々重くても乾電池を使用するシェーバーの方が無難です。ほとんどの弱電メーカーから小型（ロングサイズの煙草大）で性能の良いものが出ています。野外ではただでさえ肌荒れはひどくなりますから，切れなくなったシェーバーを毎日使うのは考えものです。乾電池は1.5Vの単3を2本使いますが，懐中電灯（348頁参照）とあわせて予備のロングライフ・タイプの電池を持つべきです。

ジョン・ミュアもソーローも立派なヒゲを持っていました。ヒゲはフリーマンのシンボルになっているのかもしれません。

フライ・ドープ
FLY DOPE

モスキートを始め小さな虫に悩まされた経験は誰にもあるでしょう。雪解けのころ，藪の中，湿地帯。虫はなにもできなくなるほどの脅威です。アラスカの湿原の中で見た羽虫の大群は，ひっきりなしに降りしきる雪のようでした。しかし現在では優れた防虫剤がありますので，直接的には恐れることがなくなりました。多数のアウトドアーズマンが効力を認めている製品が2社から出されています。一つはインセクト・リペレント（insect repellent）で，いろいろな救急用品で有名なカッター・ラボラトリーズ（Cutter Laboratories）から出ており，クリームとフォーム，それにスプレーがあります。もう一つがオフ（off）で，これはジョンソン＆ジョンソンの製品です。国産品にもエアロゾル，クリームが多数あり

カッターのインセクト・リペレント。クリームフォーミュラ・タイプ, 匂い, 肌ざわりとも不快ではない。ポケットサイズ, 40g。〈左〉はオフ。

ますが, まだ効果の持久力に問題があります。

顔面や手など露出している部分にはフォーム・タイプが便利です。いやな匂いやべとつきのないインセクト・リペレントは持久性も優れています。また薄い木綿などで肌に密着している場合, その上から攻撃されることがよくあります。そんな場合はスプレー式が便利です。服の上から噴霧しても効果は変わりません。なお長期間使用して肌にトラブルを起こした場合は, 使用をやめたほうが無難です。長袖の厚手シャツ, 手袋, ヘッドネットを使用せざるをえないでしょう。

ヘッドネット
MOSQUITOS HEAD NETS

グリーンの放出品をよく見かけます。それで充分ですが, フィッシングのように視界をさまたげられたくない場合は, 黒いメッ

モスキート・ヘッドネット。カーキカラーのポプリン，底にエラスティック・ループ入り。帽子の上から着用。視界を妨げることはない。

シュの方が良いようです。特にアウトドアーズマン用に作られたものの中には，ナイロン・マーキゼットで目のあたりだけ黒のメッシュ・パネルにし，煙草やパイプ用に特に補強したネットもあります。ダックハンターなどが使うカモフラージュのものは，防虫と遮蔽の二つの効用を考えているのです。帽子取り付け部分に軟らかい金属コードを入れたものもありますが，折り畳みに不便なので，ただ紐で結ぶだけのものが良いと思います。

サンタン・ローション
SUNTAN LOTION

夏，冬に限らず健康そうに日焼けした顔は魅力的です。これは男も女も同じことです。太陽をいつも浴びていること，それが人間生活の根本になければならないはずですから。とはいっても標高の高い山ではのんきに日焼けを楽しんでいるわけにはいきません。急激に日焼けすると皮膚に炎症を起こすからです。そこで逆に紫外線をいかに避けるかということの方が重要になってきます。

これは意外に軽く考えている人が多いようですが，サンバーンは一種の火傷なのです。高所では誰でもなんらかのスキン・プロテクションを考える必要があります。特に風が強い場合を考え合

わせると，普通のサンタン・ローションではプロテクションの効果はあまり望めません。目安としてはおよそ海抜2500mを境として，これより高所，あるいは低くても雪のあるとき，風のある場所，乾燥の激しい所などでは注意が必要です。

特別な高所用のサンスクリーンは何種類かあります。pabafilmはサンバーンとタン両方を防ぐためのもの。screen はタン促進・バーン防止。sun swept はモイスチュアライジング・クリームで，同じようにタン促進・バーン防止です。有名なグレーシャー・クリーム（glacier creams）はレッドとグリーンのチューブに分かれています。赤はバーンとタン防止の高所用，緑はバーン防止・タン促進の低地用です。また痛んでしまった肌のモイスチュアライジング用として lubriderm lotion があります。いずれにしても，ただ単にサンタンのみの表示でバーンについて触れていないものは，悪コンディションには不向きだと考えてよいと思います。サンタンと同時に必要なのがリップ・サーブです。

上から単純なタンクリーム，スェプトクリーム，スクリーン（上）。〈下〉はリップスティック。雪がなくても風の強い高地では必携品。重量はスェプトクリーム50g。リップスティック20g。

リップ・サーブ
LIP SALVES

寒くて風が強い，暑くて乾燥している，そのどちらの条件にもリップクリームが必要です。ワイオミングの夏，草がみな黄金色をしている乾いた高地で，ひどい唇になった人を見たことがあります。単なるクラックというにはあまりにひどく，唇の内側全面が割れてしまっていました。食事をすることも話すこともできません。予防と初期の手当てが絶対に必要です。いろいろなメーカーが作っていますが，予防用にたっぷり使いさえすれば，どの製品も一応の効果があるようです。中でも sunstick や labiosun は，かなりひどいクラックが始まってからでも治す力を持っています。0.15 オンス程度のスティックなら，ポケットや，ショルダー・ストラップに付けたオフィス・ポケット，ベルト・ポーチなどに入れて，いつでも取り出して使えます。サンスクリーンやリップ・サーブは面倒がらず，こまめに使わないと効果がありません。なお，インセクト・リペレントもスクリーンの役をします。

それにもう一つ必要なのがハンド・ローションです。リップ・サーブが必要なときは，手をガードするローションも必要になっていると言えるでしょう。ハンド・ローションも種類は多く出ています。ラミネート・チューブなどに入った小型のものを選んで下さい。

ハンド・クリームはチューブ入りが便利。40g。

ファースト・エイド
FIRST AID

単独のトレールでは,小さな外傷もばかにできません。それに神経が集中し,ほかへの心配がおろそかになるからです。パーソナルなファースト・エイド・キットは個人個人の経験から割り出されるものですから,絶対的といえるものはないのかもしれません。旅の状況や期間によっても違ってきます。しかし,怪我の手当てだけではなく予防も含めて,おおよその必需品は割り出せそうです。病気の種類を大別してその応急処置をファースト・エイドと考え,それ以上のものはすでに個人的な治療の枠を越えると考えられるからです。外傷,ブリスター(肉刺),日焼け,頭痛,腹痛,高山病,虫その他による咬傷程度の手当てをファースト・エイドと呼ぶことになるでしょう。強度の出血,骨折,ショック,凍傷,雪盲,蛇その他の動物による傷,有害植物あるいは水などによる大きなダメージはもはや個人的な応急処置だけでは済まない問題であり,サバイバル(survival 386頁参照)の領域と考え

ナイロン・バッグ入りのシェラウェスト。プラスティック・ケース入りのSSIとカッター(左)。〈上左〉はサファリ,〈右〉の栄和産業パンエイドを除いて,内容に大差はない。救急法ガイドのリーフレット入り。

PART : 2-11　トイレット・ギアー　371

るべきです。バックパッキングにはもちろんサバイバルの要素は強いわけですからそれ相応の問題はありますが，それは後述することにして，今は軽度の傷病についての救急用具を考えることにします。

ファースト・エイド・キット
FIRST AID KITS

ベーシックなファースト・エイド備品をコンパクトなキットにしたものです。経験の浅いうちは病気の問題を軽く考えすぎて，備品が足りないか，大げさに考えすぎて不必要なものを持ちすぎるかのどちらかになりがちです。このキットを一つ手に入れ，それに自分が必要とする薬品を加えてゆくと間違いが少なくてすみます。キットにはコンパクトなウォータープルーフのプラスティック・ケースに入っているもの，ナイロン・バッグに入っているものなどがありますが，内容はメーカーによって多少の違いがあるにしろ，個人装備のキットとしてはそれほどの変化はありません。代表的なものは Alpine Aid, Cutter Laboratories, Skagit Mountain Rescue Unit, Survival System Inc. (SSI), Johnson & Johnson の製品です。これらのキットの内容は，包帯，絆創膏（ばんそうこう），ガーゼパッド，アスピリンもしくはアナシン〔鎮痛・解熱薬〕，塩のタブレット，ファースト・エイド・クリーム，針，片刃カミソリ，ピンセット，消毒用のアルコール・スワブ，アイパッド，アンモニア溶液，切開用小型メス，火傷用軟膏，バンドエイド，防虫薬塗布石鹸，モールスキン（リント布）などで，それぞれに必ず注意や治療法を記したマニュアルが入っています。

〈上〉はシェラウェスト・ファースト・エイド・キットの内容。〈下〉はカッター・トレールパックの内容。シェラウェストではクリームの傷薬，ピンセット，マッチ，石鹸など非常に親切な心配りがみられる。カッターのキットはトレールの名のとおり，外傷と頭痛という最も頻度の高い病気に対する応急処置用。シェラウェスト310g。カッター100g。ともにバックパッカーには便利なキット。

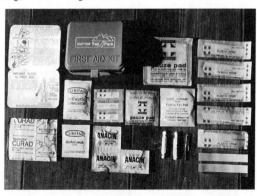

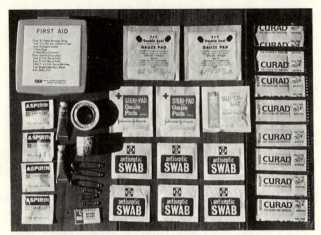

〈上〉SSIのキット。アディーシブテープ（バンソウコウ）はウォータープルーフ容器入り。キップの塗り薬は軽い火傷，サンバーン，その他の傷用。安全ピンは包帯用だがその他の用途にも役立つ。サイズ 11 × 11 × 3.5cm。重量 130g。カッターと同程度のトレール向き。

〈下〉は個々の薬品を集めて作った自家製キット。モールスキンはリント布という名で出ているのと輸入品でモールスキンそのままの名前のものがある。塩の錠剤は忘れないこと。その他持病の薬品はそれぞれ，パッキングしやすい容器を探して収めておく。

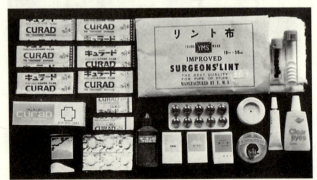

これを参考にして、薬局から個々に薬品を購入してキットを作ることもできます。ベーシックな応急処置はこれで充分なはずです。なぜ国内の医薬メーカーからコンパクトなキットが市販されないのか不思議ですが、それを必要と考えない市民側の生活態度にも問題があると言えます。

　いずれにしても自分でキットを作る場合には、コンパクトにする方法を真剣に考えなければなりません。そしてファースト・エイドは個人個人の問題なのですから、何人かの人がいっしょに行動する旅だからといって人まかせにすることは許されません。キットはコマーシャルであれ、自家製であれ、必ず携帯して下さい。ちなみにウィルダネス・ライフの発達したアメリカで最も信頼を得ているコマーシャル・キットは、Medical Supply Co. と Mine Safety Appliances のものと言われています。マニュアル（小パンフレット）もいろいろ出ていますが、Skagit Mountain Rescue Unit 発行の Mountaineering Medicine が一番丁寧で有名です。1969 年に初めて登場して以来、48 頁のこの小さなパンフレットは隠れたベストセラーになっています。

　国内を見ますと、ハードカバーの家庭用医薬書を別にしてアウトドアーライフ用のブックレットにあたるものは見当たりません。日本赤十字社と日本損

〈左〉はアメリカの『マウンテニアリング・メディシン』〈右〉が『わかりやすい救急法』。応急処置を記した小型のリーフレットを一冊キットの中、あるいはいっしょに持っていると便利。

害保険協会が出している『応急手当の知識』とか,共石ファン実用シリーズ『応急手当術』などのブックレットがありますが,いずれも都会での一般生活,自動車事故などを対象にしたものです。ただ前者は日赤衛生部長・北村勇氏,後者は日赤救急法の創始者である小森栄一氏の監修ですから,内容は知っておいて損になるようなことはありませんが,損害保険協会や石油会社のノベルティーとして出されているものであり,それ以上のものではありません。

アウトドアーズマンがファースト・エイド・キットの中に入れておくべきブックレットは一冊だけありました。前述した小森栄一氏の著になる『わかりやすい救急法』で二宮書店から出されている106頁のブックレットです。応急処置の基本が分かりやすくまとめられており,コンパクトですからバックパッカー向きです。さて山で起こるさまざまな病状とその応急処置について個々の説明を加えたいところですが,これは優に一冊の本になるほど膨大な問題です。残念ですが,ここではそのスペースがありません。赤十字社のメディカル・アドバイスや,その他医療に関する専門書のうち,野外生活でのファースト・エイドの項を参考に研究して下さい。ここではブリスター(blisters まめ)の初歩的な治療法についてだけ触れておきます。

靴と靴下の履き方,歩き方,荷重の問題が適切であればブリスターは予防できるものなのですが,水を持ったブリスターができてしまったら,速やかに治療にかかるべきです。というのは,全身の神経がそこに集中してしまい,他が不注意になってしまうからです。ブリスターの液は全部出してしまう必要がありますが,

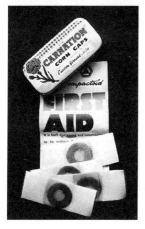

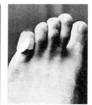

〈左〉コーンカップ,ブラス容器入り,6パッド。重量15g。〈下〉コーンパッド,4パッド入り。ブリスターの処置は早い時期に。靴がきつく思えてきたら一度点検してみるのがよい。

柔らかくなった皮を手荒くむくようなことは,してはいけません。それこそ痛みで一歩も歩けなくなります。まず水と石鹸できれいに洗います。次に熱処理などで殺菌した針で,ブリスターのエッジに1カ所穴をあけます。次に,殺菌した脱脂綿やアルコール・スワブを使い,そのピンホールに向かってブリスター全体をゆっくり押します。液は穴から少しずつ出ていきます。それが終わったら殺菌したバンデージをかぶせます。ピンホールを大きくしないで,皮をそのままはりつけるのがコツです。もしすでに皮がこすれてむけてしまっている場合は,よく洗って皮をなるべく伸ばしてはりつけます。次にモールスキンをブリスターの周囲が完全に覆える大きさに切り(2cm四方位の大きさ),つぶした患部部分だけ穴をあけます。つまり厚味のあるモールスキンが,直接患部に当たらないようにするわけです。その上にもう1枚モールスキンを重ねます。このアブソーバーを入れることによって,上の

モールスキンが直接患部をこすらず、痛みを感じないですむわけです。

ブリスターは早目に感知し、ダメージが大きくなる前に処置するのが一番です。ブリスターの原因の多くは、靴の中で踵が底から離れてしまうことにあるのですが、歩行のたびに 4mm 以上の遊びが生ずるスティフなブーツでは、必ずトラブルが起こるといわれています。

スネークバイト・キット
SNAKE BITE KITS

日本には、ハブとマムシの2種類の毒蛇がいる〔ヤマカガシも毒蛇で、島嶼部にはさらに数種が生息〕ことはよく知られていますが、地域的に限られているハブは別にしてマムシはアウトドアーズマンがよく出会う毒蛇ですから、注意するにこしたことはありません。マムシが持っている毒は、ただちに人間に致命傷を与えるほどのものではないと言われていますが、この蛇に手足を咬まれた場合の手当ては覚えておいて損はないし、一人歩きのときは、やはりスネークバイト・キットを携行したほうが安全だと思います。

スネークバイト・キットのうち最もポピュラーなものは、カッター・ラボ（Cutter laboratories）から出されている「カッター・スネークバイト・キット」でしょう。このキットは4種の備品に分かれています。容器も兼ねている3個のサクション・カップ（suction cups 吸い出し）、リンフ・コンストリクター（lymph constrictor 圧縮紐）、スカルパル（scalpel メス）、アンチセプティック（antiseptic unit 薬液）がコンパクトにまとめられているのです。

スネークバイト・キット。28g。長さ6.5cmでコンパクト。スリーサクション・カップ, アンティセプティック, コンストリクター, ナイフを収納。

サクション・カップの吸引力は強力。リンパ液コンストリクターもワンタッチ式で取り扱いは簡単。アンチセプティックも二重パッケージで壊れにくい。

これは昔から行なわれてきたカット・エンド・サック・メソッド（患部を切開して毒を吸い出す方法）と, その部分を急速に冷やすためのエチールアルコール塗布とを兼ねた用具と言えます。蛇の毒牙は左右2本ですから咬み跡も二つの穴になります。その二つの穴を切開してカップを当てるのです。サクション・カップが3個あるのは, たいていは2カ所の切開部に対し一つのカップで間に合うのですが, 特に牙跡の間隔が開いている場合, つまり巨大な蛇にやられたときは切開部1カ所に一つずつカップを当てるためで, もう一つの小さいカップは指などの細い部分に用います。私自身, 毒蛇に咬まれた経験は一度もないために, 表示どおりの使い方を一応説明することしかできませんが, 簡単に言いますと,

まず咬み跡を調べて明らかに2カ所の牙跡があったら，①アンチセプティックの容器を出し，ペーパー・チューブカバーをはずします。そして，その容器のマーク部分を親指と人差指でプレスして割ります。メスと咬み跡部分の双方をその液でよく消毒します。②次に咬み跡をX字に切開しますが，それは長さ6mm，深さ3mmから6mm程度です。ただし指や足の爪先，静脈が強く浮き出ている個所などは切開してはいけません。またすべての個所に言えることですが，決して深く切りすぎないように注意することが必要です。③カップを切開部分に当て吸着させます。カップは縦横どちらも使えますが，横（LOのマーク）は子供などの柔らかい肌などに用い，縦（HI）は普通用です。一度吸着させたらポンピングはしないことです。④次にリンフ・コンストリクター（細紐）で切開部より上（心臓に近い方）4cmほどのところを縛ります。ただし指や足指には使いません。肌にくぼみができる程度です。ノットを作って輪にしてありますから，どちらか一方の端を引けば縛れるようになっています。この紐は名のとおり，リンパ液の流れを止めるためのものです。決して血液を止めるためではありません。リンパ液は皮膚のすぐ下にありますから，紐を肌にくいこむほど締め上げる必要はまったくないのです。切開部よりも先の部分が苦痛を感じたり，青白くなったり，赤くなったり，また感覚がなくなってきたりするようならそれは締めすぎです。そして，適正に縛ったときでも，10分に1分は解いて休ませなければいけません。バンダナその他で縛るということは止血には役立ちますが，スネークバイトの場合はあまり役に立たないようです。

さてこれで一応の処置を終わったわけですが、毒は最初の1時間で体に回ると言われています。サクション・カップの使用は2時間続け、その後は吸着と休みとを30分ごとにとるようにして6時間となっていますが、この数字は毒性の強いラトルスネーク（ガラガラヘビ）を基準としたものです。応急処置を済ませたとしても、旅はただちに中止すべきでしょう。もちろん動かないにこしたことはありませんが、自身でどうしても移動をしなければならない場合は、ゆっくりと体を動かすようにしなければなりません。スネークバイトの危険は、実際の毒よりもショックや恐怖による心身の消耗や心臓障害に問題がある場合が多いと言います。落ち着いて処置すれば国内の場合、生命の危険はまずのがれることができるようです。

　ファースト・エイド・キットやスネークバイト・キットは重量や容積が微々たるものですから、どのような旅にも必ず携行すべきですが、もちろんこれですべての応急処置ができるというものではありません。しかし個人装備としてはここまでが限度ではないでしょうか。それ以上の事故が起こった場合は、速やかに脱出を考えるべきでしょう。グループの場合には、お互いに助け合えるのでもう少し考えが違ってくると思います。もっと専門的な医薬品を加えることができ、体温計や抗生物質薬品も持参できるでしょう。骨折してスプリント（副木）を作るにしても、グループの場合は非常に楽になります。単独で骨折事故を起こし、自分でスプリントや松葉杖を作って脱出するのは想像以上に困難な仕事です。

　スプリントも最近は簡単で便利なものができていますので、単

にバックパッキング用という意味を超えた製品として説明したいと思います。単独の旅に持っていくかどうかは個人の考え次第ですが（使用する確率が低く，かさばる），状況（岩場，長旅）によってはグループの場合持っていて損はないかもしれません。バックパッキング用という意味を超えた製品と記したのは，本来，骨折の心配がある職場，学校，競技場，車，ボーイスカウト，キャンプ場，山小屋，スキー場などにこそこのスプリントを備えておくべきだと思うからです。

インフレイタブル・エア・スプリント
INFLATABLE AIR SPLINTS

二重壁の透明なビニール・プラスティックを使用したこのスプリントは，装着されているマウスピースから空気を吹き込むだけででき上がります。速くて簡単で，全体を空気で圧迫するので，従来の副木法より快適です。固定とクッションが同時に有効的に働き，患部は安全であり，移動も簡単です。足なら靴を脱がせ，とがった金属具やアクセサリーなどは取り外してスプリントを当て，空気を送り込んで出血がストップする程度まで圧迫していきます。複雑骨折の場合などは表面に骨片が飛び出していないか気をつけ，殺菌消毒したガーゼなどをその上にかぶせてからスプリントを当てるようにします。これはビニールがパンクしないための配慮ですが，パンク修理用（ビニール・プラスティック用）のリペアパッチは付けられています。

プラスティックのクロージャーに使われているのはメタル・ジッパーです。このスプリント装着のままでX線撮影もできます。

木，衣類，その他で作る即席のスプリントに比べると，そのアドバンテージは明らかですが，バックパッカーやクライマーが持ち歩くとなると問題になる点もあるのです。というのは，メーカーによって違いはあっても，だいたい7種に分かれており，それぞれの骨折部によって使い分けねばならないからです。「ハンド＆リスト」「ハーフアーム」「フルアーム」「フット＆アンクル」「ハーフレッグ」「フルレッグ」それに「アーム・レッグ兼用」の7種ですが，あらかじめ骨折部を予想するわけにはいきませんから，オールマイティーのものを選ぶか，全部を持つか，気安めに一つだけ持つか，まったく持たないかです。重量は平均200gです。良いものであることは確かですが，単独のバックパッカーには負担が大きすぎます。ただスキーツーリングや，トレールの途中に岩場の危険があるような，骨折の確率が高い場合は必要性が高まるとだけは言えるでしょう。

インフレータブル・スプリント。空気の注入は簡単。メタル・ジッパー使用。空気注入時のプレッシャーは強力。ビニール・プラスチック製でパンクの恐れがあるがリペアパッチが付いている。各種（下）あり。

オフトレール・ハイカーのためのエマージェンシー・メッセージ・ボックス

12. SURVIVAL サバイバル

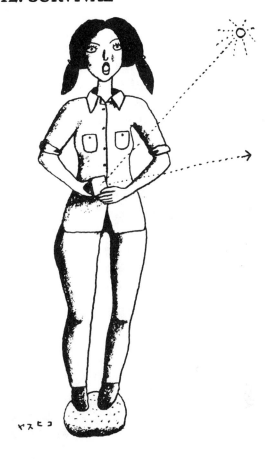

トポグラフィック・マップとコンパスを持っているからといって，必ずしも安全であるとは限りません。アクシデントで身動きできなくなることもあります。他人の助けをどうしても必要とする，完全なエマージェンシーの事態に陥る危険性がまったくないとは誰にも言いきれないのです。それにしても，可能な限り自己の力でサバイバル（生存）を図らねばならないことは当然ですし，それに必要なエッセンシャルな用具だけは，常に身につけておかなければなりません。これはアウトドアーズマンに欠かせない心がけです。サバイバルのための準備をせずに遭難さわぎを起こせば，仮に救助されたとしても決してほめられたことではありません。サバイバルはアウトドアライフ全般を通じて必要な知識であり，バックパッキングもある意味ではサバイバルのための訓練と言えます。明らかに自分が危険な状況に陥っていることを認識したら，まずその場を動かないこと，そして冷静に事態を考えることが必要です。もしその段階で救助を待つことになれば，少なくとも自らの身を守り，救助を一刻も早くするための努力が必要になります。そのための用具がサバイバル用品です。

メタル・ミラー
METAL MIRROR

別名をシグナリング・ミラーというように，この鏡は本来の用途のほか，太陽光線を反射させシグナルの役目をするものとしてエッセンシャルな品です。

ガラスの鏡と違って破損の心配はないのですが，金属なので表面が傷つきやすい欠点があります。モールスキンやシリコンクロ

メタル・ミラー。左から日本製,アメリカ製,フランス製。シグナル用として使用できるよう中心にサイト・ホールのあるミラーが良い。ソリッドブラスのポリッシュドクローム仕上げ。サイズはフランス製の4×4cmから日本製の7.5×11cmまでさまざま。重量は30g程度まで各種。エッセンシャルな用具。

SSIのメタル・ミラー裏面。シグナルとしての使用法がプリントされている。サイト・ホールはレインフォース。5×7.5cm。重量15g。鏡面も正確。ベストクオリティーのメタル・ミラー。

スで包んで持ち歩くのが無難です。種類はメーカーにより各種あり,特別どれでなければいけないということはありませんが,SSIが出しているもののように中心に穴があいている製品がシグナル用としては本格的です。

というのは,近い対象に合図を送る場合は,光線の反射がうまく相手に届いているかどうか肉眼で確認できますが,遠く離れた対象に鏡を働かせる場合はそうはいきません。中央に穴があいている場合は,その穴から対象をとらえることができます。また,太陽光線がその穴を通して自分の目の下の頬に当たっているとき

は，必ず相手にその反射光が届いています。

大きさは，5 × 7cm から 7 × 10cm が一般的です。私が持っているフランス製のミラーは，4 × 4cm という小型のものです。

もちろんメタル・ミラーがなくても，アルミフォイル，サングラス，腕時計などで代用させることができます。ヘリコプターに救助されるときなどは，太陽のリフレクションは非常に有効です。

スモーク・フレアー
SMOKE FLARE

救難信号筒ですが，国内では個人用の軽量信号筒は現在のところ出ていません。細谷火工KKの「救難信号1型」は自衛隊や船舶関係者に使用されているものですが，長さ14cm，直径38mmの円筒で重量が185gです。昼夜両用，つまり昼は煙，夜は炎を出すようになっていて効果は充分ですが，なんとしても大型すぎます。

ポケット・レスキュー・ストロボフラッシュ（上）11 × 6cm。350g。スカイブレイザー（下左）12 × 1.7（直径）cm。30g。〈下右〉は SSI スモーク。35g。

SSIから出ているスモークは35mmフィルムの罐と同型のものに納められているものと,直径20mmのチューブのものがあります。どちらも軽量で,これならバックパックの底にしのばせておいても,負担にはなりません。使わないにこしたことはないこれらの救難用具は,重かったりかさばったりすると持ち歩く気がしないものです。

　国産品でも小型軽量のものの出現が望まれますが,それにはまず使う側の問題が先決です。バックパッカーが必ず携行するようになれば,当然良い製品が登場してくると思います。

　ストロボを使ったレスキュー・シグナル用フラッシュとして,ポケット・レスキュー・ストロボ(pocket rescue strobo flash)が出ていますが,これも新しいシグナリング用具としては非常に優れていると思います。

　軽量で小型,シャツのポケットに入るサイズです。海上で8km,空中からの識別距離25km,霧の中でも使え,発光限度10万回,ウォータープルーフというものです。個人で持つことはためらわれるにしても,パーティを組んだときは携行したいものです。

ホイッスル
WHISTLE

　東京トップを始め登山用具のメーカーからも出ており,スポーツ用具店には必ず置かれています。軽いプラスティック製のものを一つ持っていれば充分です。

　プラスティックの国産ホイッスルでコンパス,マッチ・ケース,

〈左〉はSRLのホイッスル。プラスティック，強力音。6×2.3cm。〈左下〉はハイマット・クライミングホイッスル。〈下〉は日本製サバイボ5 in 1。コンパス，シグナル・ミラー，マッチボックス，フリント，それにホイッスルで30g。

ミラーとフリントのコンビネーションになっている製品があります。11cmほどの長さですが，これはマッチ・ケースの部分があるためです。ホイッスルの音は鋭くて，よく考えられていると思います。サバイボ5イン1（survivo 5 in 1）サバイバル・キットというのが名称です。

北海道，カナダ，アラスカなどのベア・カントリーでは，よく響く鈴も使用されます。

メタル・マッチ
METAL MATCHES

ブック・マッチはもちろん，マッチボックスに入れたウォータープルーフ・マッチにしても，どのようなアクシデントが起こって使用できなくなるか分かりません。メタル・マッチは，通常のサルファ・マッチが用をなさなくなったときのための非常用マッチとして効果的です。マッチを濡らしてしまったとき，全部使い果たしたとき，なくしたとき，または風が強くてどうしても点火で

きないとき、このメタル・マッチが命を救ってくれるに違いありません。

遭難事故の手記などを読んでいると、マッチを使い果たして暖をとることも食べ物を作ることもできなくなった、などという場面にぶつかったりします。なぜメタル・マッチを持っていないのかと口惜しい思いをすることがあります。

このメタル・マッチは、11種の希土金属（rare-earth metals）を2万ポンドの圧力をかけて固めたものと言われています。これは炭素棒のようになっており、完全なウォータープルーフ、ラスト（腐蝕）プルーフです。

使い方はティンダー（紙、枯草、枯葉、布、樹皮など）を集め細かくしておいて、メタル・マッチをナイフのような鋭い刃物でゆっくり削ります。細かい粉末がティンダーの上にふりかかったら、次に強い力をこめてメタル棒を刃物で削り取るようにこすります。するとスパークが起こり、削られた粉末に燃え移り、それ

フリント・スティック、ティンダー、その他のスターター用具。左下はムーア＆マウンテンの木製トラディショナル。1.8 × 7cm。10g。

がティンダーを燃やします。

この1本のメタル・マッチで1000回の発火が可能と言われますので、紛失しない限りマッチがなくならないのと同然です。サバイバル・ギアーとして、これはエッセンシャルです。

メタル・マッチ・ファイアーキット（metal match fire kit）はこのメタル・マッチ、金属刃、ティンダードライ、それに火づくりのブックレットをビニール・ケースに入れたものです。

レギュラー・マッチ以外になんらかの予備マッチを持つことは絶対に必要ですが、このメタル・マッチのほかにもフリント・スティック（flint stick）が何種かあります。ライター石（フリント）とスティール・ブレードを組み合わせただけのもので、ムーア・エンド・マウンテン製のスティックはシャープ・ファイアーライター（sharp fire lighter）と名づけられています。木製ホルダーの中にフリントが仕込まれており、ホルダーの尻部にスティールをしまえるようになっています。フリント、つまり硬質のライター石を持っていれば、それを削り、カメラや望遠鏡のレンズを使って火を起こすことも難しくありません。

いずれにしても、レギュラー・マッチのほかにメタル・マッチを一つ持つことは、サバイバル・エッセンシャルとして必ず守られるべきでしょう。

ロープ
ROPES

バックパッカーがロープを使用する機会はそれほど多くありません。もちろんそれは難所で体を確保するためのロープという意

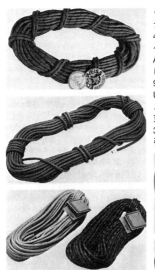

〈左上〉はエーデルワイス・エナジーモデル。9mm, 10.5mm, 11mm で長さ40m。ペルロン・ブレイド。UIAA レーベル。UIAA は Union Internationale des Associations d'Alpinisme の略称。〈左中〉はエーデルリット・エバードライ。9mm × 40m。ペルロン・ブレイド。UIAA レーベル。〈左下〉はショイナード・スーパードライ。〈下〉は東京トップと東京製鋼ナイロン・コード・ブレイド。3mm から 7mm まで。長さ 100m。静止引張強度は 6mm で 480kg。

味ですが。本格的なロッククライミングは，基礎をしっかり学習しなければまず無理だからです。雪や岩の魅力はたまらないものがあります。それに対して積極的に挑戦する態度は絶対に必要ですが，それにはパートナーや経験が要求されます。単独の場合，経験不足の場合はなるべくロープを使用せずに済むルートを探し出すようにすべきです。

現在，天然繊維（マニラ麻など）のロープはほとんど姿を消してしまいました。ナイロン，ペルロンの合成繊維が完全に市場を

独占しています。剪断力や熱に対する脆弱さという欠点を上回る利点が認められているからです。

ペルロンというのは聞きなれない名前だと思いますが、これもナイロンと同じポリアミド系の合繊なのです。第2次大戦中ドイツで研究され、IG社から発表されたのがペルロンL（perlon L）およびTなのです。そのため現在でも西ドイツやスイスのブランド、エーデルリット（edelrid）やエーデルワイス（edelweiss）などのロープはナイロンといわずにペルロンの名をつけているのです。ショイナード（chouinard）はアメリカですが、マム（Mammut）の製品を販売しているので、ペルロン使用ということになるのです。

さてロープにはハード・レイ（hard lay）といわれる「撚り」とブレイド（breid）の「編み」があります。以前の天然繊維ロープは撚りのロープでしたが、現在はほとんど、合成繊維の編みロープに変わってきました。撚りの特性である引張強度においても、合成繊維のロープは決して劣りません。撚りロープの欠点であったキンク（kink ねじれ）も編みロープにはありませんから、総体的に考えると編みの方が使いやすいということになります。ロッククライミングで人工登攀が盛んになり、複雑なロープさばきが要求されるようになったことも、編みのロープを発達させた原因と言えるでしょう。

クライミング・ロープは普通直径9mmか11mmのものがよく使われます。本格的なクライミングでは、ロープを2本使ってダブルロープにしますが、その場合には9mmが使用されることが多いようです。

このクライミング・ロープをバックパッカーが使用する場合，岩稜や雪稜のトレール中，セルフ・ビレイ，バックパックのつり上げつり降ろしのほか，いろいろな例をあげることができます。ただ本格的な登攀は含みませんから，クライミング用よりもアクセサリー・コード（補助ロープ）を求めたほうが役に立ちます。

アクセサリー・コードは 5mm から 9mm までありますが，6mm，7mm あたりが手ごろです。渓流の徒渉や雪の壁などで身軽に動きたい場合，荷物を先に，あるいはあとから，ロープを使用して移動させます。アクセサリー・コードを 20m ほどと，カラビナ（carabiner）を 1 個用意しておくと，用途が広くなって便利です。

カラビナも登攀用具であり，本来はピトンとロープを連結させるためのものですが，荷の運搬その他，役に立つことが多いものです。現在は，アルミニウム・アロイの軽量のものがたくさん出ています。なかでもボナッティ（Kong Bonaiti）のウルトラライト・カラビナは，破断荷重 2100kg，重量はわずかに 50g です。バックパックのフレームに一つ付けておくと便利です。なお岩・雪用

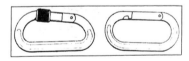

〈上〉はカラビナのポピュラーな型。D ロッキングと O クローゲート。〈右〉はボナッティ W392R。アルミ合金製。プラスチック・コーティング。耐荷重 2500kg。重量 64g。

の本格的登攀用具に関しては解説書がいろいろありますので、ここでは述べません。

メタル・マッチ、ミラーをはじめとするサバイバル用品は常に体につけておかなければなりません。いざというとき手もとになかったのでは、宝の持ちぐされです。そのためサバイバルに必要な何種かの用具を一つの入れ物にまとめ、キットにしたものがあります。それが後述するサバイバル・キットです。

エマージェンシー・ブランケット
EMERGENCY BLANKETS

スペース・スポーツマン・ブランケットはスペース・テクノロジーの産物です。人体からの放熱の80％をカバーし、リフレクトできると言われます。ウールのブランケットの10倍の暖かさを確保でき、ウォータープルーフ、ウインドプルーフの完璧なデ

〈左〉はスペース・スポーツマン・ブランケット。ファイバー・スクリムを中芯にアルミニウム、プラスティック・フィルムと三層マテリアル。140×204cm。340g。〈右〉はエマージェンシー・レスキュー・ブランケット。同サイズ。65g。折り畳んだときのサイズ10×6×30cm。

ザインです。−30度C前後までクラックや腐蝕，カビなどのダメージを受けません。周囲とコーナーにはレインフォースを施し，コーナーにはハトメが打ってあります。寝袋の下に使うのをはじめ，オールパーパスのブランケットです。エマージェンシー用には，ポケットサイズのレスキュー・ブランケットがあります。

サバイバル・キット
SURVIVAL KITS

サバイバル・キットは万一の時だけ開くように封がされています。しかし中に何が入っているのか分からないのでは困りますから，ケースの表面には内容を必ず表示してあります。

もちろん，キットは自分で作ることもできます。必要な個々の製品をそれぞれピックアップして買い求め，それがぴったり入るケースを探してコンパクトに詰め合わせればよいのですから。

それに市販のキットの内容が，すべて必要なものというわけでもありません。たとえば腰のベルトにフォールディング・ナイフを携えていれば，キットの中のポケット・ナイフは不必要かもしれません。またテントから釣りの道具を持って湖へデイ・ハイクするようなときには，釣り糸や鉤は不必要かもしれません。キットの中味はさまざまな非常時を考え合わせた上での最大公約数的存在なのです。本当のサバイバル・シチュエーションに必要なもの，それはシェルター，ヒート，水，食糧，それに救援を求めるためのシグナル用具です。

市販のキットにどんなものがあるか調べてみました。
①トレール・キット（trail kit）——Laacke & Joys Co. 製のこのキッ

トは最も小さくて軽いものですが、長時間のエマージェンシーに耐えられます。内容は Hershey のトロピカル・バー（チョコレート）3本，インストラクション・シート（instruction seat），対空用のシグナル・コード，コンパス，ホイッスル，ファイアースターティング・タブレットが2個，フィッシング・ライン25フィート，スプリットショット・シンカー（割り菱オモリ）8粒，フック（鉤）8本，片刃のレザーブレード〔カミソリ刃〕，マーシオレート（merthiolate）〔消毒薬〕2，アンモニア・インハラント〔吸入剤〕，バンデージ3本，12×18インチ大のアルミフォイル，インセクト・リペレント，ソープパッド，25フィートのスネア・ワイヤー〔罠用ワイヤー〕，ブックマッチ，小型ウォーター・バッグといったところです。スネア・ワイヤーやフィッシング用具は，お遊びではないしっかりしたものが選ばれています。4分間炎を出し，

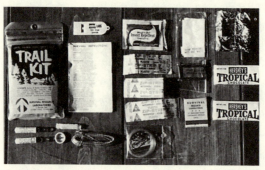

サバイバル・リサーチ・ラボ（SRL）のトレール・キットは，Laacke & Joys をさらにコンパクトにした感じだ。エディーバウアーのサバイバル・キット，パーカ・サバイバル・キットなどに比べると個々の質は劣るが短時間エマーンェンシーとしてのキット中，最もコンパクトなのがこれ。

トレール・キットとは逆に最大なのがこの SSI のキット。サイズ 20 × 20 × 11cm。ナイロンバッグ入り。二つ折り。

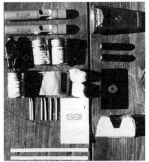

SSI サバイバル・キットの内容。〈上〉はフーズ&ユテンシル。ペミカン,コーヒー,スープ沸かし,水など。〈中〉がシグナリング・キット。マロリーのフラッシュライトやスモークなど。〈下〉がファースト・エイド。ヒート,シェルター,ナイロン・テント,サングラス,ティッシュペーパーまで。これに食料がもう少しあればエマージェンシーならぬ普通のバックパッキングが楽しめそうな大型キット。重複するものを取り去れば自分で作るキットの参考になる。

1分間オキを保つファイアー・スターターも良質です。ただし,シェルターになるものは入っていません。それからコンパスもあまり上質な品であるとはいえません。

②ストーム・キット(storm kit)——REI の製品です。長さ8フィートのプラスティック・チューブ・テント,ティーバッグ3個,ソ

ルトパケット（塩）1個，シュガー・キューブ5個，木軸のマッチ1箱，ホイッスル，ブイヨン・キューブ3個，キャンドル，16インチのワイヤー，シグナル・ミラー，ウォーター・カン，それにサバイバル・インストラクション，つまり説明書が入っています。テント，クッキング・ポット（ウォーター・カン）などは立派なものが入っています。釣り道具などは入っていませんが，短

最も標準的なウィルダネス・サバイバル・キット。ライフサポート・テクノロジー製。食料はスネア・ワイヤーやフィッシング用具によって調達。プラスティック・ケース入り，サイズ11×11×4cm。180g。食料自然調達は非常に困難なのでこのキットのほか予備食料をパックして持つことが必要。

上と同じライフサポート・テクノロジーが出しているポケット判のサバイバル・マニュアルブック。サバイバル全般。〈左〉はサバイバル・プロビジョンのエマージェンシー・フーズ。1人1日分。360g。

時間のサバイバルには充分です。

③パーカ・サバイバル・キット（parka survival kit）——おなじみのエディーバウアー（Eddie Bauer）の製品です。8フィートのプラスティック・チューブ・テント，キャンドル，シグナル・ミラー，木軸のマッチ1箱，ファイアー・ティンダー〔火口〕としてのコットン・ボール5個，ウォータープルーフ・マッチボックス，ソルトパック2個，ハニーパック，ビーフのスープパケット，野菜のスープパケット，チキン・スープパケット，アルミフォイルのフォールディング・カップ，ホイッスル，プラスティックのウォーターバッグ，それにブックレットが入っています。ストーム・キットと並んで，短時間用のものとして優れたキットです。

エディーバウアー社にはもう一つサバイバル・キットがあります。パーカ・サバイバルにプラスして45フィートのナイロン・コード，24フィートフィッシング・ライン，シンカー8，フック4の釣り道具，アンティセプティック・オイントメント〔消毒軟膏〕，バンデージ10，包帯24インチ，アスピリン12の医薬品，レザーブレード，安全ピン4個，ポケットナイフ，ワイヤー24インチ，コンパスが入っており，食料のパックの数も増えています。エディーバウアーでは，このキットは72時間用のサバイバル・キットと称しています。

④ウッズマンズ・エマージェンシー・キット（woodsman's emergency kit）——P & S Sales の製品で，だいたい内容は他のキットと同じですが，特徴はハラゾン〔塩素系消毒薬〕のタブレット6錠，シュークロウズ〔蔗糖〕のキャンディ，ハーシーのチョコレート，フルーツ・ペミカンなど即効性のエネルギー源が入っていること

です。予定をオーバーして予備日も使い果たしたときなどに便利です。

　これら代表的なキットのほかにも、いろいろな製品が出されています。いずれにしてもキットは体から離しては何の役にも立たないものです。キットを参考にして自分で作る場合、必ずコンパクトにまとめてポケットに入る、あるいは腰につけることのできる小型なものにまとめなければなりません。

　人間は生きものなのです。常に生命の危険がつきまとっているのが当然です。まして無人のウィルダネスの中にわけいっていくとしたら、サバイバルという問題は常に頭においておかなければなりません。エマージェンシーに陥った場合、なすすべもなかったというような不用意なバックパッカーが一人でも存在しないように願いたいものです。

13. CARE & REPAIR ケア&リペア

長いトレールを重ねるうちに，さしも堅牢さを誇るバックパックも修理が必要になってくることは当然予想されます。パックバッグ〔pack bag〕，ストラップをはじめ，ナイロン・マテリアルを使用しているパーツは繊維ですから，破れる，ほつれる，ちぎれるなどのダメージを受けます。

　フレームには強靭なアルミニウムを使用していますから，被害はそれほど多くは出ないと思いますが，それでも溶接部分の事故は当然考えなければなりません。万一そのような事態に陥った場合は副木を当てます。ナイロン・コードでしばるか，アディーシブ・テープ（adhesive tape，ナイロン製ガムテープ）を使います。アディーシブ・テープは粘着力が強く，マテリアルを選びませんから用途が広く，便利です。

　リペア用アディーシブとしては，ほかにリップストップ・ナイ

バックパックの事故で一番多いのが，バッグの接続部だ。
過度の荷重が繊維を次第に疲労させてゆく。

ロン専用のものが各種出まわっています。グースダウンのベスト，ジャケット，スリーピング・バッグ，テントなど，リップストップ・ナイロンは広い範囲に使用されていますので，専用のアディーシブがあると，見た目にもきれいに修理ができます。色も各種ありますから，必要に応じて選択できます。焚火等のため，どうしても避けられない穴あきにリップストップ用アディーシブは必要ですし，かさばるものではありませんから，バックパックの中にしのばせておいて損はしません。

　プライヤー，ドライバーをはじめとする小型の修理用具を持っていると便利ですが，スイス・アーミーのようなポケットナイフの各部も大いに役に立ちます。アルミニウムのフレームに穴をあけることもできます。ただフレームの修理には穴をあけて，その場をつくろうことはあまり勧められません。というのはアルミは

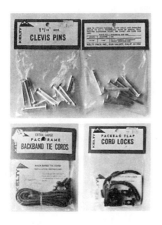

クレビス・ピン（左上），バックバンド・タイコード（下左），コードロック（下右）などは自分のバックパックに合わせたサイズのものを予備として用意しておく必要がある。

〈左〉はプラスティックとラバー用のリペア・キットでエア・マットレスやブーツの修理に使う。〈右下〉はコットン・キャンバスなどの材質に使用するテント・リペア・キット。これらはリペア・セメントで接着する方法で、応急処置としてはアディーシブ・テープ（ガムテープ）を使うのが一番便利である。

コフランやキャンプトレールから出ているリップストップ・ナイロンのリペア・テープ。テント，寝袋，ダウン・ジャケットなどリップストップ・ナイロンが多いので，フィンガープレッシャーだけで接着できるこのテープは便利。

非常に軟らかいので、リペアのつもりがかえって被害を大きくするということがよくあるからです。もう一つのアイテムはソーイング・キット（sewing kit）ですが、市販のソーイング・キットは簡単なボタンつけやほころびのつくろいを基本にしてセットされていますから、バックパッキングにはそれほど使いよくありません。大きめのアイを持った長く、強い縫い針と、ルアー・フィッシング用の釣り糸、ナイロン・モノフィラメントの4ポンド・テストラインをキットの中に組み込んでおくと便利だと思います。

衣類、バックパックともジッパーを使用している部分が結構あります。多くはナイロン製ですから、凍りついたりする心配はなく、また噛んだり、セパレートしてしまった場合でも修理は難し

〈左〉ナイロン・コードなどは切断面がほぐれやすい。火を当てると繊維が融けて固まる。この性質を利用して修理する。

〈右〉ナイロン・モノフィラメントの釣り糸と針（上）。〈下〉はシェラウェストのナイロン・モノフィラメント。30ヤード。

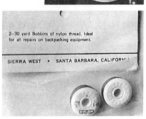

マルチパーパスのエラスティック・ストレッチコード各種（上）。〈右〉も同じラックファスナー。スリップを起こさず、扱いが簡単。

くありません。ただアメリカ製品などは、差し込みの左右が逆になっていますから、閉める場合は問題なくても、脱ぐときに逆方向に力を入れてしまったりします。慣れればなんでもありませんが、気づかずに無理をすると、ジッパーを痛めることになります。

　フレームとバッグをコネクトするピンやリングは、一つなくしてもそれほど気にすることはありませんが、ピンとロッド使用の場合、トップピンからロッドがはずれると、すべてのピンを失う危険があります。そのような事態はめったにありませんが、私は一度、飛行機にバックパックをのせたとき事故にあっています。ロッドが他の荷のなにかに引っかかり、抜けてしまったらしいのです。それ以来、バックパックが自分の手から離れる場合には、必ずアディーシブ・テープでそれらのパーツをガードするようにしています。

　靴の手入れとしては、甲革はワックスやオイルでコンディションを整えておくのが常識ですが、注意しなければならないのは皮革の種類によって手入れの方法が違うことです。ほとんどの登山靴に使われているドライ・タンド・レザーにはワックスかシリコンを使用します。決してオイルやグリースを使ってはいけません。

最もポピュラーなウォータープルーフィング・トリートメント。ブーツの革を柔らかくしたり痛めることなく防水可能なスノーアウトほか。

〈下〉スポーティング・ブーツ用のナイロン・レースとレザー・レース。ヘビーデューティー。

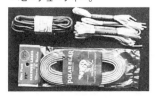

またワーク・ブーツなどの柔らかく，フレキシブルなオイル・タンの革には，オイルやグリースが適性です。この二つは表がスムーズ・レザーですが，裏出しのラフレザーの靴にはブラシをかけ，泥やほこりをよく取り払ってから，シリコン・ドレッシングを施します。革は呼吸をしていますから，完全に表面を防水してしまうことは避けねばなりません。よく説明書には防水という文字が使われていますが，正しくは防水 (water proof) というより撥水 (water repellent) と呼ばれるべきです。ただ冬になると，もっとしっかりした防水が必要になります。雪の中に一日中つかることになるのですから。その場合には蒸れ (breathe) の問題は犠牲にされます。スノー・シール (snow-seal)，レザー・シール (leather-seal) はそれぞれワックスとシリコン混合，ワックスとシェラック〔ラッ

クカイガラムシが分泌した樹脂状物質〕のコンビネーションですが,米国 The A & T Ski Co. 製です。ワックスはゴダード (Goddard's) の saddlers wax などがありますが,一般的ではありません。

オイルにはペカード (Pecard), マーマック (Mermac), ハーター (Herter) に昔からの製品があります。これらのオイルはシームにも害を与えることはありません。ただオイルは撥水の働きと同時に革を柔らかく保つためのものですから,ハンター・ブーツ,ワーク・ブーツなどのオイル・タン用のものであり,硬くなければならない登山靴などに使ってはいけません。渡辺化学工業から出ているスポーツ・ポリッシュは,ワックスとシリコンのミックスチュアで,保革と撥水を兼ねています。また同社にはスノーアウト,クライマーなどという防水クリームもあります。

歩けば靴は必ずといっていいくらい濡れます。水の中を歩いたり,雨にあったりするのですから。それを乾かすにはゆっくり時間をかけねばなりません。新聞紙やトイレット・ペーパーを中に詰めて湿気を吸収させる方法が一般的です。

直火に近づけることは避けるのが安全です。ソールがカールするばかりでなく,革の命を縮めます。直火だけでなく,ラジエターなどの高温乾燥もよくありません（スキー場での乾燥室など）。この種のヒートは甲革やウェルトをシュリンクさせます。この方法を長く続けると,革はもろくなり,クラックが出てきてしまいます。トレール中は靴はテントの中,スリーピング・バッグの中に入れ,自然のエア・コンディションで湿気をとるようにすべきです。

汚れたままのウール・ソックスはインシュレーションを弱め,

ダウン・ジャケットやスリーピング・バッグにつけられている洗濯などの注意書き。マイルド・ソープを使用のこと。〈上右〉は羽毛製品専用の洗剤、オランダ製のソピー。ぬるま湯で手洗い、リンスし、乾燥する。充分に余裕のある容器を使うことも大切。スリーピング・バッグを洗濯するときは浴槽を使用するとよい。

汗の吸収がうまくいかなくなりますから、夏などはこまめに取り替え、洗濯する必要があります。ウーライト（woolite）、トラック（trak）などのマイルド石鹼、その他洗剤メーカーから旅行用（4g程度）の小型パッケージのウール専用のものが出されています。ただ靴下は洗剤を使わなくても、水につけリンスするだけで、乾くとふっくらして快適になります。ウール製品は微温湯か水で洗うのが常識です。もしもトレール中にソックスに穴があいた場合には、別の材質を当て布にして縫ったりしないことです。ブリスターの原因になります。モールスキンをパッチに使うのが賢明です。また洗濯物を乾かす場合には石の上などに横にするか、歩行

ケルティーのプラスティック・キャンプバケット。デュラブルビニール製。容量は 7.6 ℓ 。直径22cm。120g。〈下〉はエラスティック・コードを使った洗濯紐。

中はバックパックの上に並べます。濡れたものをそのままぶらさげて、先端からしずくを切る方法はよくありません。

スリーピング・バッグを使用したあとは、なるべく空気に当てるようにします。戸外で日光に当てるのが一番よい方法ですが、直射日光はナイロンにとって最大の敵であることも確かです。寝袋のクリーニングには浴漕の中に浮かべてマイルド・ソープと微温湯をスポンジに吸わせて、それで汚れをふきとり、その後リンスしてゆっくり乾かすだけにしておくのが一番無難な方法だと思います。グースダウンやダクロンの性質の違いに精通している専門店は少ないようですから、ドライ・クリーニングは避けたほうが安心です。ダウンのジャケット、ベストについても同じことが

言えます。

　旅が終わったあと，スリーピング・バッグはスタッフ・バッグから出して，なるべくゆったりと，ダウンが平均的に納まるように横にしておくべきです。スタッフ・バッグの中に入れておくのはトレール中だけです。一週間程度の旅なら衣類の汚れは気にならないにしても，バックパッキング中に洗濯をしなければならない場合が皆無とは言えません。もちろん川や湖など，水の豊富な場所に限られます。その場合，水を汚染する合成洗剤は絶対に使用禁止です。バイオデグレイダブルのものだけを使います。

　洗濯をする必要が生じる長旅には，プラスティックやワックス・ファブリックのバケットやボウルを持参することです。その中に水をすくい，衣類を洗います。汚れた水は岸から20m以上離れた場所に流すべきです。バックパッキング用に使われるバケットにはプラスティック製（Keltyほか）のものがよいでしょう。オートキャンピング用や放出品の大型のものは向きません。衣類を乾かすにはナイロン・コードを樹間に張ったり，テントの上に乗せたりしますが，2本の伸縮性あるナイロン・コードをツイストして作られた野外用の乾し紐という便利なものを用意する手もあります。

〈左〉アラスカ・マッキンレー国立公園〔現在はデナリ国立公園〕
〈右〉ニュージーランド・マウントクック国立公園

PART:3
ENTERTAINMENT
エンターテイメント。バックパッカーの行動

ライムストーン・ストリームの代表,ファイアーホールリバー。イエローストーン国立公園

エルクコールと望遠レンズをつけたカメラを手にストーキング。グランド・ティトン国立公園

1. FLY FISHING & BIRD WATCHING
フライ・フィッシング＆バード・ウォッチング

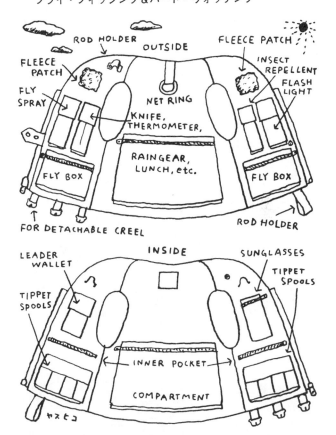

PHOTO BY KENZO TAKANO

バックパッキング・エンターテイメント。サマーシーズンのトレール，つまりバックパッキングそのものと，カヌーによるリバー・ランニング，あるいはウィンター・トレール——クロスカントリー，マウンテン・スキー，スノーシューズをつけての雪のトレール。渓谷や清流でのフライ・フィッシング。猛禽類や雁，鴨などの野生の鳥の生態を追うバード・ウォッチングやアニマル・ストーキング，またアウトドアー・フォトグラフィー。

バックパッキングは歩き，キャンプすることが第一のテーマなのですが，それに付随していろいろな楽しみが出てきます。おそらくバックパッカーは誰でも何かの楽しみをその旅の中に持ち合わせているのではないかと思います。ただ，これらのエンターテイメントはそれぞれ独立したスポーツになっているものですから，ここではあくまでもバックパッカーのためのものとして扱います。もともとこれらの楽しみを大切にしてきた人々の多くはバックパッカーそのものであり，バックパッキングの歴史の中でも，それぞれのスペシャリストが果たしてきた役割は大きかったのです。

フライ・フィッシング
FLY FISHING

緑と水，それに軽快な服装でトレールする夏のシーズンの楽しみ，それはなんといっても釣りでしょう。北海道を除き，国内でバックパッカーが釣りを楽しんだり，またはトレールの食糧源として利用する場合，その魚の大部分は渓魚で，フィールドも山中の渓流ということになるでしょう。つまり対象になる魚はほとん

国内の釣りで最もポピュラーな対象魚になっているのがヤマメ（左上）、イワナ（左下）、ニジマス（下）。昆虫を常食とするサケ科の魚には毛鉤の釣りが効果的である。

どサケ科になります。イワナとヤマメ、この2種は在来の代表的な渓流魚です。イワナには北海道だけにいるオショロコマ、北海道と東北の一部にいるアメマス、本州のイワナ（これも形状から言うと関西型と関東東北型に分けられる）があります。ヤマメにも中部を境にして東のヤマメと西のアマゴがあります。それにブルック・トラウト、レインボー・トラウト、ブラウン・トラウト、レーク・トラウトなどの外来のマス、イトウ、サクラマス、ビワマス、ヒメマス、あるいはサケ科以外のラージマウスバスなどがその楽しみを与えてくれる主人公たちです。そのうち最もポピュラーなものがイワナ、ヤマメ、それにレインボー・トラウト、つまりニジマスでしょう。

これらサケ、マス類の魚たちは汚れていない環境を絶対的に必要とする魚です。その環境が次第にせばめられている現在、これらの渓魚は大事に扱わなければなりません。一日の楽しいトレー

ルの後で夕食のために魚を釣るというのでしたら、個人が必要とする量は知れたものでしょう。無用の殺生はなによりも慎まねばなりません。楽しみのためだけだとしたら魚はリリースすべきでしょう。魚が小さかったり必要量を越えたりしてリリースする場合、フライにかかった魚を空中に出さないように注意しながら手元に寄せて、水中でフライを外してやらねばなりません。どうしても魚体を握って鉤先(はりさき)を外さなければならない場合には、あらかじめ手を濡らしてから触らなければなりません。乾いた手で魚体に触ると、魚を流れに戻したところで、その魚は皮膚の表面から病気になり、体中白くなって死んでしまいます。間違った方法でいくら魚を流れに戻してみても、それは良い結果を生みません。乾いた手で触れたり空中や地上に投げ出されてしまった魚は、そのまま大切な食料として食べてしまうのが自然の中では良い結果なのだと考えるべきです。テントを張り終え、夕食の支度もすべて終わって、夕空を映した水面にフライを追ってイワナやマスが顔を出す時間は、一日のトレールの中でこよなく楽しく、また貴重なものです。

ロッド, リール
RODS & REELS

バックパッカーがその楽しみとして、あるいは食料の補足として渓流の魚を相手にする場合、その道具になるのはフライ・フィッシングの一式です。というのもこれらの渓魚の食餌はほとんど陸棲や水棲の昆虫だからです。それらの昆虫に似せた擬餌(フライ)を使ったフィッシングこそ、軽便であり効率も良いのです。バッ

その他の対象魚。〈上から〉ブラウン・トラウト, アメマス, イトウ, レーク・トラウト, サクラマス, ヒメマス。前ページの3種に比べると地域も個体数も限られるが, いずれもサーモン・トラウト・ファミリーのゲーム・フィッシュ。

クパッカーの使用するフライロッド（竿）には, 短く折り畳めるパックロッドを勧めます。もちろん, ロッドは一本竿が最も合理的で調子も良いのですが, 持ち運びが厄介です。普通の川で使用するのはほとんどがツーピースあるいはスリーピースですが, これでもバックパックに付けると長すぎて邪魔です。4ないし6ピースのパックロッド, あるいはテレスコピックになって1本にしまえるものなどが便利です。

ロッドの材料にはバンブー, グラスファイバー, カーボングラファイトなどがありますが, パックロッドではグラスファイバー製がほとんどです。カーボングラファイトはゴルフのクラブやスキーなどにも使われていますが, 非常に軽量なのが魅力です。いずれパックロッドにも現われることと思います。グラスファイバーのパックロッドの

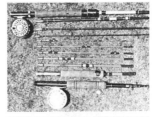
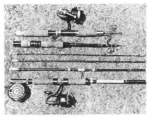

バックパッカーのためには小継ぎのバックロッドが扱いやすい。材質はグラスファイバー・チューブとコルクハンドルがコモン（左上）。4本から6本のピース・ロッドをつなぐタイプと、1本のチューブを繰り出してゆくテレスコピック・タイプがバックロッドの主流になっている（右上）。また、パックロッドの多くはフライとルアーのスピニング・リールとの兼用になっているものが多い（下）。

代表的なものとしてはヘンウィック（Fenwick）のフェラライト・パックイン・ロッド（feralite pack-in rod），イーグル・クロウ（Eagle Claw）のトレール・マスター（trail master），バークレー（Berkley）のバッカナー・パックロッド（buccaneer pack rods），ガルシア（Garcia）のブラウン・バックパッカー・ロッド（brown backpacker rods），レイ（REI）のバックパッカー・ロッドなどがあります。テレスコピック・タイプには，フライロッドはあまり多くはありません。喜楽のテレスコピック・ロッド，エビスのピンロッドFCタイプなどは中でも優れています。

また，パックロッドの中にはフライとスピニングとを兼用したコンビネーション・ロッドがありますが，スピニングリールを使ってのルアー・フィッシングは，バックパッキングの場合リールの

〈上〉ヘンウィックのトラベル・フライロッドと並ぶパックロッドの代表,イーグル・クロウのトレール・マスター・ロッドとアルミケース。〈中〉パックロッド用のリール。シングル・アクションでライン・キャパシティーにあったもの。〈下〉ライン。DT, WFのフローティングが最良。

バルキーさ,各種ルアーの重量,渓流の状況などでハンディキャップがあります。スピニングあるいはベイト・キャスティングによる釣りは,バックパッキングとはまた違ったスポーツ,たとえばモーターキャンピングを始めとする機動性のある旅には効果的だと思います。バックパッカーのための釣りはやはりフライ・フィッシング中心ということになるでしょう。とにかくパックロッドあるいはテレスコピックロッドなど,バックパッカー用のフライロッドは仕舞い込みの長さが40cm前後で,全長が7フィートから8フィート,AFTMA 5, 6, 7のラインに適合するように,だいたいそろえられています。

このロッドに合わせるリール(reels)も,スタンダードなものを使うより,軽量で扱いやすいプラスティック製のフライリールにしたほうが良いでしょ

う。バックパッキングにはロッドとリールのバランス，釣り味，それらをすべて犠牲にしても，コンパクトでライトウエイトのリールを優先させるべきです。シェクスピア（Shakespeare）や，ウェーバー（Weber），トルーテンパー（True Temper）などから出されているリールは，いずれもほとんど全部ハイインパクトのプラスチックでできており，衝撃に対しても非常に堅牢です。

ライン，リーダー
LINES & LEADERS

リールに収めるフライライン（flylines）をバックパッキング用に選ぶとすれば，ダブルテーパー・フローティング（DTF）の #5，#6，あるいはウエイトフォワード・フローティング（WFF）の #7，それにシンクティップ（ST）#5，#6 が最高です。フローティングライン（floating lines）つまり水面に浮いているラインはトラブルが少なくて済みます。流れの幅が狭く，キャストしにくい状況が連続しているトレール中の渓流では，シンキングライン（sinking lines）は不必要です。

春から秋までの季節，水棲昆虫のハッチや陸棲昆虫の落下を待っている元気なマスたちは，ドライフライ（dry fly）で釣るのが本命です。ラインはフローティングと決めて，さしつかえありません。早春，晩秋の季節，もうドライフライでは心もとないという場合には，シンクティップ（sinktip）つまりフローティングの先端部 3m ほどだけを沈ませるようにできているタイプが便利です。シンクティップラインを使うにしても，トレール中の釣りはあくまでドライフライで，表面に出てくるマスを相手にするのが無

リーダー・ティペットは 5X, 6X サイズでノットレス・テーパーの標示のものを選ぶと使いやすい。源流帯で渓も魚も小さいときはティペットにさらに細い 0.4 〜 0.8 号のハリスをつける。ロッドがパックロッドになる以外、特にバックパッキング専用の道具というのはない。

難です。ラインを沈めて底についている魚をねらうというのは面倒ですし、釣りに費やす時間が長くなってしまいます。条件の良い場所なら、もちろんニンフ（nymphs）を使って沈めてみるのも悪い話ではないのですが……。

現在出ているコートランド 444（cortland）、エアセル（aircel supreme）、ガルシア（garcia lee wulff）、シェクスピア（shakespeare）などのラインなら問題はありません。フローティング・タイプでダブルテーパー（double taper）かウエイトフォワード（weight forward）のライン、記号で言うと DT5F 〜 DT7F、あるいは WF5 〜 WF7F のナンバーのラインを選べば良いわけです。パックロッドに #7 クラスのものが多いのは、どんな川の条件にも魚の条件にも合わせられるという点からなのです。大きい川の大きい魚でも、小さな流れの小さな魚にも適合できる点で、#7 クラスは確かに便利です。ロッドが #7 と指定されている場合には、やはり #7 のラインを合わせておくべきです。ただ北海道の一部を除いて普通国内の渓流では #5 のロッドラインが一番使いやすいと思います。〈DT5F〉ダブルテーパー、#5 のフローティングライン。バックパッカーに

はこのラインだけで充分だと思います。

　これにノットレス・テーパード・リーダー（knottless tapered leaders）の6Xもしくは5X、7½フィートを取り付けます。6Xでは先端が1¼ポンドテストとなり、非常に細いような気がしますが、ノットレス・テーパーのリーダーではこれで決して細いという心配はありません。継ぎ目がないため、魚がヒットした瞬間に力が最先端部だけに集中されることがないからです。6X、5Xのリーダーですべて間に合います。仮に知床の川で間違ってサクラマスがヒットしてしまったとしても、5Xであれば充分耐えられます。しかし魚がヤマメやイワナなどの小さいものだったら、5Xでは太すぎます。1号以下の細いモノフィラメントラインを30cmほど足したほうが調子が良くなるはずです。このリーダーもコートランドを始めとして、ラインメーカーがそれぞれブランドを発表しています。シンキングラインを使用する場合は、リーダーも沈むものの方が良いのは、いうまでもありません。シンキングのリーダーはコートランドから出ています。バックパッキングのためのフィッシング・システムについて述べましたが、このシステムは国の内外を問わず通用するものです。

フライ
FLIES

次はフライ（fly）の問題です。いろいろな意見があると思いますが，バックパッカーのフライ・フィッシングという原則から考えれば，オールマイティーのフライを何種か定めてそれを数多く持つほうが，多種のフライを少数ずつ持つより有利と言えます。ドライフライ，それもなるべく獣毛を用いたウエスタン・スタイルのものを選ぶと良いでしょう。鳥の羽毛より獣毛を使用するフライの方が浮きの状況が良いからです。代表的なものとしては，ハンピー，ブルーダン・イレジスティブル，アダムス・イレジスティブル，ローヤル・ウルフ，ウエスタンコーチマン，それにマドラーミノーのドライフライ。モンタナニンフ，ウーリーワームなどのニンフフライ。フライの種類は，何千種にも上りますが，

フライ・ボックス。メタル製とプラスティック製があるが，プラスティックのボックス・タイプがバックパッカー向き。ドライとニンフの同一パターンをたくさん持つようにする。フライの種類は多いが，大きめのヘアーフライがベスト。

自分のフェイバリトを何種かにしぼってそれだけを持ち歩くほうが迷いもなく、良い結果が得られると思います。フックの大きさは #10 から #20 まで。流れが細く、倒木などの障害物の多い源流帯ではキールフライフック（keel hooks）は特に便利です。普通の鉤とは逆にポイントが上を向いていますので、ブッシュや倒木などにひっかけるミスを防いでくれるからです。トレールが決まり、川の様子が分かり、そこで釣りをする計画が立てられたら、その条件に合わせたフライを自分で巻けばよいのです。その場合、数量は予定より多めに持つべきです。ドライフライの釣りはフライの紛失が少なく、その点有利なのですが、いずれにしても日数や釣りの可能な時間、川の条件などを考慮して数を決めます。

ロッド、ライン、リール、リーダー、フライ、これで釣りの仕度はすべてです。トレール中はパックロッドをケースに入れ、バッ

グランド・ティトン山群をひかえたワイオミングで広く愛好されているバックパッカー向きのフライ。獣毛を多用するのが特色（左）。そのウェスタン・フライのタイヤー、J.デニスのタイング・マニュアル（上）。

ポラロイド・サングラスとスナッガー（上）。水に浮くサングラス、アクアメイツ（下）。

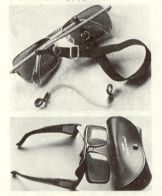

ルアー・フィッシングと違いフライ・フィッシングにおけるキャスティングはひととおりのテクニックをマスターしておく必要がある。各種の教本があるが『フライキャスティング・ウィズ・レフティー・クレイ』がベスト・テキスト。

クパックのフレームに取り付けておきます。渓流沿いのトレールで、いつでも釣りにかかれるよう仕度しておきたいときは、パックロッドの半分ほどだけしまえる袋を作り、やはりフレームに取り付けておいてもよいでしょう。ケルティー（Kelty）からそのためのポールソック（pole sock）が出ています。パックロッド用のケースにはプラスティック製とアルミニウム製があります。

バード・ウォッチング
BIRD WATCHING

フライ・フィッシング・トリップのほかにも、動物を相手にするハイキングがあります。バード・ウォッチング（bird watching）や、アニマル・ストーキング（animal stalking）など、銃やトラッ

プを使用して動物の生命を絶つことなく，自然とワイルドライフ（野生動物）に親しむ楽しみを組み込んだバックパッキングがそれです。夏冬を問わず年間を通していつも楽しむことができ，生物学や環境生態学などの学術に貴重な資料を手に入れる可能性もあったりして，エンターテイメントとしてはこれも一級品です。

自然というものに逆らう動きをみせない生き物である魚や鳥は，その姿をただ見ているだけで飽きることがありません。巨大な翼いっぱいに夕陽を浴びて，流氷の間へ滑空してゆくオジロワシ。互いに鳴きかわしながら，山上湖の朝もやの中に舞い降りてくるカナダグースの群。ニホンカモシカ，ビッグホーン，エゾシカ，エルク……繊細で優美，女性的なイメージで語られている鹿やヤギ類，鳥たちが実際には猛々しく男性的な姿

〈上〉ツアイス・シャツポケット・モノクラー。8×20，長さ10cm。70g。ショックプルーフのグラスファイバー・フレーム。カーフスキンのケース付き。〈下〉はアサヒペンタックス6×25プリズム・ビノクラー。

態を展開するさまを一度大自然の中で目撃したならば、きっとそのときからワイルドライフの観察ということの面白さを認識するに違いありません。学術、あるいはスポーツとして、専門的には高性能の用具が使用されるのですが、ここではバックパッカーのためと限定して述べることにします。

一番必要な用具はビノクラー（binoculars 双眼鏡）です。動物を探すだけでなく、地図を読む場合や道に迷ったとき、レンズを使って火を起こすなど、さまざまな用途が考えられます。

双眼鏡
BINOCULARS

一般に望遠鏡と言われるものの種類にはテレスコープ、モノクラー、ビノクラーがあります。テレスコープとモノクラーは、シングル・チューブのボディーで単眼です。非常にハンディーでバックパッカー向きと言われます。しかし、これら単眼のフィールドグラスの欠点は視野（field of view）の狭さです。倍率（magnifying power）は製品によって多様です。モノクラーでバックパッカーに使われる製品には6倍のものが多いようです。テレスコープの強力なものは三脚を付けたりすることにより、いっそう使いやすくなるのですが、バックパッカーが持ち運ぶにはあまりにバルキーすぎるようです。

最もポピュラーなタイプのフィールドグラスは、やはりビノクラーでしょう。名のとおり両眼を使用するタイプです。ビノクラーも倍率は豊富です。ただ、これまでは良いビノクラーと言われるものが皆、重量がありバルキーすぎて、バックパッカー向きでは

〈上〉ニコン・フルビュー・ビノクラー。ベストクォリティー。6 × 18，長さ7.7cm。ケースとも310g。〈下〉7 × 21，8 × 24 の3種類あり。下図は7 × 21。

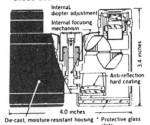

ないと思われてきました。しかし最近ではそのウエイト，バルキネスとも解決されるようになりました。ビノクラーはテレスコープやモノクラーに比べると，はるかに広い視野を持っています。

ビノクラーを選ぶとき，レンズの倍率（magnification）に気をとられがちです。ビノクラーのボディー部分にいろいろ数字がスタンプされていますが，その中に 7 × 21 とか 8 × 30 とか記されている数字があります。その 7，8 に当たる部分が倍率の表示です。つまり数字が大きくなることは肉眼の数字倍まで拡大されるということですから，大きく見えて良いと考えてしまいがちです。しかし倍率の高い製品はそれだけ大型にもなり，重量も増してきます。またターゲットを捕らえていても，わずかな動きで視

ツアイス 8 × 30 アーマド・ビノクラー。ショックアブソーブ・ラバーで完全に外装をプロテクトし、雨、雪、汚れをシャットアウトしている。700g。

界が移り、レンズの中から目標が消えてしまうことがよくあります。7倍か8倍ぐらいで充分のはずです。10倍となると極度の遠距離用と言ってよく、あまり一般的ではないでしょう。8 × 30 の 30 の数字が示しているのは対物レンズ有効径（end-lenses diameter）で、これはミリメートルで表示されています。径の数字が大きいということは、それだけ明るく鮮明に見えるということです。雨の夕暮れなどに木立の中の鳥を追っているときなど、肉眼ではほとんど識別できないのにビノクラーを通すとはっきり動きを捕らえることができます。この暗視野の中での鮮明さは、対物レンズと同時に射出瞳（eye-lenses）の直径にも関係があります。これらのレンズの直径が大きいことの利点は、暗視野あるいは霧中などでも鮮明な像が見られることです。しかし重ねていうようですが、これらレンズの径が大きくなることはビノクラー自体が大きくなるということなのです。だいたい 8 × 30 以下のものが使いやすいと言えますが、6 × 18, 7 × 21 などはオモチャだという意見もあります。

ビノクラーの中央部にあるノッチの入った歯車は、フォーカスのためのコントロール・ホイールです。一般的なセンターフォー

カス (center post focuses)・システムは, 左右のレンズを中央のヒンジで同時に作動させ, 焦点を調節するタイプです。ほかにインディビデュアルフォーカス (individual focus)・システムがありますが, これは調節ノブが左右それぞれ分かれていて, 別々にフォーカスを調整するタイプです。どちらにも長所があります。センターフォーカス・タイプは焦点調節がすばやくできるので, ショートレンジで急なリフォーカスを要求されるバード・ウォッチングなどには有利です。一方, 構造がシンプルなインディビデュアルフォーカス・タイプは, 荒い使用にも耐えられ長持ちするという点でバックパッカーには使いやすいという利点があります。

　コンパクトで軽量, そして頑丈という条件を満たすバックパッカー用のビノクラーは, ライツ, 日本光学, ツアイス, ブッシュネルをはじめとして, カメラで有名な光学機器メーカーから良いものが出ています。西ドイツのカール・ツアイス (Zeiss) の 8 × 20, これはフェザーウエイト・ミゼットと呼ばれるとおり重量 130g, 65 × 90mm というシャツポケット・サイズです。このレンズシステムと同じ 8 × 20 を使ったモノクラーも, 重量が当然ビノクラーの半分になって軽く小さいのでよく使われています。ブッシュネル (Bushnell) のポケットサイズ・カスタム・コンパクト (pocket size custom compacts) 通称 EXPO は 6 × 25, 7 × 26 の 2 種がありますが, いずれも重さは 310g。このブッシュネルは宇宙飛行船ジェミニに活躍した実績を持っています。ライカ・カメラで有名なライツ (Leitz) から出ているトリノヴィド (trinovid) 6 × 24 も同じように 420g 程度の重量に抑えられています。日本光学のニコン (nikon) 6 × 18, 7 × 21 もまた最高に使いよ

いビノクラーです。重量は6倍が250g、7倍が280g。これまではたしかに、良いビノクラーとは大きくて重く高価なものという定説がありましたが、プロフェッショナルなナビゲーターやエクスプローラーは別として、これらコンパクト・ビノクラーの利用範囲はとても広く、バックパッカーにとっても充分価値あるものと言えましょう。

ビノクラーを手に入れたら、その取り扱いに習熟するまではいつも手にし、ほとんどオートマティックにターゲットを捕らえられるようにしておかなければなりません。人によって両眼

〈上左〉ナイロン・ポーチ。ドキュメンツのための用具はこのショルダー・ストラップに付けたポーチの中に入れておくと便利（ムーア＆マウンテン製）。〈下〉はゲーム＆バードコールのうちのグースコール。長さ12cm。30〜50g。

の間隔とフォーカスの距離に相異がありますから、自分が最も見やすい状態にセットして同じ位置に立つ他の観察者に渡しても、同じように見やすいとは限りません。両眼を開いたまましっかりレンズにつけ、両方の胴鏡の間隔を調整して、視野の円が完全に重なる部分を探すことが最初の仕事です。これを正しく調整しないとフォーカスが合わせにくかったり、距離感がうまくつかめなくて頭痛を起こしたりします。眼鏡をかけた人はそのままでは見にくいので、特別にシャロー・アイピースやアジャスタブル・カッ

〈右〉はエルクコール。エルクだけでなく鹿族全般に有効。コール部分は先端のみ，共鳴筒を長くしてある。長さ68cm。300g。〈下〉は木登り用ツリー・ステップ。4本一組。

プを用意してあるビノクラーもあります。

値段を問題にせず，一つだけ選び出すとしたら，ズームレンズ（zoomlens）・システムのものも一考に価します。レバーを動かすと7倍から12倍までパワーを好きに変えられる仕掛け（Bushnell）は魅力があります。しかしバックパッカーにとってはサイズ，バルク，トータルウエイトを最大のファクターとしてグッドデザインを選ばなければならないのです。

ハンティングをするわけではありませんから，殺すための道具は必要ありませんが，鳥や獣を集めるテクニックを身につけていると，いっそう楽しみが増すものです。コール（呼び笛）を使ったり，デコイ（オトリの模型）をレイアウトして，思いどおりに動物を寄せることができれば，写真や録音といった楽しみと結びつき，貴重な資料，標本をつくれることになります。

動物を相手に原野の中で時を過ごすこれらのエンターテイメントは，イヤーラウンドのものです。フライ・フィッシングやバード・ウォッチングは一番ベーシックな楽しみといえるでしょう。

イエローストーン国立公園で滝を撮影中のバックパッカー(上)と
ワイルドライフ・フォトグラファーの装備(下)

2. BACKPACKING PHOTOGRAFY
バックパッキング・フォトグラフィー

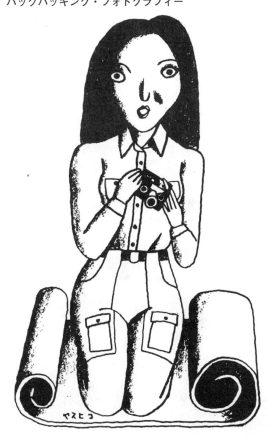

思い出や記録は心のカメラにしっかり収めればよいなどと言われますが、やはりフィルムに残された映像はトレールのハイライトを鮮明に思い出させてくれ、年とともに懐かしさを増してくるものです。バード・ウォッチング、アニマル・ストーキングにおいても、動物たちの生態をフィルムに焼きつけておけば貴重な資料になるものです。

　カメラ、フィルム、アクセサリー、三脚。写真撮影専門の旅でなくてもその重量は相当なものです。長いトレールになったらカメラ機材一式を持つのは考えてしまうでしょうが、トレールの記録は自分の思い出のためばかりでなく、資料としての意味を持っているのです。ぜひともカメラは持ってゆくべきです。

　しかし例によって軽く、コンパクトで、丈夫なものを選ばなければなりません。またカメラは非常に高価なものですから、なくしたり、破損したりする危険度の高いツーリングには、宝物のよ

うにしているカメラは持参すべきではありません。少々の手荒い扱いにも耐えられる製品であることが必要です。カメラに興味を持つ, あるいは写真撮影を趣味とするバックパッカーは多いと思います。その人たちは自分のカメラに強い愛着を持って

いるでしょうし, 大事に使っているに違いありません。また写真撮影のテクニックも心得ていると思います。そこでこの項ではバックパッキング・フォトグラフィーという特別な立場からカメラとフィルムを考え, それぞれのアドバンテージやメリットについてサジェッションをしてみたいと思います。もちろん個人のテクニカル・エクセレンスの度合いというものがありますし, 機材にかける費用の点もまったく個人的な問題なので, いちがいにどこそこの何が良いカメラということはできません。バックパッカーにとってライトウエイト, コンパクトが最良の条件であることはどのチャプターでも述べてきましたが, カメラでもそれは同じです。

カメラ
CAMERAS

記念撮影のスナップショットだけで満足するのでしたら話は簡単です。コダック（Kodak）のポケット・インスタマチック（pocket instamatic）タイプのカメラがあれば充分です。撮影に技

〈上〉コダックのポケット・インスタマチック 10 型。110 判の普及型。99g。〈下〉ミノルタ・ハイマチック E。35mmEE。560g。メモに好適。

術らしい技術をまったく必要としないこの種のものは、110判（ワンテン）カートリッジカメラと呼ばれています。このタイプのカメラは最近注目を集め、機種も多くなってきました。使用する110判カートリッジフィルムは16mm幅裏紙付きフィルムをカートリッジに入れたもので、画面サイズは 13 × 17mm、12枚撮りと 20 枚撮りの 2 種があります。このカメラを生んだ原動力はネガのコダカラーIIフィルム（ASA 80）だと言われていますが、このほかコダクロームX（ASA 64）、エクタクロームX（ASA 64）のカラー、ベリクロームパン（ASA 125）の黒白フィルムが使用されます。

コダックの場合 F11 の固定焦点レンズ、2 速のシャッター、透視型ファインダーという単純な 10 型から、F2.7 焦点調節式レンズ、電子シャッター、cds 露出計によるプログラム式自動露出という高級な 50 型、60 型まで各種あります。コダックのほかにもアグファマチック、キーストン EV120、キヤノン 110ED、セディック各型、ポケットフジカ各型をはじめヤシカ、ミノルタ、リコーからも同様の製品が出されています。

キヤノン 110ED は大口径 F2 レンズを採用しています。連動距

離計，電子シャッターはcds露出計と連動した絞り優先のEE機構〔自動露出機構〕を持った本格派です。そのうえ画面に日付けやデータを写し込むスーパーインポーズまで可能なのだから驚きです。重量は99gのコダック・ポケットインスタマチック10型から300gのキヤノン110EDまであり，平均200g程度の軽量さが魅力です。これらの110判カメラにはフラッシュ撮影がつきものですが，マジキューブからオートフラッシュ，専用ストロボドッキング式まで出てきました。トレール中のメモ用という意味でのカメラだったら，この110判カートリッジカメラは絶対に有利だと思います。

cds露出計というのはcadmiumsulphideの略ですが，カドミウム（Cd）と硫黄（S）の化合物cds（硫化カドミウム）は塊状結晶の半導体で，それを電極ではさんで露出計回路の受光体に使うと，当たった光の強弱に応じて電気抵抗を変えます。そのメーター指針の振れ方によって被写体の明るさを測るのがcds露出計です。感度範囲の広さ，耐湿性，耐久性，受光部面積が小さくてすむ点などから現在の露出計内蔵カメラは皆このシステムをとりいれています。

16mmフィルムを使用するもう一つのタイプの小型カメラがあります。スパイ・カメラなどと言われるミニチュアですが，ミノックス（minox）やミノルタ16，ヤシカ・アトロンエレクトロなどが代表的です。ミノックスC，BLの2種は10万円前後の価格で，高級カメラと言えます。大きさ118 × 28 × 16mm，80gという極小サイズですが，内容は大型にひけをとりません。

C型に付けられている電子シャッターは速度コントロール，開

閉に電磁石を使い，目盛 A（オート）に合わせると，内蔵 cds メーターの指示により 7 秒から 1/1000 秒までの自動露出が被写体の明暗に応じて作動します。レンズには絞りがなく開放のままなので，EE でシャッター速度の自動変更だけが行なわれるのです。BL 型は追針式露出計連動で，旧 B 型のセレン式露出計連動を cds メーター化したもので，シャッターを除けば C 型とほぼ同じです。追針式（needle-aligning system）というのは，フィルム感度，シャッター速度，絞りに連動する露出計で，そのメーター指針の振れている位置にもう一つの手動指針を合わせることによって露出がセットされるタイプを言います。

ミノックスは 8 × 10mm 判のフィルムを使用しますが，ヤシカ・アトロンエレクトロは 8 × 11mm，ミノルタ 16QT は 12 × 17mm とそれぞれ異なっており，専用パトローネ入り 16mm フィルムを使用するようになっています。重量はミノルタ 16QT で 150g，ヤシカで 140g です。

これら 16mm のミニチュア・カメラは軽量，小型という点では他の追従を許さず，精密さは驚くべきものがありますが，写真撮影の際のテクニック上の楽しみでは 35mm カメラに一歩を譲ることは確かです。普通，小型カメラと言われるのは 35mm のことです。そしてバックパッキング・フォトグラフィーに最も勧められるのもこの 35mm カメラと言ってよいと思います。

このクラスのカメラの改良は日々進んで，現在では機種や付属レンズ，アクセサリーとも数が多くなると同時に，TTL.EE をはじめとする便利な機構をビルトインした製品が主流になっています。バックパッカーにとってのアドバンテージを持った代表的な

製品をいくつか拾ってみますと、まずフルサイズでありながらハーフ判カメラよりも小型軽量のローライ35（Rollei 35），ライツ（Leiz）とミノルタ（Minolta）の日独2社が提携して生まれたライツミノルタ（Leiz Minolta CL）のようなコンパクトカメラがあります。コンパクトカメラと呼ばれるタイプには24 × 24mmのスクエア，24 × 18mmのハーフサイズが多いのですが，ローライ35やライツミノルタは24 × 36mmのフルフレームのサイズなのです。

〈上〉ローライ35。97 × 60 × 32mm。382g。レンズを中心に絞り，シャッターのダイヤルが前面に並ぶユニークなデザインのコンパクト。
〈下〉はライツミノルタCL。レンズ交換可能の距離計連動35mm。121 × 76 × 32mm。標準レンズ付き500g。

ローライ35は標準レンズにテッサー F3.5, 40mmを使用しています。ほとんどのフルフレーム35mmカメラは標準レンズに50～55mmを使っていますが，それよりも焦点距離が短い40mmレンズを使用しているということは，ワイドアングルの性格が強いと言えます。55mmを標準，35mmを広角として考える大型の35mmカメラからすれば，40mmという標準レンズはセミワイドと考えてもよいことになります。ワイドということはそれだけ焦点深度が深くなりますからシャープなピントが得ら

れ、画像が鮮明になると言えます。またcds露出計を内蔵しており、フィルム感度、シャッタースピード、絞りに追針式で連動しています。ただ距離計がなく、距離は目測を必要とします。このことはなにか精密さに不安を抱かせるかもしれませんが、40mmという焦点距離の短いレンズがシャープなピントを結んでくれるので心配はいらないわけです。レンズは沈胴式で、レンズチューブのほとんど全身がボディーの中にしまいこまれるようになっています。シャッター作動機構もレンズ前板裏面に分散配置され、厚みをなくしています。その結果97 × 60 × 32mmという寸法を可能にしたのです。

　もう一つの特色あるコンパクトカメラはライツミノルタです。測光方式はレンズを通過した光をシャッター幕直前のcds受光部が測るTTL方式で、内蔵露出計は絞り、シャッタースピードの両方に連動しています。つまりどちらか一方を設定すれば、次に他方を作動させてメーター指針を合わせるだけで、適正露出が得られます。堅牢でコンパクト、軽量（500g）でありながら、そのメカニズムは大型にひけをとらないと言っていいでしょう。レンズは交換可能で、標準40mmのほか専用交換の90mmの望遠が用意されています。またライカMシリーズの広角35mmから望遠90mmのうちの一部を使用できるようになっています。ただこのカメラは一眼レフのようにファインダー内の画像がそのままフィルムに定着される方式でなく、パララックス自動匡正装置（きょうせい）が付いていて、レンズを交換するとファインダーフレームの中に40mm、50mm、90mmの各レンズに応じて撮影範囲を示す枠が現われるようになっています。

〈左〉ニコマートEL。絞り優先TTL. EE35mm判一眼レフ。F1.4付き145 × 93.5 × 103.5mm。1090g。〈下〉は同じ形式のアサヒペンタックスES II。これらの高級一眼レフカメラは、それぞれのメーカーのシステムの中で交換レンズほかすべてのアクセサリーの使用が可能となる。

このサイズのカメラはフォーカルプレンシャッター、レンズシャッターの違いはあっても数えきれないほどたくさん出ていて、メカニズムはほとんど同じ

です。それにしても露出計その他のメカを内蔵した製品を選ぶことは、露出計を別に持ったりしなければならない面倒をなくしてくれますから、特別なテクニックによる写真効果を望むのでなければ一番使用しやすく、バックパッカーにとっては便利だと言えます。

もっとシビアに写真を考え、バックパッキングの中で写真撮影にウエイトを置く場合を考えてみますと、なんといっても SLR カメラになると思います。single lens reflex, つまり一眼レフというタイプは現在最も愛用者が多く、機種も豊富です。オープンレンズから入ってくる光をヒンジミラーによって上にあるグラウンドグラスのビュースクリーンに反射させる方式をとる SLR カメラは、ファインダーの中に天地左右とも正立した像を眼高位置で見ることができます。これはペンタプリズム (pentagonal prism)

小型軽量。バックパッカーにとって最も魅力的なキャッチフレーズを持つオリンパスOM-1。35mm判。開放・中央重点測光TTL一眼レフ。F1.4付き136×83×86mm。720g。ボディーのみは490g。明るいファインダー，シャッター音の静かなことなど利点が多いが，システムアクセサリーが豊富なことも特色。なかでもモータードライブは取り付けによる重量増が610gしかない。F1.4付きに装着して1330g。一般の35mm判一眼レフの5割増程度の重量にすぎない。ベストクォリティー。

と呼ばれる五角八面体の屋根型プリズムがファインダー系に組み込まれているためですが，これにより一眼レフは非常に使いやすくなり，今日の隆盛をみたのです。ピント調節のフォーカスリングを回すと，ピントのずれがそのままビューファインダーに出てきます。焦点深度を調節することによって起こるピントのシャープさの度合いもそのまま見ることができます。レンズによって生ずる像のゆがみもファインダーに現われたとおりがフィルムに定着されるのですから，一番正確であり，便利です。

この一眼レフカメラでは50〜55mmの焦点距離を持ったレンズを標準としています。ペンタプリズムのアドバンテージを最大

限に生かして，SLRカメラはすべてレンズを交換できるシステムになっています。広角から望遠まで，それぞれのメーカーが交換レンズ群の豊富さを誇っています。ニコン（日本光学）が出している交換レンズ群は，フィッシュアイの6mmから超望遠の反射式2000mmまで実に30種にものぼります。交換レンズは用途に応じて使い分けることができるわけですが，なにを選ぶかはユーザーのロジカル・チョイスの問題ですから，ここでは決定的なことは言えません。ニコンを例にとると広角のカテゴリーに入るものには15mmから35mmまで8種あります。この数は焦点距離は同じでもレンズの明るさの違うものも含んでいますが……。標準は50mm，55mmの2種，望遠は85mmからフォーカシングユニットの1200mmまで12種，反射の500mm，1000mm，2000mmの3種がそれに加わります。フィッシュアイは6mm，8mm，10mm，16mmがあります。この中でのポピュラーチョイスとなると，広角の24mm，28mm，望遠の135mm，200mmということになるかもしれませんが，バックパッカーにとって何本もの交換レンズを持ち運びすることは不可能ですし，望遠レンズも135mmを超えると非常にバルキーで厄介です。

　レンズの話はひとまずおいて，バックパッカーにとって有利な機種の一つ二つを例にとって，そのメカを考えてみることにします。オリンパスOM-1，このカメラの特徴はF1.4の50mm標準レンズを付けた状態で136 × 83 × 86mm，720g，ボディーのみで490gという小型軽量さにあります。TTL受光体はcdsをファインダー接眼部の左右に置いた中央部重点測光で，全交換レンズとも開放測光です。ファインダー視野左側に露出計の指針と定点

が内蔵されています。シャッター機構その他のメカは現在の高級カメラの間ではそれほどの差は認められません。それぞれのメーカーがシステムアクセサリーを出し,万能化を図っていますが,35mmSLR の一番のアドバンテージは速写性と扱いやすさでしょう。交換レンズ群,ズームレンズ,それにモータードライブ。バックパッキング・フォトグラフィーも,重量とバルキネスさえ解決されたら,これらのアクセサリーを使用することにより楽しみをいっそう広げたいと考えるのは当然です。オリンパス OM-1 の場合,モータードライブ取り付けによる重量増は 610g です。つまり F1.4 の標準レンズカメラとの総重量が 1330g で,一般の 35mmSLR カメラの 5 割増程度の重量ということなのです。300mm の超望遠レンズ付きでも 1890g で,手持ちで撮影できます。

もう一つアドバンテージを持ったカメラにニコマート EL があります。このカメラは,ニコン F から F2 フォトミック S と,35mmSLR では定評のある日本光学から発売されている電子シャッターを使った絞り優先式 TTL. EE です。EE を解除しても TTL が追針連動する点がこのカメラの特色と言えます,シャッターダイヤルを A(オート)にセットすると絞り優先式の TTL. EE になり,4 秒〜 1/1000 秒の範囲内で適正露出となるシャッター速度が無段階に得られます。適正なシャッタースピードはファインダー視野左側にあるシャッター目盛に指針(黒)が表示する仕組みになっています。シャッターダイヤルを A からはずして,B・4 秒〜 1/1000 秒の目盛にセットすればマニュアルになりますが,このときも電子制御が行なわれているのです。ファインダー内の

シャッター目盛の上端のAマークにあった緑色の指針は、セットしたシャッター速度を示していますが、これにメーター指針の黒が一致するまで絞りリングを回転すれば、シャッター優先にTTLが開放、追針連動となります。この逆に絞り優先式の連動も可能です。

TTL (through the lens) というのはご存じのとおり、露出計の受光部をカメラの中に置き、レンズを通して被写体の明るさを測る方法ですが、これにEE (electric eye) つまり露出計とシャッターを連動させ、被写体の明るさに応じて絞りがオートマティックに決まって露出が行なわれる機構を備えるニコマートELタイプは、バックパッカーにとっては便利だと言えます。もちろんそのTTL. EEが不完全で心配だとなれば話は別ですが、ニコマートELではそれはないと思います。ただカメラマンによってはひと絞り開けたほうが調子が良いという意見もあります。

TTL. EEの問題点は、被写体に光線の当たっている部分と陰の部分があるような場合、そのどちらで露出を決定するかという点です。ELでは測光方式は中央部重点測光です。そしてセルフタイマーレバーをレンズ側

バックパッカーの記録は、単純な記念撮影を除いて、条件のすべてがシビアになる。軽量小型がベストとなるのもこの自然条件のためだ。

に押すことにより，EEメカニズムがロックされて露出記憶装置となります。あらかじめ陰の部分を測って記憶させ，シャッターを切ることによって，明るい部分が入り込んでいる場合でも陰に露出を合わせることができるというわけです。TTL. EE を使用しているとき，つまり A にシャッターダイヤルをセットしておいたとき，それが不用意にマニュアルにずれないようにとの配慮，つまりオートを解除するには中心のボタンを押さなければシャッターダイヤルが回転しないようになっています。

この TTL. EE の SLR カメラはニコマートのほかコンタックス RTS，ミノルタ XE，アサヒペンタックス ES II，フジカ ST901，キヤノン EF があります。また新たに，先に述べた小型軽量のオリンパス OM が II 型となって登場してきます。OM-I の仕様に TTL. EE をプラスとなると，バックパッカーにとっては最も理想的なカメラと言えます。

ほかに，特殊カメラのカテゴリーに入りますが，ニコノス II というカメラがあります。35mm 判全天候水陸両用カメラで，レンズ交換も可能です。耐蝕，耐圧，耐水性を備え，水深 50m，6

ニコノス II。35mm 判全天候水陸両用カメラ。レンズ交換可能。耐蝕，耐圧，耐水性。6 気圧水深 50m に耐える完全気密構造。35mmF2.5 付き 129 × 99 × 69mm。700g（水中では 250g）。ボディー外筒は水圧で変形しないよう肉厚で丸味がある。

気圧に耐える完全気密構造を持ち,雨,雪,砂,ホコリ,高温,高湿という悪条件下でも撮影可能というカタログ説明ですが,バックパッキング・フォトグラフィーに有利と思えるのはその防水性です。カヌーまたはラバライズボートを使用するツーリング,あるいは降雨林のトレールなどでは,カメラを水から守ることの必要性をつくづく感じるものです。アラスカのアラニャク・リバーの川下り,ニュージーランドのミルフォード・トラックでの雨,どちらもカメラの被害は甚大なものでした。防水ケースを必要としない特殊構造のカメラ,ニコノスIIに注目するのはそんな経験からです。

　ボディー外筒は水圧で変形しないように肉厚で丸味を持たせているので一見重量が大きいように思いますが,35mmF2.5のレンズを付けて700gですから,SLRカメラよりはるかに軽量です。ボディー外筒と本体のダイキャスト部には樹脂を浸透させ,防水処理を完全にしています。もちろん水中撮影用としてのアドバンテージの高いカメラですから,水中専用レンズはじめ各種の特徴を持っていますが,バックパッカーにとっても使いやすく有効な製品と言えます。

　カメラを武器としたバックパッキングにおいて本格的な画像を望むとき,交換レンズの必要性を痛感するのは当然ですが,何本ものレンズを持参することはとうてい不可能です。ズームレンズ(zoom lens)の有効さがそこに出てきます。ズームレンズのタイプには2種類あります。広角から望遠までのものと,望遠だけのものです。現在市販されているカメラはメーカーごとにシステム化され,交換レンズからアクセサリーまでそろえられています。

前述のカメラに例をとると，オリンパスOM-Iにはズイコーズーム75〜150mmF4があり，これは望遠のみのタイプです。ニコマートELにはズームニッコール28〜45mmF4.5, ズームニッコールオート43〜86mmF3.5, 80〜200mmF4.5, 50〜300mmF4.5, ズームニッコール180〜600mmF8, ズームニッコールオート200〜600mmF9.5, ズームニッコール360〜1200mmF11とバラエティーに富んでいますが，いずれもニコマートELのほかFTN, ニコンFと共用できます。

　そのほかアサヒペンタックス各種用のSMCタクマーズーム85〜210mmF4.5, 135〜600mmF6.7, フジカST用のEBCフジノンZの75〜150mmF4.5, 75〜205mmF3.8, キヤノンF-1その他用のキヤノンFDズームSSCの35〜70mmF2.8, SC100〜200mmF5.6, SSC85〜300mmF4.5, ミノルタX1, SR用のMCズームロッコール40〜80mmF2.8, 80〜200mmF4.5, 100〜200mmF5.6, 100〜500mmF8など多種があります。

　それぞれアドバンテージがあると思いますが，現在の段階ではズームは望遠用のものを1本選び，それに広角の28mmか24mmを1本加え，標準レンズと呼ばれる50mm, 55mmは持たないというのが一番有利なレンズの選び方だと思います。ただ望遠ズームのうちでも200mmを超える長いものになるとレンズの明るさがどうしても落ちて，F8とかF11などになってしまいます。いきおいシャッタースピードがスローになって手持ちではブレが心配になるという欠点が出てきます。三脚（tripod）を使用すればその心配もなくなるのですが，バックパッカーにとってそれは考えなければならない問題です。

大型のアサヒペンタックス6×7。フォーカルプレ一眼レフ。105mm（標準）付き184×149×156mm。2380g（上）と、もはや製造はされていないが市場には出てくるツアイススーパーイコンタA。フォールディング（蛇腹式）セミ判。小型軽量。堅牢。125×92×40mm。550g（右）。

　もし三脚を持ち，カメラ，レンズの重量をやむをえないと考える場合，つまりそれだけ写真にウエイトをかけた旅，たぶんそれはバード・ウォッチングやアニマル・ストーキングなどだろうと思いますが，そんな旅にはズームの超望遠レンズのほか反射望遠レンズを使用することも可能です。日本光学レフレックス500mmF8，1000mmF9.5，2000mmF11などのレンズがあります。写角がそれぞれ5度，2度30分，1度10分と非常に狭いので，ターゲットを一度はずすと捕らえ直しにくいなど，アマチュアには難しい点もあります。この超望遠とは逆に接写用のマクロレンズも，それぞれのメーカーのシステムの中に入っています。

最近の一眼レフカメラは35mm判と同時に6×6cm判も多くなっています。ゼンザブロニカEC，コーワスーパー66，ノリタ66，ローライフレックスSL66，ハッセルブラッド500C/Mなどです。もっと大型の6×7cm判，6×9cm判もあります。アサヒペンタックス6×7，マミヤRB67プロフェショナルSをはじめとするプロ用の高級機です。いずれにしてもバルキーすぎますし，バックパッカーには重量の点であまりに不利です。また二眼レフ（TLR）カメラにも共通していえることですが，使用フィルムが120ロールフィルムで，6×6cmで12枚撮り，6×7cmで9枚撮りになり，1本のフィルムでのカット数が少なくなります。たくさんのカット数を必要とすればそれだけフィルムの本数が多くなり，面倒なフィルム交換をたびたびしいられることになります。ロールフィルムを使用する6×6cmSLR，TLRとも35mm判同様ダイキャストのボックスタイプのボディーになっています。ダイキャスト（die-cast）はアルミニウムを主として，それに少量の銅などを配合して溶融したものを鋳型に圧入して成型した軽合金鋳物ですが，現在のカメラのボディーはほとんどこれで占められてい

6×6cm判のオートマット二眼レフはもうほとんど姿を見ない。ストロボフラッシュや露出計のアクセサリーが必要な場合も軽量を目安に。

ます。

　そのダイキャストボックスにレンズを装着するタイプのほかに，ひと昔前までは，蛇腹（bellows）のフォールディング・タイプのカメラがありました。スプリングカメラと呼ばれていたものです。もはや製造されていないので入手しにくいのですが，このベローズを使った折り畳み式はコンパクトで，バックパッカー向きでした。ツアイススーパーイコンタ A, B, C のように 120 判フィルムを使用し，16 枚撮りのセミ判（4.5 × 6cm），12 枚撮り（6 × 6cm），8 枚撮り（ブローニー判 9 × 6cm）と使い分けられ，入手さえできれば非常に便利なカメラです。不使用時にはレンズ面が格納されるので，傷つける心配が少なく，偏平に畳めて小型になります。イコンタはツアイスのテッサーレンズを使用し，距離計連動，とても何十年も昔のものとは思えませんが，現在ではほとんどがコレクターの掌中にあります。

　カメラについては以上で終わることにしますが，もちろん写真はカメラだけで撮れるものではありません。フィルム，ストロボ，電気露出計，三脚その他のアクセサリーの問題も当然とりあげなければならないのですが，それは撮影テクニックとのかかわりで説明すべきものなので，ここでは詳しく触れる余裕がありません。

キャリアー
CARRIERS

　バックパッカーにとって，カメラのキャリングはいつも頭痛の種です。バックパックの底深くしまいこんでしまっていては，いざというときに間に合いませんし，裸のままぶらさげて歩いてい

るわけにもいきません。方法としては二つあると思います。一つはバックパック・フレームのトップにナイロンやレザーのハーネスで固定しておき，使用の際はいちいちバックパックを下ろさなくても片手でカメラを取り出せるようにしておく方法と，首から胸元に下げておく方法です。ただし歩行のたびにぶらぶらしてじゃまになりますから，胸元に固定しなければいけません。

キューバン・ヒッチ（kuban-hitch）はカメラや双眼鏡を胸元に固定するために特に考え出された製品です。通常のネック・ストラップだけだと，どうしても踊ってしまうので，それを防ぐために横の引っ張りを加えることによってカメラ本体を固定しようというデザインです。固定には2本のラバー・バインダーを使います。レンズの上下をバインダーではさむことによって，ごろごろして扱いにくいカメラもうまく固定されます。エラスティックのショルダー・ハーネスは背中でクロスオーバーし，肩にウエイトをおきます。体の動きにブレーキをかけることもありません。バックパッカーだけでなくフィッシャーマン，ハンター，スキーヤー

キューバン・ヒッチ。カメラやビノクラーを胸元に固定するハーネス。望遠レンズをつけた一眼レフなどの重量では多少無理がある，190g。

に重宝がられているベストセラーです。ただ雨や岩場ではやはりカメラはバックパックの中に収めておいたほうが無難でしょう。

シネカメラ
CINE-CAMERAS

最近はスティールカメラだけでなく、シネカメラを持って旅をする人も増えてきました。8mmのカメラがコンパクトで手軽になったためです。フィルムもマガジン使用ですし、スティールと同じように TTL.EE で露出がオートになったので、アマチュアでも面倒がらずに楽しめるようになりました。

8mm カメラにはシングル8とスーパー8のフィルムを使用する二つの機種があります。スーパー8を使用するタイプはスティールカメラを製造するメーカーからそれぞれ優れた製品が出ています。バックパッカーにとって8mmカメラの選択もスティールと同じ選択基準が適用されるべきです。小型、軽量、オート機構ビルトイン、その他のメカ内蔵などです。エルモスーパー103T, 204T, キヤノンオートズーム318M, ミノルタポケット8, ヤシカエレクトロ8YXL100などは500gクラスで本当に小型軽量です。焦点調節は目測式、撮影速度も18コマのみですが、F1.8 の 9.5～30mm の3倍ズームが付いていたり、マクロ（超接近）撮影が可能だったりして、決して見劣りするものではありません。もちろん EE あるいは TTL.EE 内蔵です。10倍ズームを付けた本格的なものは当然重量も増します。

シングル8ではフジカシングル8各種が有名です。AX100は315g, おそらく最も手軽なものではないでしょうか。ズームレン

ズではありませんが F1.1 という明るいレンズを組み込み, 開角度 230 度という広いシャッターによって露出時間を 1/27 秒と長くしているために, 普通の TTL ズームカメラに比べると約 6 倍の明るさが得られるということです。このカメラにフジクローム RT200 という高感度フィルムを使用すれば (RT50 より 4 倍の高感度) 24 倍の感度アップ可能ということになります。ロウソクで照らされた人物の表情も撮影可能と言われます。またこのカメラにフジカマリン 8AX100 と呼ばれる完全防水カプセルを使用すると, 水深 40m の海中撮影, 雨中や猛吹雪の中での撮影も可能になる特長を持っています。

シングル 8 はフジカのほかにエルモからも 8S30T, 40T, 600 などの機種が出ています。コダックインスタマチック各種のうち, XL33, XL55 は高感度エクタクローム 160 スーパー 8 (ASA160) フィルムと明るいレンズ, エクター F1.2 との併用によってどんな暗いところでも撮影可能です。

8mm, 16mm のシネカメラを持つことは重量, バルキーさでそれなりの覚悟が必要になる。8mm の平均 1kg から 16mm の軽量で 3.3kg というウエイト, それに三脚などのアクセサリーが加わる。〈下〉はモノポッド (一脚)。

またM22のように強化プラスティックとスティール併用ボディーで368gという軽量のアドバンテージをもったカメラも見られます。最近はTVのプログラムにも8mm使用のフィルムが登場するようになりました。登山をはじめアウトドアースポーツでは，16mmの本格的なカメラを回すのが不可能なことが多いのですが，専門のカメラマンなしでも8mmカメラを使用することにより，記録に残せるようになったためです。

16mmカメラはプロフェッショナルのものでアマチュアには縁がないと思われています。たしかにアリフレックスとかボレックスと聞いただけであの大型の三脚に載ったカメラにうんざりしてしまいます。軽量の手持ちカメラでも重量は5kg程度あります。キヤノンのスクーピック16Mが最も手軽で，アウトドアーズマン用として機動性があると言われていますが，それでも重量は3.3kgあります。

トレールのプラン決定の段階で覚悟を決めなければならないことですが，カメラは高価なもので，途中で捨ててくるわけにいきません。最後まで重量とバルキネスは変わらないことを頭に入れ，自分の必要とする性能をよく考えて選択すべきでしょう。

アラスカン・スノーシューズをつけたクライマー。アラスカで

3. SNOW TOURING スノー・ツーリング

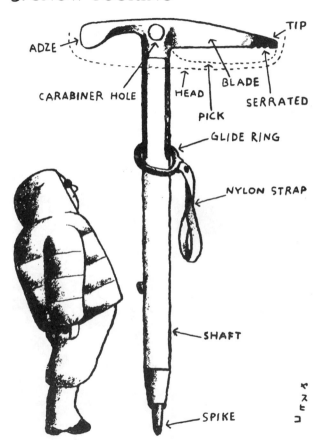

スノー・マウンテニアリング，スノー・キャンピング——緑いっぱいの夏の自然の中の生活が生きることの喜びを教えてくれるとしたら，冬の自然が教えてくれるものは厳しさだと言えるかもしれません。そして厳しさゆえにいっそうの喜びを味わえるのです。一度雪の自然を味わった人間がそのとりこになるのは，夏よりも厳しい状況の中で，なお自然を克服することの満足感が大きいからではないでしょうか。

　ここでは厳冬期の森林限界上でのクライミングについては触れません。それはアルピニズムの世界であり，もう一つ上のエクスペディションに属するテーマだからです。森林限界を越えるか越えないかというのは，一つの目安です。森林限界の下といっても，

厳冬期は決して気を許せるものではありません。万全の準備を整えて，苦しみを喜びとすべきだと思います。バックパッキングはオールイヤーラウンドのものと言ってよいのです。衣食住の装備は夏山と変わりませんが，雪を相手とするためにつけ加えねばならないものがあります。雪の世界のバックパッキング。それはスノー・キャンピングとかウィンター・ビバーキング（bivouacking）の言葉のとおり雪の中で生活することの楽しさそのものです。

アイスアックス，クランポン
ICE AXES & CRAMPONS

まずアイスアックスです。アイスアックスの使用目的は，氷雪をカットすること，氷雪上で確保の支点にすること，グリセードの際の補助にすること，滑落停止の際のブレーキとすることなどが主ですが，通常のトレールではスリップ防止のスタッフ（staff）という役目に使われている場合がいちばん多いのではないかと思います。春あるいは夏のトレールでも，雪がある場合にはアイスアックスを持っていると安心です。ただ，片手がそのためにふさがれること，バックパックにセットしても重量が 700 〜 800g 程度あることを考えると，もしただの飾りにしかならないとしたら持つに価しない道具であることは確かです。

アイスアックスはブレーデッド・ピック（bladed pick）やアッズ（adze）〔ブレード〕のあるヘッド部分と，握りのシャフト部分に分けられます。ヘッド部分に使われる材質はニッケルクローム鋼（nickel-chrome steel）かニッケル・クロモリ鋼（nickel-chrome molybdenum）がほとんどです。ニッケルクロームあるいはクロ

モリが使われる理由は低温においても硬さと粘りを失わない特性のためです。

　デザインはそれぞれ特色があります。アッズがストレートなもの，角を丸くしたもの，カーブの入ったもの，波形にノッチの入ったもの，長いもの，短いもの，それぞれカタログにはその優位性が説明されています。ブレーデッド・ピックにしても，極端なドループ（droop）〔下向きカーブ〕を持ったものやストレートなもの，またセレイト（serrate）と言われる鋸歯状の刻みが，ピックの先端部分だけに入っているもの，長めに入っているものなどもあります。その他カラビナ・ホール（carabiner hole）が付いていたりいなかったり，さまざまです。

　シャフトの材質にはラミネート・バンブー（竹），アッシュ，ヒッコリーのウッド，それにアルミニウム合金にプラスチックのインシュレーション加工をしたものなどがあります。シャフトの長さは55cmから95cmですが，どの長さを選ぶかは各人の使い方によって変わります。夏の雪渓と，氷壁を除く冬のトレールに使

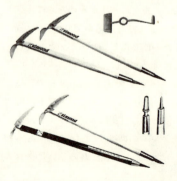

アイスアックス。〈上〉はシモンスペシャルMK2とスーパーPB。〈下〉はシモンスーパーEとメタリック720。サイズはすべて50〜100cmで5cmきざみ。重量はEが650g，720が720g，その他は700g。ヘッドの長さは250mm，275mm，300mm。〔右上はヘッドカバー，右下はチップ・プロテクター〕

用するとすれば標準的なもの，つまり靴を履いた立ち姿で手を下ろし，手首だけを曲げて，アックスのヘッドが掌に触れる程度が一般的です。だいたい 70 〜 85cm ということになりますが，最近は短めのものが選ばれる傾向にあるようです。

アイスアックスに付けるストラップは遊動リング（glide ring）を使用するものと，単にナイロン製の長いコードを結ぶものとがあります。ストラップを使用せず，一日中シャフトを握りっぱなしというのはヨーロッパの氷壁クライムなどでは常識になっていますが，長いトレールではストラップを付けておいたほうがよいと思います。取り扱い方やテクニックの巧拙は別として，旅が長くなるとうっかり手を離してしまうミスが起こる確率が高くなるからです。ヘッドカバー（head cover）やチップ・プロテクター（tip protector）には革製や合成ゴム製がありますが，ヘッドにはワンピース成型でストレッチのきくもの，チップの場合は中底に刻みのついた脱げにくいハードラバーのものが便利です。

クランポンも氷雪のクライミングにはエッセンシャルな用具です。針葉樹の森の中を抜けてゆくトレールで，凍りついた日陰を歩くとき，クランポンのあるなしでは歩行のスピードも楽しさも，また時には危険度も違ってきます。本格的なアルピニズムの領域でなくても，冬のトレールにはクランポンが必要だと思います。

バックパッカーのためのクランポンは 10 ポイントがベストです。12 ポイントの氷壁用のものは決して必要ありません。2 本の歯が前方に突き出している 12 ポイントは，垂直の氷壁にけり込み，アイスアックスやアイスハンマーを併用して登攀するために考え出されたものですから，水平に歩くトレールでは前方の 2 本

〈左〉インターアルプ・アジャスタブル10ポイント・クランポン。普通サイズのブーツにはすべてフィット。630g。〈右〉はクランポン・ストラップ。〈下〉はUMラバーのスパイクプロテクター。72g。

のスパイクは不必要です。古いタイプには8ポイントのものもあります。

　クランポンで歩くには注意が必要です。慣れないとクランポンの使用は厄介だから、アイスアックスだけを頼りに歩いたほうがよいと言う人もいます。しかし注意を払って使用すれば、クランポンは予想以上に便利なものです。一番大事なのは、自分の靴に合ったサイズを選ぶことです。大きくてルーズなものは特に危険です。最近はフリーアジャスタブルなものが多く、長さ、幅とも調節でき、ほとんどのサイズにフィットするようになっています。材質はアイスアックスと同じニッケルクローム・スティール、ニッケル・クロモリ、アルミニウム合金などがあります。このうち軽量なのはアルミニウム・アロイです。鋼板を鋸切機で切ったり、プレスによる打ち抜きにしたり、鍛造したりして製造されます。ポイントはすべて同じサイズ、同じ形のものから、位置によって形状の異なるものまでいろいろですが、8ポイント、10ポイント

ではあまり深く考える必要はありません。

　ポイントは当然シャープにとがっているものですから，カバーが必要です。丸型ラバーでできていて，フルサイズのポイントに合うようにセットされています。一本一本単独に付けるのではなく，おたがいに連結されていますから，紛失しやすいという欠点はありません。このポイントカバーをすればバックパックの中にそのまま入れても大丈夫です。クランポンケースに入れればいっそう安心で，ケルティー，ジャンスポーツをはじめとする登攀用のバックパックにはクランポンの取り付けストラップが外側に装着してありますから，そこにセットすれば安全です。

　クランポンを登山靴に取り付けるにはストラップを使います。材質はナイロンかネオプレンで，凍りついたり固く締まってしまうことを防ぐために，従来の皮革や天然繊維のものは姿を消してしまったのです。ネオプレンは雪が付かないという利点だけでなく，一度タイトに締めるとなかなか緩まない点でも優れた特性を持っています。その点ナイロンは締めにくい欠点があり，それを補うためしっかりしたスライド・ファスナーやクイックリリース・バックルが必要になります。ストラップは，2ピース（1本締め）より4ピース（2本締め）の方が，万一なにかのはずみで切れた場合に備えて持つスペアが4分の1ですむほか，締め直すにも手間がかからないで便利です。なお最近はストラップを使用せず，ステップイン・タイプのものや，ワイヤーを使ったスキー・バインディングのジルブレッタ・タイプのものも出ています。ストラップを使うわずらわしさを解消するために生まれたものですから，使いやすいのは当然です。

スノーシューズ
SNOW SHOES

　深くもぐる雪，軟らかい雪を歩くにはスノーシューズ（snow shoes）を用います。日本のスノーシューズは，ほとんどバックカントリーの山歩きのための用具として発達してきました。それは長い平原の旅にそれほど積極的でなかったこと，また山岳という地理的条件のために，水平な地形よりも高低のある地形を歩行する必要性の方が高かったことなどの理由があると思います。そのため小さめの，いわゆるワカンが主流になっています。昔から，芦峅寺（あしくらじ），島々（しましま），細野，芦安（あしやす），飯山（いいやま），飯豊（いいで）などで，それぞれの山の状況や雪の状況に合ったものが地域ごとに作られていました。トネリコやクロモジの材を曲げて輪にし，麻などのストラップとハーネスを付けたものです。つまりワカン（輪樏）を足に縛りつけるわけですが，たいてい1本のナワの中央を輪の面に取り付け，二筋の紐で結ぶ仕組みになっています。これは，ワラジを使いなれていた時代にはごく当たり前の結び方でした。

　しかし靴を使用するようになった現在，ワカンだけが伝統的スタイルを残しているというのもおかしな話です。クランポンと同じように雪の上での武器とするには，ハーネスは材質，方法とももっと便利なものでなければなりません。スキーを使うよりスノーシューズの方が歩きよいという状況は，日本の山岳地帯の特色でもあります。山と渓谷とが入り混じり，バックカントリーすなわち山という条件から，森の中のトレールでも登り降りが激しく，斜面が多いのです。積雪期に山野を歩くのは一部のハンターや登山者など限られた人だけだったという時代が長く続いた日本

には，スノーシューズは発達しようがなかったのかもしれません。スノーシューズを用いた冬のバックパッキング，すなわちスノーシュージングはこれから愛好者が増えると思いますが，現在では国内で作られているスノーシューズはほとんど輸出用です。

クロスカントリーのスノーシューズで最も多用され，また初心者でも扱いやすいタイプはベアポウ（bearpaws）です。基本的な形としては，ベアポウのほかにメイン（maine, beavertail）とアラスカン（alaskan, pickerel）があります。ベアポウはオーバル（oval shaped）型で，テールはありません。メインはベアポウより少し長めで，短いテールが付いています。アラスカンは一番長く，靴

スポーツメン・プロダクツのプラスティック・スノーシューズ（左）はウッドに比べて安く，軽い。〈右上〉はグリーンマウンテン・ベアポウとミシガン・クロスカントリー。ローハイド・レーシング。〈下〉はハーネス。レザーとネオプレン製。

というよりスキーに近い細長い形になっています。アラスカンは、たとえば犬ぞりを引いて旅をしていくような平原で使用するタイプ、メインも森のないオープンカントリーでの使用に便利なように設計されています。そしてベアポウはブッシュなどの多いラフカントリー、森や山岳地帯での使用に適しているのです。ワカンを見なれた目には大げさに見えますが、実際にはディープスノーのクロスカントリーでは、大きなものの方が有利です。ただし、どうしても山地の多い国内の旅では、アラスカンやメインより、ベアポウのほうが扱いやすく便利です。

フレームに使われている材質はほとんどホワイト・アッシュですが、アルミニウムを使用しているものもあります。フィリング（filling）と呼ばれるネットには、特殊加工のカウハイドか、ナイロンで補強したネオプレンが使われています。スノーシューズには特別の靴は必要なく、登山靴からスポーツ・ブーツまでどれにも付けられます。フロント・クロスバーとリア・クロスバーの中間にハーネスが取り付けられていますから、そ

〈上〉タイワコープ・ベアポウ。57×29cmの小型国産品。アッシュフレーム。ナイロンウェブ・レーシング・ローハイド・ハーネス。1750g。〈下〉スノーシューズはワカンと違い踵が上がる。

こに靴を差し込めばいいのです。ハーネスは正式にはリギング（riggings）と呼ばれ，構造は単純で，3カ所のバックルを締めるだけでフィットされます。カウハイドかネオプレンが使用されています。歩行の際には靴の爪先がフロント・クロスバーとヒンジソング（hinge thongs）との間に入り込み，下の雪に当たります。スノーシューズは雪面高く持ち上げて歩くものではなく，雪面近くを滑らせるようにするものですから，爪先が雪の中に入ったときには踵はスノーシューズの面から離れて，通常の歩行と同じように上がります。疲労が少なく，またバランスも正常なので，重い荷を背負っていても苦になりません。ただ木製のフレーム部分にはアマニ油で，革のレース部分には保革油を塗っておく注意を怠ってはなりません。長持ちさせるだけでなく，トレール中の事故をなるべく防ぐためです。L. L. Bean や Moor & Mountain はニューイングランドの雪の多い地域のメーカーですから，スノーシューズのよいものがあります。日本のタイワコープ製のベアポウも大きさが手ごろで，初心者向きだと思います。

クロスカントリー・スキー
CROSS COUNTRY SKIS

クロスカントリーの道具として，スノーシューズと並んで，スキーが使用される機会は多いと思います。コーリン・フレッチャーはスキーはもはや walking とは言えないとしていましたが，バックパックを背負って雪のウィルダネスに出ていける足と考えれば，スキーも有力な武器ではないでしょうか。スキー場でのスラロームやダウンヒル・スキーは別の世界ですが，ウィルダネス・

クロスカントリー・スキーはレーシング，ライトツーリング，ヘビーツーリングとスタイルが分けられるが，オーバーナイトの場合，ヘビーツーリングの道具を選ぶ必要がある。スキー，バインディング，ポール，それにブーツがエッセンシャル。

　スキーイング，つまりクロスカントリー・スキーやマウンテン・スキーについて少し触れておきたいと思います。クロスカントリー・スキーによる競技，いわゆるノルディックは各地で行なわれ，その人口も多いのです。ただそれをウィルダネス・ツーリングの道具として使用している人はまだまだ少ないようです。こんな楽しみを放っておくことはありません。

　クロスカントリー・スキー（クロスカントリーは XC と略します）にはレーシング，ライトツーリング，ツーリングの3種類があります。そのため，まず自分の使用目的をはっきりさせねばなりません。山岳地帯を含む何日ものツーリングなのか，日帰りのハイキングなのか，あるいは定められたコースを走るレーシングなのか，それぞれの状況に合わせてスキー，バインディング，シューズを選ばなければなりません。ここではバックパッカーのための冬の足として考え，レーシングは除きます。ツーリング，ライトツーリングを目的としてのセレクション・アドバイスです。

　スキーはヒッコリーをベースにリノストン（rignostone）エッジを付けたものが標準的な製品です。リノストンとはフェノール

処理（phenolic impregnated）したブナ材（beech wood）を通常の密度の2倍に強力圧縮したものですが，硬く仕上がってエッジの役目を充分果たしてくれるものです。リノストン・ウッド・ラミネートモデルには，スキロムの120（Skilom），ボンナの1800（Bonna）のほか Gressoppa, Eggen, Troll, Janoy などのライトツーリングがあります。カルー・ユニバーサル（Karhu Universal）や Sandins のライトツーリングも同じタイプですが，普通スプルースやアッシュ材でできているセントラル・コア部分を空洞（air-channel）にしてあって重量がより軽くなっています。このリノストン・ウッド・タイプはワックスワークを心得たツアラーには最も使いやすく，値段も安いのです。

最近はアルペン・スキーと同じように，XCスキーにもグラスファイバー（glassfiber）のものが多くなってきました。キック・グライドやチップ・フォローのパーフォーマンスでウッドに劣っていた欠点が矯正されてきたためです。このスキーの構造はウッドやフォーム・コアの上にグラスファイバーのシートをラミネートしたものと，コアの周りをグラスファイバーで包んだものとがあります。スキロムをはじめ Harju, Kongsberg, Lovett などは廉価のものを，アトミック（Atomic），ボンナ，エリート（Elite），フィッシャー（Fischer），ヤルビネン（Jarvinen），カルー（Karhu），クナイスル（Kneissl），トコ（Toko）などはもう少し高価なラミネート・タイプのグラスファイバースキーを出しています。ラップ・スタイルでは Epoke, Rossignol, Horizon, Hexcel, Lovett があります。

グラスファイバーのライトツーリングにはプラスティックやアルミニウムのエッジが付けられたりして，次第に，アルペン・ス

〈上〉モデラート・テレインあるいはトレール用ライトツーリング。スキロム5レイヤーコンストラクション・スキー。ヒッコリーソール，リノストンエッジ。49mm幅，2300g。
〈中〉トロル・スリーピン・バインディング。200g。フロントクリップは強力ではずれることはない。〈下〉はスキロムレーシング，ライトツーリング・ブーツ。レザーアッパー，モルド・ラバーソール。アベレージウエイト800g。

キーと変わらない構造になりつつあります。これはノルディックと言われた競技スキーから，次第にツーリング用へとスキーが移行していることを示しています。かつては特殊な分野であった山岳スキー（485頁），つまりウィルダネス，あるいはマウンテン・スキーツーリングの領域にXCスキーを活用しようとする傾向と，それを可能にするスキーが製作されるようになってきたためです。アトミック（Atomic）やVolklのメタル・スキー，フィッシャーのメタル・グラスファイバースキーなども登場しています。

最近目立つ傾向として，XCスキーに不可欠だったワックシングを必要としないワックスレス（waxless）・ベースの製品の登場があります。一つの方向へだけ滑るというスキーの理想から，アルペン・スキーはリフトという機械力を導入した結果，

グラウンドを固定せざるを得ない運命に陥りました。しかし雪の地面のある限り、どこでも歩きたい、歩かねばならない実用的なスキーでは、シール（seal）などのスキン（skins）を滑走面に張る方法と、ワックスを使用する方法で後滑りを防ぐほかありませんでした。山岳スキーではスキンが、XCスキーではワックスが発達し、残りました。しかしワックスワークは気温、雪温、雪の新旧その他のコンディションに微妙に対処しなければなりません。競技の場合には時間が短いこと、ワックスワークが勝敗につながることから重視されるのが当然ですが、ツーリングの途中、いちいち温度、雪質に合わせてワックスを調整することは、ビギナーにはなかなかできないものです。そんなワックスワークの重荷を軽減しようとして登場したのがワックスレス・ベースを持ったスキーです。現在ワックスレス・スキーを出しているのは12社ですが、これからもこのタイプは増えてゆくに違いありません。

　ワックスレスには2種類のタイプがあります。一つはプラスティックベースにジオメトリック・パターンを刻んだもの、もう一つはファーのようなストリップを2本ベースに埋めこんだものです。両方ともワックスワークで最も面倒な雪面のフリージングに対して効果的だということが実証されています。

　ジオメトリック・パターンには3種あります。第一はステップライク（step-like）つまり階段式で、セレイテッド（serrated）と言う呼び名（鋸歯式）もあります。ヤルビネンのステップ・スキー（step-ski）、フィッシャーのヨーロッパ・ステップ（europa step）などがこのパターンです。第二のパターンはサーキュラー・デプレッション（circular depressions）で、円形のくぼみを散らしたも

のです。ヤルビネンのアンチ・スリップ（anti-slip）やトコのプロムナード(promenade)がこれに当たります。三番目がフィッシュスケール（fishscale）パターンで，魚の鱗をベースいっぱいにはった感じです。これはウッドからグラスファイバーまでスタンダードなライトツーリングスキーのほとんどに適合し，またそれぞれのファクトリーで取り付けをしてくれます。

　ジオメトリック・パターンに対するインレイド・ストリップ（inlaid-strip）式では，モヘアを使ったストリップスと，3M社のfibretranというブリッスリーナイロン製があります。モヘア・ストリップスを使ったウッド・スキーにはスキロム，ボンナ，エリート，トロル，それにSplitkeinなどがあります。グラスファイバー・ベースのスキーではスキロム 135, Lovettがあります。またグラスファイバー・ベースにファイバトラン・ストリップスを付けたモデルには，Arvidやトロルがあります。これらのモヘアやファイバトランはそれぞれ取り替えが可能ですから，痛んだらはり替えられます。

　次はブーツとバインディング（boots & binding）についてです。最近のブーツソールは完全にシンセティックになってきました。ラバー（rubber），ポリウレタン（polyurethane），PVC（polyvinyl chloride）などのソールです。普通のツーリング・ブーツはインジェクション・モルド（射出成型）とバルカナイズ（高温処理）で甲革に接着する方法がとられていますが，これは成型・ラミネート方式より安上がりであるばかりでなく，バインディングにフィットさせやすいのです。クロスカントリー用のブーツにはくるぶし下までの深さのレーシング・タイプと，くるぶし上のツーリング・

タイプがあります。バックパッカーが使用するのはツーリング・タイプです。アッパー部分(甲部)にはカーフ・レザーが使われています。ひところデュポンのコルファム(corfam)のような合成皮革を使ったものもありましたが、寒気の中ではブレス、フレックス(曲げ)ともに、あまり良い結果が得られませんでした。ただしユーロスポートのtampereのようにPVCをアッパーに使っているものは今も目にすることができます。カーフ・レザーをアッパー部に使用しているブーツでは、その表面にシリコン・トリートメントを施し、ウォータープルーフになっています。ソールとの接着はインジェクション・モルドのほか、ノローナ(Norrona)のようにステッチによるものもあります。

またツーリング・ブーツにはファーや合繊ファーによるライニングも施されています。しかしこれらのクロスカントリー用ブーツでは、ALFAなどの特別なツーリング・ブーツを除いては、どうしても深い湿雪の中を歩くのは無理に思えます。バックパックを背負うとなるとなおさらです。やはりしっかりした登山靴を使用したほうが安心で

ライトツーリングのXCブーツ。軽量ローカット・ブーツ。パッド・ビニールタン。スリーピン・バインディング。ケーブル用ノッチヒール。

す。その場合バインディングにはジルブレッタ（silvretta）をはじめとするケーブル・バインディングが必要になります。ジルブレッタは堅牢なので、マウンテニアリング・スキーには前々から使用されてきました。ケーブルをフックで固定すると、ダウンヒルの場合でもブーツがぐらつかずに滑走できます。登行の際はこのフックをはずすことによって、ヒールはマキシマム90度の角度まで上げることができます。ジルブレッタはブーツトップを差し込むだけで固定できるのでとても便利です。このほかもっと単純なカンダハー・タイプ（kandahar）のケーブル・バインディングもあります。Jofa，東京トップ，秀岳荘のものなどがそれです。スキロムやテンポ（Tempo）のヒールストラップ・ツーリング・バインディングもシンプルで頑丈なバインディングです。

　普通のクロスカントリー・ブーツとバインディングは、ペグ（peg）・バインディングと呼ばれる方式で一体になっています。これは上向きに植えられたメタルのピンにブーツソールを押し当てて固定させるものですが、この方式は靴のフレックスを非常によく生かし、レーシングなどには絶対です。ペグ・バインディングこそクロスカントリー・スキーの特色の一つと言えるのですが、ツーリングとなると話は別です。重量は増えますが、ケーブルもしくはストラップ・バインディングを使用する必要があります。ツーリング・ブーツのヒールにはケーブルをフィットさせるための溝が掘られていますので、ヒールスプリングはしっかりアジャストさせることができます。

　メタルやグラスファイバー製のポールはスラローム・スキーと同様、最近数多く見られます。これらのポールは軽量でウィップ

(whip むちのような弾性)に優れていますので,以前のトンキンバンブーより使いやすいことは確かです。ただ値段が高いのが欠点です。トンキンポールはクロスカントリー・スキーのメーカーから出されています。アルミニウム・ポールにはスコット(Scott)やリリエンダール(Liljedahl)のほか Skilom, Arvid's, Gerry, Bonna, Atomic, Eiger などなじみのメーカーが皆出し始めました。また Silva, Jofa, Liljedahl, Landsem からグラスファイバー・ポールが出されています。これらのポールはシャフトの材質は別として,デザインにさほどの変化はありません。レザーのグリップ,ラバー・リング,カーブド・チップを採用しています。ただグラスやアルミニウム・ポールではチップがリングのすぐ下からカーブしています。これはポールの扱いをより楽にしてくれていますが,ツーリングではさして必要なものではありません。それよりクロスカントリー用ポールに付けられているリングは,ツーリング使用の場合には小さすぎ,雪に深く埋まってしまう恐れがあります。ひとまわり大きいマウンテニアリング用のリング(ツーリング・バスケット)に取り替えるか重ねるかして使用する必要があります。

その他エマージェンシー用のスキーチップやコンビネーション・ツールなども必要な小道具です。スキーチップはプラスティック製やアルミニウム製が

スキロムバンブー XC ポール。カーブド・チップ,10cm 直径バスケット。レザーグリップ&ストラップ。520g。

あります。万一チップを折ってしまったときを思うと、やはり1本はバックパックの中に納めておきたいものです。レンチ、ワイヤーカット・プライヤー、スクリュードライバーなどをコンビネーションした修理用具も持っていたいものです。

クロスカントリー・スキーを使用する場合に一番厄介な問題はワックスです。レースや短時間のツーリングでは、ワックスワークがまた楽しみでもあるのですが、長いヘビーツーリングでは面倒なものです。前述のワックスレス・スキーを使用するのも一方法ですが、雪の状態が複雑になる春先などではそれも万能ではありません。面倒でも、ワックシングの基本はしっかり覚えこんでおくべきでしょう。Do-it-yourself、自分で作り出すことの楽しみもその中には含まれているのですから。

クロスカントリーのワックシングは、平坦地ではストライドを延ばし、アップヒルの登りではスリップすることなしに前進でき、ダウンヒルでは効果的にスキーを滑らせるという目的を持っています。ベスト・グライド（滑走）とベスト・グリップ（制御）と

ファンデーションタール（グランドバラ）、ベースワックス、ハードワックスとスクレイパー、雪温計、ブタン・カートリッジのトーチ。それにヒーティング・アイアンやエマージェンシー・スキーチップなどがツーリングの必携品。

の相反する要求を満たすことが良いワックシング，というより絶対必要な条件なのです。

　普通，工場から仕上がってくる新品の板の滑走面は，ウッドの場合木目がそのまま見え，ワックシングのためのベースができ上がっていません。表面をよく磨いた後グランドバラ（grundvalla）を塗ってベースを作ります。スプレー・タイプのグランドバラは全体に薄く吹き付けます。次にトーチ（torch）を使って焔の熱で木目の中にグランドバラをしみこませます。このトーチはブタンやプロパン・カートリッジを使用するものでキャンピング・ガス，プリムス，ロンソン，トコなどの製品があります。グランドバラがボイルされるまで熱した後，残った部分を布でぬぐい取ります。焦げつかないようヒーティングには注意しなければなりません。良いベースはスムーズで，少し粘りがあるくらいの状態です。

　実際のワックシング・テクニックについてここでは触れる余裕がありませんが，ワックスの決定にはまず雪質のチェックが必要です。雪温を測ることから作業は始まりますが，簡単な見分け方は，雪が零度С以下の場合はドライ（乾燥雪），零度С以上の場合はウェット（湿雪），零度Сはその中間というふうに決められます。また手で握ってみて指の間からこぼれ落ちるようならドライ，ボールができるようならウェットという見分け方もできます。トコなどから雪温計が出されていますが，これを雪の表面に斜めに差し込み，その温度を測ってワックスの選択に役立てるのが本格的なのです。もちろんワックス・チョイスのための条件は単純なものではありません。天候―気温，風，雲，霧の状態観測。雪―

タイプ（フレッシュ，オールド），コンディション（粉雪，アイスバーン，湿雪），雪温，それにトラックの条件，昇降度，光線，オープンカントリーか樹林帯か，トレースされているかどうか，これらのチェックをすべて考慮にいれなければなりません。

ランニング・ワックスは，2グループに大別されます。クリスター（klister）とハード（hard）です。クリスターワックスはチューブ入りかスプレー式になっており，レッド，ブルー，バイオレットの3種をそれぞれのコンディションによって使い分けるようになっています。このうちレッドは湿雪，春雪，ベタ雪で温度も零度C前後から上の暖かさという条件で使用されますが，これは日本の春先のクロスカントリーには絶対のものです。ハードワックスは罐入りで，イエロー，レッド，ブルー，グリーン，スペシャルグリーン（オリーブ），バイオレットと色分けされ，雪質，温度によって細かく使い分けるようになっています。

ゲーター。ウレタンコーテッド・ナイロン，トップはエラスティック，ナイロンコイル・ジッパーが一般的。XC用ブーツ・グラブは便利。

ワックス・メーカーには Rex, Rode, Swix, Ex-Elite, Holmenkol, Toko, Ostbye, Bratlie などがあり，それぞれ上質のクリスター，ハードを出しています。個々のワックスには雪質，温度が表示されていますので，間違える心配はありませんが，やはり上手なワックスワークには経験が必要になります。

スキー，バインディング，ポール，そしてワックス，これに冬用バックパッキング用具を組み合わせればスノー・ツーリングはできあがりですが，忘れてならないのはスペアのソックス，手袋，それにロング・スパッツを持つことです。ロング・スパッツはナイロン製のウォータープルーフのしっかりしたものを選んで下さい。

マウンテニアリング・スキー
MOUNTAINEERING SKIS

最近登山者の間では山スキーがまた復活し始めました。日本の冬山や春山の状況は，スキーを利用するのに非常に有利だと思われますが，これまではややもするとスキーの使用を忘れがちでした。たしかにクロスカントリー・スキーによるツーリングよりもハードになって，よりシビアですが，それだけに無人のウィルダネスを味わえることも確かです。用具もそれに準じたものになります。アルパイン・ツーリングに使用されるスキーはいわゆる山スキーと称されるもので，いくつかの必要条件があります。まず軽量であること，柔軟性と粘りのあるスキーであること，キャンバーが少ないこと，通常のレクリエーション・スキーより短めであることなどです。

材質はスラローム用と同じで，ウッド，グラスファイバー，メタル・グラスファイバーがあります。最も軽量なのはグラスファイバーですが非常に高価です。ウッドのスキーは最近珍しくなってしまいました。幅の広い純粋の山スキーという感じをいだかせるこのスキーには，Jarvinenretke や Bonna，秀岳荘のものなどがあります。新しく登場したものにヨーロッパ・アルプスで使用され出したプラスティック・スキーがあります。ロシニョール (Rossignol) のオートルート (hauteroute) などがそれです。軽く，ソフトフレックスで，チップも山向きに長くターンナップしています。ショートスキーも新しい領向です。GLM スキー (graduated length method) は 1m から始まっていますが，極端に短いものはツーリングにはやはり不向きだと思います。クナイスル (Kneissl) の GLM は，幅も広く厚めでツーリングに使う例が多いようです。またヨーロッパのマウンテニアーに春，夏の氷河で親しまれている firnflitzer と呼ばれるタイプがあり，サレワ (Salewa) などの製品があります。ディセンディング・グレーシャー（氷河下降）のためのものですから 120cm という短さで，言ってみれば特殊な条件下で使用されるスキーです。いずれにしても短いスキーは，山ではアドバンテージがあります。ターンしやすいこと，当然重量が減ること，運びやすいことなどです。

　バインディングはヒールの上がることが絶対的条件ですから，クロスカントリーの項で触れたワイヤー・バインディングが主体になります。ジルブレッタについてはクロスカントリーの部分で触れましたが，同じようにワイヤーを使用し，トウピース部分にスラローム・スキーと同じものを使用してセーフティー (safety toe-release unit）とするものがあります。マーカー（marker steck-backen touring attachment）やネバダ（nevada）がそれです。ケーブル・バインディングはツーリング・スキーでは最もポピュラーですが，スラローム・スキーと同じステップイン・タイプ（step-in）の製品でツーリングになっているものがあります。

Marker M4 rotomat を例にとると，トウピースに使用している M4 は通常のセーフティー・リリースで，ツー・インディペンデント・ダブル・ピボット・システムを採用してあり，ハイ・ショック・アブソープションの能力を発揮しています。これはマーカー・タイプのトウピースに共通のセーフティー・リリースです。マーカー・ロートマットのヒールピースは，ツーリングの際はフリーになり，ダウンヒルの場合にはロックされて，通常のスラローム・スキーのヒールピースと同じ働きをします。スーマティック（su-matic），ess/nevada combination なども同じ方法で山スキー用とされています。ブーツを固定する点ではケーブル・バインディングより優れていますから，滑降を重視するツーリングに向いています。セーフティー機構はマルティプルで各自の体力，技術度によって調整できます。

ポールに関しては特別問題はありません。トンキンバンブーの

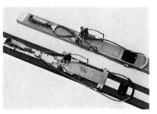

フロントスローとケーブルのコンビネーション・バインディングはヘビーツーリング向き（上）。〈右〉のジルブレッタ・バインディングはスキー登山向き。プレート付きの重量 1050g。

クロスカントリー用でも軽合金製のスラローム用でもかまいません。ただしスラロームに使うものより長目のものを選び,バスケットリングも大きな径のものを使用します。

　ブーツに関しては,ケーブル・バインディングならフリー・アジャストですし,普通に使用している登山靴のほとんどはそのまま使用できます。特別シビアな条件では,ガリビエールの hivernal やローワの hiebler のような二重靴（doubled boots）が理想的です。フエルトのインナーブーツは,春の湿雪の中で長時間濡れたとしてもすぐに乾きます。オールドタイプのレースアップ（編み上げ）スキー靴は,次第にプラスチック製のバックルと,フォーム・インジェクションのものに場を譲ってきています。昔のモリトールやカスティンガーの味のあるあの良さはもはや店頭に見かけられなくなりました。ただミナレ(minaret)のようなシャロートレッドのビブラムを使った兼用靴は,「たかはし」「二葉」をはじめとする登山専門店でオーダーすることができます。最近の兼用靴でガリビエールの haute route や Vald'or のツーリング・ブーツのように,インナーが自由に取り出せるダブルで,レースとバックルのコンビネーションになっているものは,おそらく最高と言えます。兼用靴は,登りには柔らかくフィットし,滑降にはバックルを使って堅くフィットさせなければなりません。タイトすぎるフィットは足先を冷たくしたり,ブリスターを作ったりします。ルーズすぎるフィットは,逆に滑降のコントロールを悪くします。グッドフィットは,昔ながらのソックスを2足重ねてちょうど良い感じが得られる程度ということになるでしょう。

〈上〉ツーリング向きのダブル・ブーツ。〈下〉はシールとナイロンのクライミング・スキン。メタルクリップを使うビネルサ・タイプが効果的。

クライミング・スキン
CLIMBING SKINS

さて山スキーの特色にクライミング・スキン（climbing skin），いわゆるシールの使用があります。アザラシの毛皮で作った本物のシール・スキン（sealskin）は，最近では手に入れにくくなりました。シールに代わって登場したのがナイロン，プラッシュ（plush），モヘアなどの繊維製品です。これらは安価で長持ちし，効果もシールに劣りません。スキーに取り付ける方法にはトリマ（trima）とビネルサ（vinersa）の2種類があります。

トリマ・スキンはスキー滑走面のグルーブ（溝）の中に埋め込み，ピンで固定するタイプです。滑走面いっぱいにスキンを張り，エッジの金具で固定するものや，強力接着剤（ボンドK17）など

でしっかりはりつけてピンで固定するものなどもあります。いずれにしても滑走面とスキンを密着させるため,間に雪が入ったり,スキンが緩んだりする心配がなく,また半永久的に固定されているので,いちいちつけたりはずしたりの面倒がありません。エッジも全面的にきかせることができますから,サイドステップの際などもスキンを心配しないで済みます。しかし最近は手に入れるのが困難になりました。北海道根室地方のハンターなどは,現在でも単板のスキーにシール・スキンをはり,釘で固定して使用していますが,一般の市場には現われていません。高価なグラスファイバーのスキーにドリル・ホールをあけることも問題があって,普及しないのでしょう。

　ビネルサ・タイプはシール・スキンに付けられた簡単なメタルクリップに合成ゴムのバンドをかけてスキーに装着するのですが,歩行の際には取り付け,滑走では取りはずすことになります。オールドモデルではクリップが布製,バンドも布紐だったので,エッジで切断されないよう常にスキンに注意を払っていなければなりませんでした。エバニューが出しているビネルサ・タイプのナイロン製スキンは合成ゴムの質に問題がありますが,それが改良されれば使いやすいものになると思います。オールドモデルの布紐ではあまりに破損率が高すぎ,常に修理していなければなりませんから,メタルクリップに移行するのは当然だと思います。トップ,テールともメタルクリップと革バンドで締めるので,スキンの緩みもなく,滑走面との間に雪が入ることも少ないのです。

　日本の山で通用するかどうか,まだ正確なデータがありませんので一言触れるにとどめますが,ヨーロッパの氷河スキーに使

用されるスキー・クランポン,あるいはハルシュアイゼン(harscheisen)という爪も輸入されています。鋸の歯状のメタルをバインディングの直下に付け,雪にささったその力で後滑りをくいとめるようになっています。これはヨーロッパ・アルプスのオートルート(haute route),つまりアイシーなパス(峠)を越えていくスキー・ツーリングのために工夫されたもので,凍った雪面をジグザグに登っていくときには効果を期待できます。スキー・クランポン

クリップと強力接着のコルテックス・アディーシブ(上)。400g(ペア)で取り扱いは簡単。〈下〉はガリビエール・スキーラン。スキンとハルシュアイゼンのコンビネーション。ハルシュアイゼンのみで430g。

は特殊な場所で使われる特殊な用具ですから,雪山のスキーにオールマイティーということは期待できないと思います。

ガリビエールの skirun という製品が最近輸入されました。これはシール・スキンとクランポンをいっしょにしたものです。トップ,テール,バインディング位置の3点でスキンをスキーに固定するメタルクリップが,同時に鋸歯になっていてクランポンの役目をしています。やはりオートルート用ですが,クランポンの役目よりもシール・スキンをスキーに固定する用具として魅力あるものです。着脱は簡単で,メタルクリップのサイドに付けられたネジでスキーに強く圧力をかけて固定するだけです。しかし付け

たままでは滑走に不向きで、やはり取りはずす必要があります。

　オーバーナイト、あるいはウィークエンドのスノー・ツーリングに出発する場合、荷物は少なく、かつ効果的でなければなりません。バッグは特殊なエクスペディションでもない限り、フレームのバックパックは避けるべきです。96頁に登場したルックサック、ウィークエンドパックがスノー・ツーリング用です。リベンデルのジェンセンパックをはじめ、ケルティー、ショイナードなどがベストでした。これらのツアーパックにはスキー・スリーブと堅牢でフィット感の良いヒップ・ベルトが装着されています。パイプフレームの入ったバックパックは滑走の際バランスをくずしますから、注意が必要です。

　スノー・ツーリングの季節は雪がおさまる春がベストですが、国内のツーリングの場合、大気、雪とも湿度が高く、濡れに対する心配りが必要です。特に本格的なスキー登山には、濡れに強いアウターガーメントが要求されます。グースなどのダウン・ジャケットより、ダクロンファイバーⅡなどのポリエステル繊維の方が、濡れや湿気に対する保温力の点で優れています。冬山、スキー登山には、できればダウンとポリエステルの双方を持っていきたいところです。どちらか一方を選ぶとなればポリエステルでしょう。

　さて、ウィークエンドのライトツーリングでも、雪の季節は危険がいっぱいです。エマージェンシーの知識と用具だけは必ず身につけておいて下さい。いざというとき雪洞を掘れないのも困りますが、最初から雪洞だけでツーリングを計画するのは考えものです。雪洞作りに費やされるエネルギーは相当なものだからです。

キャノンデール・パック１。ウィークエンド，オーバーナイトに最適。ルックサックはスキー・スリーブのあるものを選ぶ。〈右上〉はエマージェンシー用スノーケーブ（雪洞）の図。〈右下〉は雪崩遭難用ロケーター。サドラーアソシェーツのスキロク。ビーコンとレシーバーのコンビ。

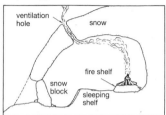

一日歩いてそれから雪洞を掘ったのでは体力の消耗が激しく，翌日の行動に危険が伴います。

雪崩には常に気をつけなければなりません。絶対の安全ということはありえないのですから。アバランシュ・コード（雪崩紐）やロケーターは必携品です。また単独ツーリングでは，どのようなモデラート・テレインでも生命は危険にさらされていることを忘れてはなりません。

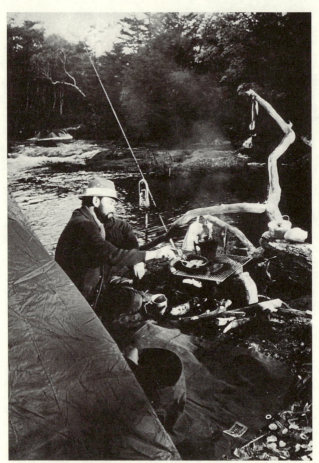

バックカントリーのキャンピング。焚火とグリルと渓流のトレール。

4. WOOD CRAFT ウッド・クラフト

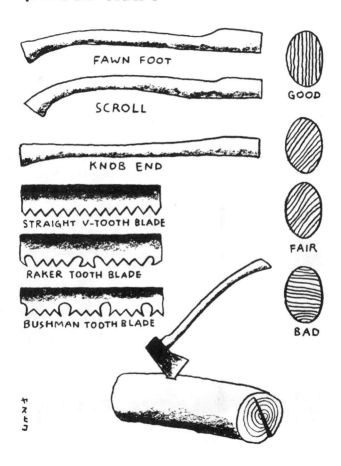

鉄筋コンクリートの冷たい都会，という言葉がよく使われますが，まだまだ私たちの生活で木の占める割合は大きいと思います。生活の基盤に森林があることは古今東西変わりはないのですが，その森林に対する人間の態度は時の流れとともに次第に変化してきました。昔の人々は森林の保護などということは考えてもみなかったに違いありません。現在では森林は管理，経営され，研究と植林が施されていることは誰でも知っていますが，木は減少の一途をたどっています。バックパッカーが森林に深い関心を持とうとするのは当然です。

　森林に関するさまざまな問題はさておき，科学的に管理されているにもかかわらず，山火事の件数は多く，焼失面積も膨大なものがあります。山火事の跡には黒く焼けた荒地だけが残り，それを元通りにするには50〜100年の歳月を必要とします。山火事

ナイフをはじめ刃物には厳しい取り扱い規制（LAW）がある。身につける場合は注意深い配慮が必要だ。

は洪水や浸蝕を起こし，表土を奪い，すべての生きものの生活を脅かします。平野の川が氾濫して住宅が押し流されたとき，その原因が森林の破壊にあることに思いを及ぼす人が一人でも多くなる必要があるのです。森林はそれ自体，自然の生態系の中で生き，自らの手でそのサイクルを乱すことはありません。森林破壊の一つである山火事も，落雷や強風などの自然発生的原因によるものは，それはそれで生態系の一つのサイクルなのです。しかし直接間接を問わず，山火事の原因の 90% は人間に責任のある失火と言われているのが実際の姿なのです。

　アメリカのナショナル・パークやフォレストを歩いていると，レンジャーの帽子をかぶった「スモーキー」と呼ばれるクマの看板やポスターをよく見かけます。1945 年に初めてつくられたポスターで，キャンプファイアーにバケツで水をかけている絵柄ですが，それ以来，防火のための象徴として有名になりました。このキャンペーンは実質的に非常に効果があったことは統計で明らかにされています。バックパッカーが森の中での焚火を戒めるのは，森林の直接保護と山火事の防止の双方の理由からです。

　とは言っても，焚火ほど心温まるものはないでしょう。焚火の良さは一口で語り尽くせるものではありません。焚火の許可されているキャンプ・グラウンドやプライベート・ランドでは，それは楽しみとして認められますし，やむをえない緊急事態では焚火は生命を救うものとして活用されます。ただしその場合でも，枯木で用が足りれば，生木には絶対手をつけないこと，どうしても生木が必要な場合でも，用途に合う最低のものを選ぶことなどの注意は必要です。火を焚く場所の選定や管理にも気を配ることは

当然です。

　焚火は濡れた衣服を乾かすだけでなく、サバイバルのための第一条件です。森林と焚火、そして焚火を使ってのキャンピング。バックパッキング以前のキャンピング・テクニックは一応知っておいてよいでしょう。それはバックパッキングのベースとなるキャンピングにも活用されます。ブタンガスや白ガソリン使用のストーブで作る火とはまた違ったオープン・ファイアーによるオルタネイト・キャンピングの楽しみと言ってよいでしょうか。

アックス
AXES

　焚火を作るための道具に、まずアックスがあります。キャンプ・アックスはアウドアースポーツマンのベーシック・ツールとして今も昔も変わりなく使われています。冬の近づいたある日、ログキャビンの前でダブルビット（両刃）のクルーザー（cruiser）・アックスで薪割りをしているといった情景は、よく西部劇映画に出てきます。アックスをはじめソーやナイフを使ってする屋外の労働がつらいものだと分かっていながら、なにか心ひかれるのは、きっとそれが生活の本質をなす作業だという意識が残っているからでしょう。

　キャンピングのためのアックスには、小型のベルト・アックス（belt axe）から大型のクルーザーまで各種あり、ヘッド・スタイルもさまざまなら、ハンドルの長さ、形もさまざまです。その中でバックパッカーが選ぶのはベルト・アックスです。ハチェット（hatchets）とも呼ばれます。このハチェットは木をカットすると

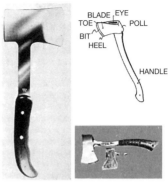

〈上〉, パック・アックス。スエーデン鋼とヒッコリー・ハンドル。ベルトアタッチのレザーシースが一般的。ノーランド。30cm。650g。〈右〉はパック NO.106 ベルト・アックス。軽量。オールラウンドのハチェット。ハイカーボン・スティールとバッカルタハンドル。ヘッド 10cm。エッジ 6.3cm。全長 27cm。シースとも 525g。ベストクォリティー。

ともに, 釘などをヘッド部で打てるようにデザインされています。一般のアックスは打つことを考えてありません。

バックパッカーがハチェットあるいはベルト・アックスを選ぶ第一の理由は軽量さです。ヘッド部分が 600〜900g, ハンドルを含めた全体で1〜1.5kgが標準です。小型で, 片手で操作するものなので, ハンドルもそれに見合った長さになっています。大型のアックスに比べると, ベルト・アックスのヘッド部のスタイルには, それほどバラエティーがありません。デラウェア（delaware）・タイプとデイトン（dayton）・タイプが主流です。キャンプ用具類を多く出しているトルーテンパー（True Temper）社の製品である tommy axe というベルト・アックスは, ヘッド部がテントのペグなどを打てるようにデザインされています。また釘抜き, ペグ抜きの部分も刻まれています。

最近はメタル・ハンドルのものが出てきました。ゴルフのクラ

ブ・シャフトと同じ理由で、チューブラー・スティールを使用したものです。ハンドルには握りやすいようにラバーや合成樹脂のクッション・グリップを付けてあります。チューブラー・スティール・ハンドルのアックスは折れにくく、また重量も木製と変わりません。バックパッカーには、このチューブラー・スティールのものが最高に使いやすいと思います。ナイフで有名なバック (Buck) から出されている hunter's や NO.106 belt axe はハイカーボン・スティールのソリッド・ビリットを材質にした軽量のベルト・アックスで、ファノリンのジュラ・ファイバーをグリップに使い、ノンスリップ握りにしています。このアックスは他の製品に比べて特に軽く、400g しかありません。

スカチェット (skachet) はワイオミング・プロダクツ製で、ハンドルの付いていない特殊なアックスです。ハンドルなしではナイフとして使用し、アックスとして使うときはグリップ部分にとってあるアイ (eye) に適当なリムをねじ込むようになっています。ただしバランスに問題があり、ヘッド部に充分な力がかか

スカチェット。このままハンドルなしで使えばナイフ、ハチェット、ハンマーの役をする。ハンドルとして木のリムをアイにねじこめばアックスの役割を果たす。オールパーパスのサバイバル・ツール。

らない欠点は否めず，普通のアックスに比べると効果的と言えません。加えてリムを探す苦労もあります。デザインはすばらしく，コンパクトで持ち運びしやすいのが魅力です。

　長いハンドルが付いた大型のフルサイズ・メンズ・アックスでは，ハンドルに使われるヒッコリー，メープル，オークなどの材質の選定，グレイン（木目）の良し悪し，ハンドルの形などがチェックポイントになるのですが，小型のベルト・アックスではそこまで綿密にチェックできません。型にはフォーン・フート（fawn foot），スクロール（scroll）という，グリップ部分が下方にカーブしているものと，ノブエンド（knob end）と呼ばれるストレートなタイプがあります。普通，店頭に置かれているのはほとんどフォーン・フートかスクロールのカーブを持ったタイプです。またグレインは縦に木目の入っているものが最も良く，横に入っているものは良質とは言えません。ハンドルが緩めのものは水につければ使用時に固く締まって，使用上さしさわりありませんが，次に乾いたときにはいっそうルーズになりますから，やはりあらかじめしっかりしたハンドルを選ばなければなりません。

　エッジはシャープでなければいけないことは，単にアックスだけでなく，刃物全体に言えることです。あまり刃を持ったアックスは危険です。カットするべき部分にくいこまず，流れると思わぬ怪我をしやすいのです。刃を常にシャープにしておくことが安全のもとです。

　もう一度始めに戻るようですが，危険性，有効性，小型軽量性，すべての面からバックパッカーのアックスとしてはウッド・ハンドルのものよりチューブラー・スティールあるいはフルレングス・

スティール・シャンクの製品を選んだほうがよいと思います。

鋸
SAWS

伐採法がアックスからチェーン・ソーに変わったのと同じように，木を伐るということだけを考えれば，バックパッカーにとってもアックスよりも鋸の方が使いやすいと思います。

バックパッカーの使う鋸はキャンプ・ソーと呼ばれる種類ですが，それには組み立て式（collapsible）のものと折り畳み式（folding）のものとがあります。

バック・ソー（buck saw）は昔から愛用されてきたもので，ウッド・フレーム・スリーピースのモデルが有名です。歯は普通のV型ですが，使用範囲が広く，丈夫です。現在ではサイド・プレート，センター・バー，ターン・バックルともすべてメタルになっ

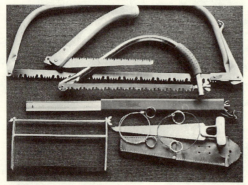

ソー（鋸）は携帯に便利なデザインが要求される。フォールディング・ソー，ボウ・ソー，ベルト・ソー，バック・ソー，ワイヤー・ソー。デザインはまちまちだが目的は一つ，カッティングだ。シャープな歯と危険のない携帯法をもった小型のソーがバックパッカーのフェイバリトとなる。

た Bernzomatic Corp. のパック・ソー（pack saw）が主流を占め，木製のサイド・プレートはあまり見かけなくなりました。組み立てはいたって簡単で，二つのサイド・プレートのそれぞれの穴に横バーを差しこみ，サイド・プレートからのぞいたウィングナットにスクリューを差して軽く押えます。次にサイド・プレートの中央の穴にセンター・バーを差しこみ，同じサイド・プレートの最下部に付けられているスロット（溝）にブレードを差しこみます。そして全体が固くしっかりするまで上部のウィングナットを締め上げればでき上がりです。小型ですが，キャンピング程度の使用には充分役立ちます。

　もう一つのタイプはボウ・ソー（bow saws）です。あらかじめボウ（弓）形に曲げられたチューブラー・メタルのフレームにブレードをセットするだけのものですが，パック・ソーと同じようにウィングナットとスクリューで締め上げるタイプです。これもブレードとナットをはずして持ち歩きできますから，バックパッカーにもそれほど負担にはなりません。

　ブレードには大きく分けて3種類のパターンがあります。パック・ソーのところで出てきたストレート・Vトゥース，ブッシュマン（bushman），パルプ（pulp）です。パルプは別名フォートゥースン・レイカー（four tooth'n raker）または単にレイカー・トゥースと呼ばれます。Vトゥースは他の二つに比べるとワイドブレードで厚目ですから，歯こぼれしにくいのですが，作業スピードは一番劣ります。ブッシュマンとレイカーはスピードが早く，作業しやすいのですが，ブレードがナローで薄目ですから歯こぼれの心配があります。スウェーデン製，日本製のブレードとも四つ歯

の間にレイクを入れたもの,二つ歯ごとにレイクを入れたものもありますが,原則として四つ歯のものと変わりはありません。

フォールディング・タイプになると特にキャンピングと銘うたなくても,コンパクトで,スウェーデン鋼をブレードに使った良質の品がどの金物屋さんでも手に入ります。アルスの小型プルーニング・ソーは厚手のVトゥースにプラスティックのシース・グリップを持つグッドデザインです。スウェーデン製のシース・グリップが木製,ブレードがブッシュマン・タイプの製品も多く輸入されています。

これらのフォールディング・ソーでは,ブレードをオープンにした場合ロックが必要ですが,それがしっかりしたものを選ばないと怪我をすることがあります。フォールディングの中で今最も人気があるのはスヴェン・ソー(sven saw)です。軽量のアノダイズド・アルミニウムの一本の鞘の中にブレードを収納し,使用しないときにはブレードが露出していないので他の用具を痛める心配がありません。ブレードはスウェーデン鋼を使ったノルウェー製のレイカー・タイプです。ただブレードの長さが60cmもある本格的なものなので,セパレーツ・タイプのバックパックの中にうまく収めることができないのが難点です。ウイングナットは1個で完全にロックでき,威力は抜群です。

サバイバル・キット・アイテムの中に入れられているワイヤー・ソー(wire saw)は超軽量,コンパクトなものです。スティール紐の両端にエンドリングを付け,それに生木を弓形に曲げて差しこみ,パック・ソーのように使用するものです。簡単で強力ですが,やはりサバイバル用品と考えるべきでしょう。本当に木を伐

〈左上〉ブッシュマン・トゥースとフォートゥースン・レイカーのブレード。〈左中〉バックパッカーにとってベストクォリティーのスヴェン・ソー。シース収納 58.5 × 4cm。350g。〈左下〉はワイヤー・ソー。長さ平均 55cm。〈右上〉はアルミチューブのボウ・ソー。〈右中〉はナップのスポーツ・ソー。両刃のベルト・ソー。34cm。300g。〈右下〉コラプシブル・パック・ソー。組み立ては 502 頁写真参照。30m。175g。

るチャンスが多い旅なら，スヴェン・ソー，ボウ・ソーなどのしっかりした鋸を持っていないと能率的に作業できません。スヴェン・ソーはストーブを使うバックパッキングでも持っていて損はありません。

ナイフ
KNIVES

ナイフはアウトドアーズマンの象徴です。ナイフにまつわるエピソードは開拓時代このかた，数えあげればきりがありません。ナイフが人間の生活に密着していた時代はもう昔のこととなり，日常生活での使用範囲は極端にせばめられました。しかし，手を使い，頭を働かせて一つの作業をすることは本来，人間の生活の基本的な問題であり，その訓練の一つにナイフがあることはいうまでもありません。ボーイスカウトでも10歳以上の少年少女にナイフを使う訓練をさせています。

ナイフは不思議な道具で，実用品でありながら生命がかよった生きもののように愛着の持てるものです。ナイフを大事にし，上手に使うことこそ，今私たちの生活に必要なイベントなのだと言っても過言ではないでしょう。ナイフは危険なものです。持ち主の使い方次第では凶器となります。ナイフの正しい知識，使い方はアウトドアーズマンがしっかり身につけていなければならない必須条件です。

ナイフの所持を規制する法律や条例（knife law）は世界各国がそれぞれ持っています。違反すれば罰せられます。日本の場合，銃砲刀剣類取締法という法令と各地方自治体の条例の双方が適用

一人で何本ものナイフを持つ必要は別にないのだが、用途に応じて違うタイプがそれぞれ欲しくなるもの。バックパッカーのナイフはオールパーパスの安全性の高いものが良い。〈下左〉はUSAFイッシューのサバイバル。カミラス製。〈下右〉はバックパッカーの腰に下げられたガーバーのMKⅡサバイバル。ジェネラルパーパスのファイティング・タイプ。

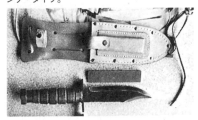

されます。バックパッカーに直接関係のある点を簡単に述べますと、フォールディング・タイプ（折り畳み式）では刃渡り8cm、シース・タイプ（鞘付き式）では同じく6cm以下のものだけが許可になっているのです。また条例では24cm以下となっています。両刃のファイティング・ナイフ、とび出し式のスピンドル・ナイフ、手裏剣などは所持禁止ですし、切り出しナイフでも場合によっては取締り対象になります。また都市の中での所持にはバックパックその他の荷物の中にしまいこむことが必要です。腰にさしたり、ポケットにしのばせておくのは良くありません。ナイフはコレクションとして外国から輸入することもできますが、刃渡り

24cmを越えるものは刀剣としての扱いを受け,禁止されていますから,税関を通りません。私たちがハンティング・ナイフの大型のものを手に入れる場合は銃砲店などから購入することになりますが,その場合狩猟許可証を提示し,台帳に住所・氏名を記入する必要があります。

バックパッカーに必要なナイフとは,どんなものがあるでしょうか。ナイフの製作者にはファクトリーとカスタムの2種があります。コレクターにとっては「誰々の何々」という逸品を手に入れることが夢であり,楽しみなのですが,バックパッカーは使用目的がはっきりしているのですから,実用性を第一に考えて選ぶことになります。現在のコマーシャル・ファクトリーを代表するものには,バック(Buck),ガーバー(Gerber)をはじめ,Camillus, Case, Normark, Rigidがあげられます。またカスタマーとしてはナンバーワンのラブレス(Bob Lovelss),そしてランドール(W. D. Randall),クーパー(Nelson Cooper)をはじめ,A. G. Russell, Lloyd Hale, Ted Dowellなど何人かの名がすぐあげられます。ナイフ・デザインにそれぞれクラフトマンシップをもったハンドメイド,あるいはベンチメイドで,今ここで詳しく触れることはできませんが,使うのが惜しくなるような逸品ぞろいです。

バックパッカーが携帯するナイフはポケット,ハンティング,サバイバルの3種に大別できます。ポケット・ナイフについてはクッキングのチャプター(214頁)で述べました。スイス・アーミー・ナイフが有名ですが,その他オルセン(olsen gold shield),カミラス(camillus model 51), case, henckel's puma stock 675, norwegian fisherman'sなどがあります。

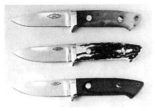

PHOTO BY TAKAO AKATSU

〈左〉ラブレスのヘビーデューティー・アウトドアーズマン・ナイフ。ラブレスは 4 6 インチブレードが多い。デザインのすばらしさ，使いやすさ，堅牢さ，どれをとってもベストクォリティー。〈右〉はランドールのシース・ナイフ。

　ポケット・ナイフにはクリップ，スペイだけのダブルブレードのものから，スクリュードライバー，カンオープナーまで付いたユーティリティーのものまで含まれます。特にユーティリティーのものは別名キャンピング・ナイフとも言われるくらい多目的に使用できます。ワインを飲む際のコルク・スクリュー，罐を開けるオープナーまで装備されています。手軽に取り扱え，常にポケットにしのばせておけるこのタイプのナイフはたしかに使用範囲が広いのですが，コルク・スクリューなどはどう考えても必要性があるとは思えません。ナイフはサバイバル用品として肌身離さず持っていることが必要ですが，ポケット・ナイフにはクリップ付きや，シースに穴をあけたりして，チェーン通しができるようになっています。またカミラスのボーイスカウト・ナイフのように空軍，陸軍，海兵隊のサバイバル・キットの中にとりいれられているのも，同じように最小の武器としてポケット・ナイフが考えられているためです。

サバイバル・ナイフ（survival knife）というと，レザーグリップとハンマーを付けた例の USAF（空軍）テストのものを思い浮かべる人が多いと思います。サバイバルには軍隊でのファイティング要素が大きなウエイトを占めていることも事実ですが，バックパッカーには，戦闘という血なまぐさい用途はありませんから，文字どおりのサバイバルのための用具なのです。その意味ではスイス・アーミーをはじめとする小型ポケットナイフは，サバイバル・ナイフの範囲に入れられると思います。

　本来のサバイバル・ナイフは，オールパーパス，つまり多目的使用です。ブレードはストレートで，背に鋸歯が付いています。本来は USAF 仕様で，飛行機の機体などの金属をカットするためですが，スケーラー（鱗落とし）として，あるいは動物の骨切りとして活用されます。グリップはノンスリップのレザーが巻かれており，そのグリップエンドにハンマーの役目をもったヘビー・スティールのバットが仕込まれています。そのバットをはずすとグリップ部が中空になっていて（hollow handle），そこにマッチ6本，釣り鉤，釣り糸，針5，6本，水消毒用のハラゾン・タブレットを入れられるようになっています。サバイバルのシースは特別良質のものは使われていません。ただ特徴ある「ウェットストン・ポケット」が必ず付けられています。サバイバルの代表的なものをあげるとカミラス（marine combat 7-inch，pilot survival 5-inch），ランドール（air force survival test），ボケール（boker—西独），マーブル，ガーバー（fighting），ガルシアなどということになります。

　バックパッカーのナイフは使用が多目的ですから，ポケットあるいはサバイバル・タイプはたしかに便利なのですが，実際にナ

イフを常に腰につけているアラスカやアメリカ西部での生活を経験すると、そのどちらでもなく、単純なシングルブレードで、手軽な小型のもの、また刃が露出していず、危険がないものが一番使いやすいナイフだと納得できます。

　ハンティング・ナイフ（hunting knife）をハンターが愛用するのは、仕止めた獲物のスキニングという仕事があるからです。小鳥からビッグ・アニマルまで、皮をはぎ、骨を切るための用具としてナイフの存在は欠かせません。カスタム、コマーシャルともナイフ作りの主流を占めているのがこのハンティング・タイプであり、多くの傑作もこの中に含まれています。これには、完全なスキニング・シェイプのものと、オールパーパスのものとがあります。最近の傾向はショート・ブレードのものが多くなってきたと言えます。ハンター・タイプはほとんどがシース・ナイフです。

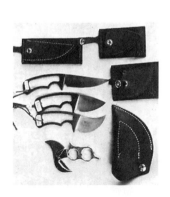

〈左〉ユニークなデザインのボーウェン。上はオールパーパス、下2種はスキナー。440Cスティール使用。シースもユニーク。〈上〉ワイオミング・ナイフのビッグゲーム。リプレイスメント・ブレードのユニークなスキナー。スキニング専用ナイフはキャンピング用には使いにくい。

つまりブレードとハンドルが一体になり，固定されています。ブレードは鞘の中に収めます。かつてはワイドで長さもある大型のナイフ（Jim Mustin の cajun など）が主流だったのですが，携帯しにくく重いので，現在では一部のハンターやコレクターだけが愛蔵するにとどまります。

いちいちハンティング・ナイフの名前をあげて比較するとなると，最後は個人的な好ききらいの問題になって収拾がつかなくなりますが, Randall, Morseth, Sparks, Loveless, Hueske, B.Warenski, C.R. Sigman, Fredhoy, G.W. Stone, Dowell, G. Herron, R. Watson などが最も代表的と言っていいでしょう。コレクターにとっても W. D.（BO）Randall と息子の Gary の名はすぐに浮かんでくる存在です。同じように Ted Dowell，テキサスの Clyde Fischer, Chubby Hueske, G. W. Stone, それに B. W. Loveless, Nelson Cooper, ユニークなスキニング・デザインの Fted W. Hoy, Morseth の A. G. Russel という名はナイフ愛好家にとって忘れられないもので，それぞれ特徴ある名品を世に送り出している代表的なナイフ・メーカーです。彼らの名品をいちいち説明していたらまた一冊の本ができてしまいますので，ここでは誰でも手に入るマニュファクチュア製の，バックパッカーにとって最も便利と思えるフォールディング・タイプのナイフを少し説明するにとどめます。

その代表的なものはなんといってもガーバーとバックです。Gerber Legendary Blades 社（オレゴン州ポートランド）が生み出したフォールディング・ハンターには，2種類あります。9cm の1枚刃（ロック付き）と，7.5cm のスキニング・ブレード，5cm

フォールディング・タイプは手軽に使えるオールパーパスのキャンピング・ナイフ。バックパッカー向きだ。〈右〉はガーバーのフォールディング・スポーツマンとバックのフォールディング・ハンター。〈左下〉はフォールディングの代表。左からウッド，ガーバー，バック2本，リジッド。〈右下〉はガーバーの2ブレードFHスクーカムとピューマのバックパッカー・フォールディング・ロックナイフ。

のスペイ・ブレードの2枚刃をボディーの両端に付けた skookum がそれです。ボディーはコクタンを象嵌したメタル・ワンピース仕立てで、厚さは 8mm しかありません。カミソリのように薄いエッジですが、カミソリの刃よりはるかに良質です。

　もう一つのマニュファクチュア製フォールディングは、バックです。カリフォルニアの Buck Knives Inc. から出されているフォールディングは月産2万個と言われています。modified 440C というハイカーボン・スティール（ピッツバーグの Universal Cyclops

PART : 3-4　ウッド・クラフト　513

Mill 社製）を材料としたバックの鋼は，ヘビーデューティーとして定評があるものです。ハンドルには，マッカーサーエボニーという硬いコクタンを使い，ブラスサイドにエポキシで接着してあります。24時間プレスした後，乾いた接着部をドリルプレスでしっかりロックします。さらにステンレスのピンでその上からかしめます。ブレード，ロック，スプリングともいっしょにリベットとピンでセットされるのです。バックはガーバーに比べると鈍重な感じがしますが，堅牢であることは間違いありません。ガーバー，バックともそのほか，非常に優秀なシース・ナイフを数多く出しています。

ニューヨークのカミラス（Camillus Cutlery Company）には，スタッグ・ハンドルの sportsmate や woodsmate などの小型フォールディングが，ペンシルバニア州ブラッドフォードのケース（W. R. Case Knives）にもパッカウッドをハンドル・マテリアルに使ったグッドデザインがあります。またワイオミング・ナイフという特異なスキニング・ナイフが The Wyoming Knife Corp.（ワイオミング州キャスパー）から出ています。

カスタム，マニュファクチュアとも，ナイフはアメリカというのが最近の定評になってしまいました。フィンランドのラパラ（Rapala）や，ドイツ・ゾーリンゲンのヘンケル（Henckels）などに代表されるヨーロッパのナイフはたしかに洗練された味があるのですが，アウトドアーズマンのためというより，家庭の台所で使うほうが似合う感じです。ただフィッシャーマンのための fish'n fillet, トラウト・ナイフにはさすがに良いものが目立ちます。しかしバックパッカーが一つ持ってオールパーパスに使用するに

は，あまり有利とは思えません。

　国産のナイフは，デザインに関してはポケットからサバイバルまでひととおりそろっています。新潟県の関，燕などは古くからの刃物生産地ですが，福田刃物店のサバイバルなどはラブレスの製品にそっくりです。ただ，一般的なことなのですが，日本製のナイフは「こじる」ことに弱いという共通の欠点があります。習熟しないと使いにくいのです。その点アメリカ製のナイフはビギナーでも充分使いこなせる良さがあります。日本は刀剣に見るように，鍛造技術には優れたものがありますから，アメリカのナイフ・メーカーたちもそれに目をつけ，技術提携を結びたいと考えていることも事実です。いずれにしても日本のナイフはコレクション，あるいは美術刀剣的な見地から，実際にフィールドでの使用目的をしっかりさせたテストへと，方向を転換させた製品が現われなければ，キャンパーの腰にぶら下げられた，ただの飾り物の域を出られないでしょう。

　シース・ナイフを使用する場合には，当然シース（鞘）にも神経を使わなければなりません。鋭いポイントとエッジを持ったナイフは，しっかりした鞘がないと危険です。硬い皮革，ブレードに正しく合った形とヘビー・ウェルト，大きめのセーフティー・ストラップ，頑丈なスナップの付いたものを選ばなければなりません。ナイフ・メーカーはそれぞれナイフに合わせたシースを付けて販売しているのが普通ですが，各社それぞれ特色があります。手縫いのもの（W-K），リベット・ファッスン（Case, Buck, Rigid）などもあります。ポートランドの The George Lawrence Co. は，このシース専門の店です。最上級のカウハイド，5コー

上段〈左〉はバック・フォールディングのシース。〈右〉はガーバー・フォールディング用。それぞれ専用でマテリアル、ステッチともに堅牢。バックがシースとも250g、ガーバーが170g。腰の負担はない。

下段〈左〉はブローニングなどのコマーシャルメーカーのハイグレード・シース。〈中〉はラブレスやドーウェルのスカンジナビアン・タイプのポーチ式。〈右〉はヘビーレザーとハンドソーンのW-Kナイフ。ブレード保護は万全。革紐でホールド。

　ドのワックスをかけたリネン糸のステッチに、ニッケル・スナップを使用し、その心配りはさすがです。バックのフォールディング用シースも、デザイン、材質とも非常に優れていますから、そのまま使用して安心です。シースに使われる革は、靴と同じで生きています。手入れを怠ってはなりません。

　ナイフ・ブレードにも同じことが言えます。切れない刃物ほど危険なものはありません。力を加えて滑ってしまったときの恐ろしさはたとえようのないものです。ナイフのシャープニングは決して難しいものではありません。ナイフなど小型の刃物用の砥石

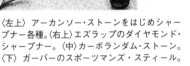

〈左上〉アーカンソー・ストーンをはじめシャープナー各種。〈右上〉エズラップのダイヤモンド・シャープナー。〈中〉カーボランダム・ストーン。〈下〉ガーバーのスポーツマンズ・スティール。

にはカーボランダム（carborundum）と呼ばれる人造石と，アーカンソー・ストーンと呼ばれる自然石があります。人造石を使ってシャープニングするにはオイルを使いますので，別にオイル・ストーンとも言われます。オイルはソーイング・ミシンなどに使用する軽油が一番良いのです。もしなければ台所用のサラダオイルでも間に合います。自然石のアーカンソー・ストーンはアーカンソー州のほんの狭い地域からだけ産出されるものですが，もう一つの自然石，washita stone がミディアム・グリットで荒砥に使われるのに対し，アーカンソーは堅目なので仕上げに使われます。

　オイル・ストーンを使用するシャープニングは，フィールドの中では無理です。フィールドでは別に小型のポケット・ストーンが使用されます。手の中に入るほどの大きさで，オイル・ストー

〈左〉はバックのホーニング・キット。ワシタ，アーカンソーのストーンとオイル。〈下〉はバック・ホーンマスター。シャープニングの際，常に同じエッジアングルを維持できる。

ンは砥石の上でナイフを動かすのに対し，ポケット・ストーンは構えたナイフの上をストーンで砥ぐことになります。

もう一つの方法はチタニウム・カーバイド（titanium carbide）やクロミウム・カーバイド（chromium carbide）のスティール・バーをシャープニング・ツールとして使用するものです。ガーバーの sportsman's steel，バックの steelmaster，エズラップ（Eze-Lap Diamond Products）の eze-lap diamond knife sharpner が代表的です。このスティールを使うときのコツは，ブレードを立てないことです。スティールの面に対してなるべくフラットに（5～7度）エッジを当てることです。スティール・シャープナーを使った場合は，エッジの効いている時間がオイル・ストーンで砥いだ場合より短いと言われます。つまりフィールドでは常にエッジの状態を確かめて，まめにシャープナーを当てる必要があります。

ナイフはバックパッカーにとって有効な用具ですが，ブッシュを払って前進するような場合には力を発揮できません。ナタの類

が効果をあげます。国産のナタ,マチェーテ（machete）,ククリ（kukri）などの山刀がそれです。特殊な場所での特殊な使い方ですから,説明は省きますが,一つユニークなツールについて述べておきます。ウッズマン・パル（woodsman's pal）と呼ばれるブッシュ・アックスです。カッティング・エッジは23cmで,

ウッズマン・パル。ブラッシュフック（鎌）,アックス,ドローナイフ,アイスカッター,穴掘りの機能を持ったオールパーパスのアウトドアーズマン・フェイバリト。43cm。670g。セーフティーキャリング・シース付き。

グリップをいれると40cmになります。カッティングのほか,鎌の役目をしてくれる円形のエッジ（sickle edge）と,土を掘り起こすトレンチング（trenching）エッジが付けられています。high carbon manganese steel をブラック仕上げしたもので,サビ防止が施されています。グリップにはレザーが巻かれており,メタルのサム・ガード,ハンド・ガードが付けられています。安全のためにメタル・シースを半面に付けて持ち運びするようになっています。

キャンプの炊事道具
COOKING FIREPLACE

焚火が許され,生の食品を使えるとなれば,キャンプ生活もエンターテイメントの中に入れられることになるでしょう。それを楽しむためのいくつかの道具について触れておきます。小型,軽量,ヘビーデューティー。これはアウトドアーライフの道具には

欠かせない条件です。

アウトドアーズマンズ・ストーブ（out-doorsman's stove）はキャンプストーブとして，チャコール・スターターとして，多目的に活用されます。Penguin Industries Inc. 製のこのフォールディング・タイプは，風の強い日でも安心して焚火が楽しめ，トップやミドル・ポジションにグリルをセットすればフライパンやポットを載せられ，広い使い方ができます。フラットに折り畳めますから，持ち運びにも場所をとらず，便利です。キャンプストーブ・トースター（camp stove toaster）は，カナダの Coghlan's Ltd. 製の折り畳み式トースターです。チャコール，ファイアープレスの上にグリルを載せる設備さえあれば，いつでもトーストが食べられるという仕組みです。4組のカパー・コーテッド・ワイヤーを立たせて熱に当てますから，一度に4枚のパンを焼けます。もちろんガス・ストーブなどの火の上でも使用できます。

フォールディング・グリッド（folding grid）は，Herter その他のキャンプ用具店から出されている折り畳みの足を持ったグリルです。小型ですが鍋2個を載せることができます。足があると条件の悪い地面でも安定させられるので，使いやすいと言えます。

リフレクター・オーブン（reflector oven）では，Palco のコラプシブル・オーブンはよく磨かれたアルミニウムを使用して

流木をふんだんに使ったりするオルタネイティブ・キャンピングはバックパッキングとはまた別の野外活動。しかし精神に変わりはない。

ホップスのアウトドアーズマンズ・ストーブ。マルチパーパスのファイアープレス用。アルミナイズド・スティール。ウインドプルーフ、ヒートリフレクターの役目も果たす。1.35kg。高さ31cm。ウッド、チャコールどちらにも使用可。

キャンプストーブの上にのせて使うキャンプストーブ・トースター。一時に4枚のトースト可能。ヘビースティール、カパーコーテッド・ワイヤー。190g。ワイヤーはとりはずし、折り畳み可能。

いるので、上下からの熱反射の効率が良く、ベーキングのほかテント・ウォーマーや衣服のドライヤーとしても使えます。折り畳んでしまうと1枚のプレートですが、組み立てはワンタッチです。パン、パイ、ケーキなどのほか魚、肉、野菜、なんでも焼けます。

〈左〉コラプシブル・リフレクター・オーブン。焚火用ベーキング。パイから肉まで。アルミニウム製，折り畳みサイズ30×16cm。450g。〈左下〉はバーベキュー用スティックとアルミホイル。〈下〉はトロウェル（こて）とシャベル。

　魚釣りの後はのんびりとテントの前に腰をすえ，日の高いうちから豪勢な食事の仕度にとりかかるのも，またアウトドアーライフの楽しみの一つであることは間違いありません。

　そんなとき煙草を一服，という人も多いと思いますが，最近はアウトドアーズマンの多くが煙草をやめる方向にあります。これは体に良くないという健康上の理由のほかに，大気，土壌にも汚染をもたらすまいという心意気があるからです。スポーツマンが煙草を喫わないのは昔からのことですが，エコロジー・マインデッド・ピープルも同じように禁煙主義です。どうしても煙草を手放せない人は，ほとんどがパイプ党です。紙巻，特にフィルター付きはその始末に困り，土壌，あるいは河川を汚し，動・植物に悪い結果をもたらすという考えからです。パイプはその点，少しでも被害を減らせると思われているのです。

〈下〉はニムロッドのコマンダーとスポーツマン。オイル・パイプライター。コマンダーはジポーサイズ，スポーツマンは 8 ×直径 1.8cm。時計はショック，マグネチック，ウォーター各プルーフの堅牢なものを。シチズンアラーム（右上）とレザーカバー（右下）。

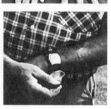

　パイプなどは本当に個人的嗜好の問題ですから何が良いとは言えませんが，くわえたままで両手を作業に使える小型のものがアウトドアーズマン用，あるいはミリタリー用としてメーカーから出されています。パイプに使うライターはジポー（Zippo）というのが通り相場ですが，ウィンドプルーフィングはたしかに確実です。ほかにニムロッド（Nimrod）から出されている2種のパイプ用ライターがあります。直径2cm，長さ8cmのプラグ型と，コマンダーという名のジポー・タイプです。双方ともチムニーが上下に開けられているので，直接パイプのボウルの上にライターの火をのせることができ，完全なウインドプルーフが可能ということになります。

　自然を愛し，そこに生活するものの心がけとして，紙巻煙草を喫う人でも，その喫いがらは必ず持ち帰るべきです。

トレールに現われたムース。グランド・ティトン国立公園。

4000mのティーヴィーノットを望む。
グランド・ティトン国立公園のトレール

イエローストーン国立公園のライセンス。上と右はヨセミテ国立公園

PART:4 APPENDIX
アペンディックス。バックパッカーの頭脳

BACKPACKING CODE バックパッキング・コード

　トレールに旅立つ前，準備がすべて整ったときは本当にうれしいものです。この段階で最も注意しなければならないのは，ウエイトの問題です。目的によってバックパックの中味に変化が生じるのは当然で，持っていくべきかどうか迷う用具が一つ二つ必ず出てくるものです。そんなとき，必要かな，と感じたならバックパックの中に収めるべきです。持っていって使わなかったときはただ，しまったと思うだけで済みますが，残してきた用具が必要になったときの後悔はいつまでも，しこりとして残るからです。

　個々の用具のウエイトは可能なかぎり減らすことです。同じ性能の品物なら軽いものを選びます。ボール紙などを使って包装されているものは，包装をはぎとって持っていきます。それほど細かく気を遣わなくても，と思われるかもしれませんが，ひとりの旅ではどうしても心配が先にたって，用具が多くなりがちなので

heavy ▦
medium ▨
light ▥

バックパック・メーカーはそれぞれ独自のパッキング・システムを確立している。一般にはバックパックのセンター・ハイ，体に近い位置に重い荷をおき，ローポジションを軽くする。ただしスキー・ツーリングや斜度のある登行では逆に重量を低い位置に下ろし，バランスを保つ。

す。個々の用具のウエイトに気を遣うことが、結局は快適なバックパッキングに通ずる一番の近道だと思います。自分の持っている用具個々の重量を、しっかり認識していることが必要です。

パッキングしたバックパックを背負ってみて、少し重たく感じるがこれくらいは平気だろうと考えるのは危険です。平坦でない道を長時間背負って歩いているうちに、決して平気ではなくなるからです。普段から重い荷を背負って歩くことに慣れている人は別として、ビギナーは荷重の及ぼす精神的な圧迫ということに神経がいきとどきません。自分の体重の3分の1以内というのが大

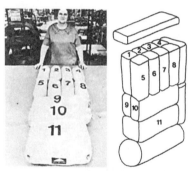

ジャンスポーツ・ダウラギリシリーズのギアー・プレースメント。スタッフに収納したのは1, 2, 3が主食糧（日別）。4飲物、調味料などのフード・ステイブル。5リペア・ギアー、緊急用具。6, 7, 8衣料。9トイレット・キット。10, 11炊事用具。コンパスその他ウォーキング用具はアウトサイドポケット。上下にテント、寝袋、パッドを。

バックパッキング・コード 531

まかな目安ですが，それでも長い旅ではつらい思いをしなければなりません。

猛禽類の生態研究で有名なビル・ギルバートは『スポーツ・イラストレイテッド』誌に書いた記事で，バックパッキングを成功させる秘訣は35ポンド（16kg）以上の荷重にしないことだと言っています。最も軽量で最も便利な用具をそろえても，それが集まって総重量が35ポンドを超えたときには，難儀の種になるというのです。現在では用具を作る側も使う側も，ともにこの軽量化という問題に一番神経を使っています。またバックパッキングとオルタネイティブ・キャンピングの相違もはっきり認識されてきました。

トレール・ケア
TRAIL CARE

こうした重い荷を背負って歩く旅を計画するとき，いろいろ問題が出てきます。それは季節や場所，旅の長さなどです。何が待ち受けているか分からない土地に長旅をするとなると，不安と期待がいりまじる不安定な精神状態に陥り，プランニングも動揺しがちです。まず短い旅から始めるべきです。

最初はウィークエンドを利用して，2泊3日ぐらいが適当です。それから次第に1週間，10日間，2週間と，日数を延ばしていけばよいのです。いきなり10日間のプランをたてて挫折すると，次の旅はもっとプレッシャーがかかって，つらくなってしまいます。短い旅を多く経験し，その間に用具の取り扱いや，ウォーキングのリズム，自分の体力を把握することが大事です。

食事の量や回数についても，自分のペースをつかまなければなりません。都会で常日ごろ美食に慣れていた人が山の中に入り，話し相手もない夕食で，いきなりデハイドレイトやフリーズドライの単調な食物を胃袋に落としこんでも，決して美味ではないし，コンディションを保てるわけはありません。毎日同じ食物であっても，自分の舌にあわない食事でも，楽しいと思いながら食べられる下地を日ごろから作っておくことが必要です。キャンプの食事は楽しいものだとか，どんなものでも山の中ではうまく感じるとか言われます。それが本当かどうかは自身でテストしてみる以外にはありません。また日ごろ大食をしている人も気をつけなければなりません。デハイドレイトやフリーズドライの食品は，大量に食べる性質のものではありませんし，訓練なしにいきなり胃袋の中にほうりこんだら，胃袋が拒否反応を起こします。オートミル，おかゆなどを使う食事で胃袋をだましながらデハイドレイトへ入るのが，本当は正しい方法なのです。

　長旅の場合は，いくら軽いフリーズドライを使うにしても，何週間分もの食糧を一度にバックパックに詰めていくことはできません。トレールの中途のどこかに，食糧をデポジットしておく必要があります。国立公園事務所とか町の役場，郵便局などがよいと思います。

　バックパッキングは，オールイヤーラウンドの楽しみが可能とはいえ，初めての旅が雪の厳冬というのも考えものです。やはり天候その他の気象条件に最も恵まれた夏が始めやすい時季でしょう。5月から10月，この季節を選べば，日本のたいていの地域は快適です。もっとも，6月中旬から7月半ばまでは梅雨のシー

ズンです。南北に長い日本列島では梅雨に多少のずれがあり、沖縄、九州では早目に梅雨が始まり、東北では梅雨明けが遅れます。ただし日本のウィルダネス、北海道には、梅雨というはっきりしたレイン・シーズンがありません。

　夏だからといって危険がないとは言えません。台風が来れば谷川は増水し、トレールを変更しなければならない事態も起こりますし、雷の恐怖もあります。

　雷の話が出たところで、ちょっとした注意を一つ。アラスカン・シャツをはじめ、アウトドアー用のシャツには胸ポケットが左右二つ付いています。左胸のポケットは当然心臓を守るためのものです。ポケットに入れておいたロケットが銃弾から命を救ったなどという話が映画にはよくありますが、たしかに通常は左胸のポケットは心臓部のガードに役立ちます。しかし山中で雷に出遭ったら、左の胸ポケットの中の金属製品は、少なくとも右ポケットに移しかえておくべきなのです。畠山久尚著『雷の科学』の中に、蓬(よもぎ)峠落雷事故の被雷者についての研究が詳しく報告されていますが、重傷を負いながら入院40日で勤務に戻れた気象庁山岳部員の奇跡的な回復について「心臓側の上衣にある上下のポケットに、何ら金物を入れていなかったこと」が幸いしたとも考えられる、と記されています。もちろん落雷事故は、ポケットに金物を入れておいたかどうかで左右されるほど単純なものではないのですが、最低限の予防措置の一つではあります。〔現在では実験によって金属を身につけていることは落雷の受けやすさと無関係とされる〕

　話をもとに戻します。いかなるテレイン、いかなる季節でも、危険がまったくないということはないわけです。ただ日本列島で

は，梅雨明けの後，台風シーズンまでの夏の間は比較的天候の安定している日が多いということは言えます。4月，5月の春の盛りでも，3000mの山岳地帯はまだ雪の季節なのです。10月の末，都会は秋たけなわでも，山岳では冬が始まっています。天候，気象の不安定な季節の長期のバックパッキングは入念な気象研究が必要です。

　次は場所の問題です。どこへ行ったらバックパッキングができるのか，という質問をよくされます。ナンセンスな問いですが，意外に多くの人がそれを気にしているのです。バックパッキングはどこへ行こうと自由です。行ってみたい所があるからバックパッキングの旅があるのです。日本列島には広大な自然がないからバックパッキングの楽しさは味わえないだろう，という人もいます。それも間違いだと思います。そんな感じを与えるのは，山の相当奥まで人家があり，山には登山用の山小屋がたくさんあるというイメージがあるからです。

　テント，スリーピング・バッグ，炊事用具を持っているバックパッキングの旅では，そういった人間の暖かさを意識的に避けようとすれば，裏山でも立派なバックパッキング・トレールになります。もちろん現存の登山用トレールをたどることもバックパッキングの楽しみを損なうものではありません。ただしテントを使用することです。また，できる限り長い時間をかけることです。登山のガイドブックを参考にするのも良いでしょう。ただ，一つのピークを登りつめて帰ってくることがバックパッキングだとは，あまり考えたくありません。ピークがあれば，それを越えるのは当然ですが，なによりもバックパッキングの楽しみは自然の

中に在ることであり,そこから何かを見つけることなのですから。

　北海道は残されたウィルダネスです。東北には八甲田連峰,八幡平,飯豊連峰,朝日連峰など,バックパッカーのパラダイスがあります。南アルプス,北アルプスの中部山岳地帯も,盛夏を除けば人の数は多くありません。南には降雨林の森のよさがあります。どこへ出かけようと,自然はバックパッカーを失望させません。ただ特別な山岳地域には,登山規制などがあります。そんなところには近づかないことです。自然はあくまでも自然でなければなりません。いかに人命を損なう危険があろうと,そこに行きたいと願う人間の自由を規制することは好ましいことではないと考えます。さまざまな規制はバックパッカーが自らに課する責任であるべきです。そのためにこそバックパッキングの旅に出るのですから。

　1日に歩く時間や距離はどのくらいと考えればよいだろうかという疑問も,始めはあるかもしれません。これは地域や条件によって違ってきますから,まちまちな答えしか返ってこないでしょう。ウォーキングだけだったら,1日7時間程度をそれに当てることはできるでしょう。その場合の残り時間は,睡眠時間が9時間,炊事と食事の時間が4時間,あとは風景を見たり,写真をとったり,人間や動物に出会って話をしたり,テントの中でつくろいものをしたりして過ごす時間ということになります。動物の写真撮影とか,植物の観察とか,釣りといった楽しみに時間がとられる場合には,ウォーキングの時間は短くなってしまいます。いずれにしても,登山のガイドブックに記載されている,山小屋から山小屋まで何時間何分というような区分けは参考にはなりません

が，それらは山に精通した人たちが一つの目標を与えてくれているのですから，自分なりに咀嚼し，計画をたてる際の目安に活用すべきです。

　普通，ガイドブックに表示されるタイムは，10kg程度の荷を背負った高校生パーティを標準にしている場合が多いようです。このタイムは行動時間だけで，途中の休憩時間などは含まれていません。平地では4kmを1時間，山地では標高差300mを1時間と見ています。自分のペースをよく知っているベテランなら，地形図を見ればおよその所要時間を割り出すことができますが，ガイドブックのタイムを参考にする場合は，無理のないものにすべきです。

　行く先もスケジュールも決まり，バックパックに荷を詰め終わりましたか？　いよいよ出発です。その前にこまごまとしたアイテムが，それぞれうまく収納されているかチェックして下さい。小さなスタッフ・バッグを用意し，その中に手際よく収めておくべきです。必要なとき，その品物の入れ場所が分からなくなって

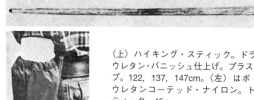

〈上〉ハイキング・スティック。ドライアッシュにウレタン・バニッシュ仕上げ。プラスティック・チップ。122，137，147cm。〈左〉はボトル・バッグ。ウレタンコーテッド・ナイロン。トップはエラスティック。45g。

バックパッキング・コード　　537

しまったということのないように。

　もう一つ，必ずやっておかなければならない仕事があります。計画書の提出です。バックパッカーは事故を起こさないように，また万一事故が起きたときも，自分で最大限のサバイバルが可能なように計画し，装備を整えているはずです。しかし当人以外の人間は，いつも心配しているのです。家族や友人宛てと，トレールに当たる県警察本部外勤課や山岳本部宛てに必要です。アメリカをはじめ外国の場合は，ナショナル・パークやナショナル・フォレストのレンジャー・オフィスに届を出します。住所，氏名，自宅や連絡先の電話番号，トレールのスケジュールなどをなるべく詳細に記入しなければなりません。山と溪谷社から毎年出される『登山手帖』には資料編が付けられていて，登山地精通者名簿，交通状況問合せ先，県警本部所在地，登山地行程表，宿泊施設，救急・遭難処置法，天気図の見方・書き方など，バックパッカーに有意義な内容が盛り込まれています。〔現在は内容は多少異なるが「山の便利帖」として雑誌「山と溪谷」1月号付録〕

トレール＆クロスカントリー
TRAILS & CROSS COUNTRY

　さて，出発です。トレール・ヘッドに達するまでのトランスポーテーションに車や鉄道を使うところから，バックパッキングは始まっています。列車の通路に座りこんだり，座席で唄を歌ったりといった行為は，慎まなければなりません。車を運転する場合も同じです。他人に迷惑をかけないよう努めるのはもちろんですが，今自分は貴重なエネルギーを消費し，なんらかの環境破壊の原因

を作りながら走っているのだという自覚を、かたときも忘れてはなりません。

　トレール・ヘッドに着いたら、もう一度点検です。そしてバックパックを背負って下さい。まずウエスト・ベルトを締めます。リジッド・タイプにせよヒップ・サスペンション・システムにせよ、ベルトが基調です。リジッドとヒップ・サスペンションのどちらが良いかということの結論はまだ出ていませんが、ビギナー

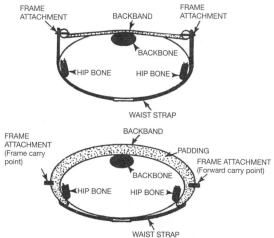

リジッド・バックパック（上）とヒップハガーあるいはラップアラウンド・バックパック（下）のバックバンドとウエスト・ベルトの状態を上から断面として見た場合。〈下〉ではバックバンドが体の周囲を無理なく包んで、荷重の大部分がバックバンド全体に分担されている。〈上〉ではバックバンドは荷重の一部しか負担できず、大部分はウエスト・ベルトにかかる。ストレート・バックバンドと同じ位置から出るウエスト・ベルトでは、この前面にかかる荷重を処理できない。（A. ドロリンガーの説明より）

にはリジッドの良いバックパックがベストです。ヒップハガーは背骨をガードし，たしかに使いやすいのですが，ヒップ・サスペンションは荷重が30kgを超えたりすると効果が半減します。ウエスト・ベルトを締め終わったらショルダー・ストラップを締めて，ハーネスをしっかり体に合わせます。荷が腰にのった感じがつかめましたか？

さあ，歩きましょう。歩行はリズムです。そして自分のペースをつかんで下さい。ストライドはトレールの傾斜が急になるにしたがい，小さくなります。腰が疲れたと感じたらウエスト・ベルトをしばらく緩めて下さい。バランスをくずすような歩行はくれぐれも避けて下さい。石を跳んだり，下り坂を駆けたりせず，常にゆったりと歩きます。背に15kgの荷がのっていることを忘れずに。トレールのはじめは誰でも調子が出ないものです。汗をかいたり，山の場合には高度に体が順応できなかったりで，とにかく初日は体も気分も重いものです。

高山病という障害があります。症状は目まい，頭痛，吐き気，不眠症などで，それが単独で起こる場合も，コンビネーションとなって起こる場合もあります。これは酸素の供給が減少していくことに対する体のリアクションです。高度が上がるにつれて気圧が下がり，酸素のテンションが落ちて体内への供給が次第に困難になってきます。また風や乾燥，寒さ，暑さ，光線，重力の変化などにさらされて，体も神経もストレス状態に陥ります。これらの要因がミックスして高山病が起こるのです。

高度を下げれば治まるものですが，とにかく高山病らしい症状が見えたら，無理をせず，その高度に体が順応するまで慣らすこ

とです。重い食事は避けるべきです（もっとも，あまり食べたい気分にはならないと思いますが）。水分を充分にとることは必要です。高度が上がると酸素を送りこむために呼吸回数が多くなり，水分のロスをもたらします。高山での水分のロスはあまり問題にされていませんが，軽視できません。乾いた季節や風が激しいとき，汗はすぐ蒸発してしまうため，汗をかかない感じがして，体の調子が良いと思いがちです。しかし間違いなく水分は放出され，脱水症状が起こりつつあるのです。汗をひどくかいて脱水症状を呈し，気分が悪くなってきた場合は，水といっしょに塩分をとって下さい。体が順応するにしたがって，症状は次第によくなっていきます。最初の1日2日は水と塩分を充分に補給することが大切です。

　山，特に高地では眠れなくなることがあります。そんなとき，別にあせる必要はありません。ただ横になっているだけでも体には休養になっているのです。その機会を利用して，頭上の星やミルキーウェイを観察することです。それにしても，やはり普段から循環器，呼吸器をデベロップさせるトレーニングを心がけていると役に立ちます。

　トレールは続きます。目の前に現われるのは渓流か樹林か岩山です。渓流を徒渉しなければならないときは，バックパックのヒップベルトははずしておいて下さい。体とバックパックを別々に運ぶことが可能だったら，ためらわずそうすべきです。渓流の中では，空身の方がバランスがとりやすいからです。バックパックは時には浮き袋の役を果たしてくれるかもしれません。防水性の材質，中にはスタッフ・バッグやプラスティック・バッグがたくさ

ん入っているのですから。水中を歩いて渡ることができる場合は，乾いた石を無理に跳ぶより，靴を濡らすほうを選ぶべきです。靴は乾かすことができますが，足を骨折したり捻挫したらトレールを中断するしか方法がなくなってしまいます。ウォーキング・スティック，あるいはウェーディング・スタッフ，つまり杖があれば徒渉のとき非常に助かります。

いよいよトレールは九十九折りの登りにかかります。体重と荷重を常に足の上にまっすぐ乗せて歩きます。つまり傾斜がきつくなればなるほど，体とバックパックはCG（center of gravity）を求めて前傾することになります。ヒップ・ベルトを緩めて，荷が背と肩にかかるようにしなければなりません。登り坂でも靴底はフラットに地面を捕えているようにすべきです。ステップを小さく，ゆっくり，しかも規則正しく一歩一歩確実に歩くように心がけます。

下りになると，登りとはまた別の筋肉を働かせることになりま

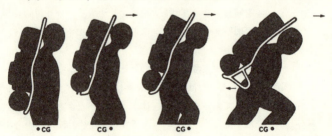

CG（center of gravity 重心）の位置が，各テレインごとに変化していく。左端のレベルではCGはヒップの後ろにあるが，斜度がきつくなる（登り下りとも）に従いCGは前面に向かって移動する。それに伴いバックパックは機能的な動きを見せ，荷重のバランスを保つ。（ジャンスポーツ・カタログより）

す。長い下り坂は登りよりも苦労します。靴紐を締めなおし、靴の中で足が前のめりになるのを防がねばなりません。バックパックはストレートです。柔らかいニー・クッションでショックを吸収して下さい。ステップは小さく、フラットに、そして、その足に体重をしっかりのせます。大股に駆け下るのは厳禁です。体に悪いばかりでなく、途中で石をけって、その石に加速度が加わり、トレールを転がっていったというようなことがないためにも。トレールはあなた一人だけのものではありません。下を歩いている見知らぬ仲間がいるかもしれないのです。同じように、スイッチバックや坂のカーブでショートカットするのも慎むべきです。間違っても岩や石を落としたりしないように。またトレールの途中にある看板や注意書きなどには、いつも気を配っている習慣を身につけておくべきです。

セットアップ・キャンプ
SETTING UP CAMP

一日の行程が終わって、いよいよキャンプです。キャンプサイトを見つけるのはなかなか面倒な仕事です。飲用できる水はあるか、焚火ができる場所かどうか、その場合の燃料は確保できるか、朝日がテントにさしこむか、気象的に、あるいは地形的に危険はないか、と注意して探します。砂地、裸地、岩場、落葉や腐植土などと、地表もさまざまです。落葉や腐植土の上で直接焚火することは厳禁です。立っている木（たとえ枯れていても）を切ることも厳禁です。これはいかなる理由があろうともです。石を積んでケルンをつくるといった行為、つまり建造物や標識、落書きな

どを，あるがままの自然に加えることは，当然禁止です。風よけ，大きなキャンプ・ファイアープレス，これもだめです。地面を掘りおこしたりするのも禁止。湿原の中にキャンプサイトを設けるなど，もってのほかです。いかなる理由があろうと，湿原を掘ったり，踏み固めたりすべきではありません。これらは禁じられているからでなく，エコロジー，あるいはバイオロジーに深い興味を寄せるバックパッカーとして，当然の禁忌なのです。川に近いテントは寒い，樹間や大きな遮蔽物の陰は暖かい，これは昔から言われていることです。夜間，渓谷では風は下流に向かって吹きます。小さな高山植物の中のキャンプも見合わせるべきです。こういった難しい問題をすべて解決して，キャンプサイトを決めることになります。

　焚火をするためのファイアープレスは，3個のフラットな石だけでまかなうように。岩などの遮蔽物の陰にファイアープレスをつくる場合は，1mほど離すこと。岩陰で直接焚火をすると，その岩を黒くすすけさせてしまいます。ファイアープレスと岩との間に自分の体を置くのが，一番暖かく効果的な方法です。焚火の

自然は楽しみと危険とを同時に与えてくれる。ケア＆エンジョイメント。トレールコード（上）とドッグパックをつけたお供。

燃料は必ず落ちているものだけでまかなって下さい。たとえ枯れているものでも，立っている木を使ってはいけません。

　サニテーション。トイレづくりです。トイレ用の穴は 15 〜 20cm 程度の深さです。浅すぎると動物が掘りおこすし，深すぎると生物学的に土壌に与える悪影響が心配されます。穴は水辺からは 40 〜 50m 以上離れた位置であることも条件です。流れを利用して水洗トイレ，などというのは最も悪質なジョークです。水の汚染こそ最も慎まなければならない問題です。

　さて，一日のすべてが終わりました。満天の星，サテライトです。スリーピング・バッグは水平になっていますか？　テントの中は暖かですか？　……おやすみなさい。夜中に一度きっと眼を覚ますでしょう。高い山での眠りは，そういうものです。星を数えてリラックスして下さい。

　そして，朝です。スリーピング・バッグやパッドは朝日に当てて下さい。お湯をわかして朝食です。いよいよまた一日の行動の開始です。食器はきれいに磨き終わりましたか？　キャンプサイトは，到着したときとまったく同じ状態にかえしましたか？　不要になったアルミフォイルやプラスティックは持ち帰ります。「ウィルダネス・トリップ・イズ・クリーンナップ・トリップ」この言葉をいつも忘れないで下さい。

　バックパッキングの旅を通して，自然について，また人間について，あなたは学び，そして，ひとまわり大きな視野を持つことになったと思います。アウトドアー・フェローシップを身につけたあなたは，1 点ポイントを増やしたわけです。ポイントはどこまで増えつづけるのでしょうか。次のバックパッキング・トリッ

ロッククライミングも岩を傷めない方法で登ることが条件。ナッツやストッパー（上）などを使ってトライするのがクリーン・クライミングのだいご味といえる。

プも成功であることを祈ります。自然は大きく，あなたの挑戦をいつも待ちうけていてくれます。足だけでなく，自転車を使ったバイク・パッキング，カヌーを使ってのカヌー・ツーリング，そして冬のクロスカントリー・スキーによるスノー・ツーリング。ウィルダネスへの旅はイヤーラウンドのものであり，相手は世界中です。そして常に自然科学の眼をもって旅する心を忘れないで下さい。

MASTER CHECK LIST
マスター・チェック・リスト

シーズンあるいはテレインによって，イクイプメントは多少の変化があります。このリストに登場するイクイプメントは，バックパッキングという行為の中のどこかで役立つに違いないものをすべて含めています。私たちがめざすのはあくまでもライトウエイト・バックパッキングであり，30ポンド（14kg）〜40ポンド（18kg）を目安にしています。そのおおまかなトータル・パック・ウエイトは，クローズ（ウェア）3kg，ベーシック・イクイプメント（バックパック，スリーピング・バッグ，マットなど）5kg，クッキング・ユテンシル2kg，トイレット・ギアー，サバイバル，ファースト・エイド，その他1kg，食料5kg，といったところです。なおリストに表記した重量はアベレージ・ウエイトです。

頁	イクイプメント	数量	重量
59	マウンテニアリング・ブーツ		3000g
313	ソックス	3	300g
84	キャンプ・モカシン		240g
314	ダウン・ブーティー		230g
542	スタッフ		380g
465	アイスアックス		700g
465	クランポン		700g
470	スノーシューズ		2000g
91	ファニーパック		120g
93	デイパック		550g
96	ルックサック		1200g
103	バックパック		2500g
131	テント		2000g
134	フライシート		550g
131	テント・ポール（A型）	2	350g
136	テント・ペグ	6	120g
125	タープ		100g
125	ヴィスクランプス	6	170g
127	チューブ・テント		500g
175	スタッフ・バッグ		50g
173	スリーピング・バッグ		2500g
168	エンソライト・パッド		400g
170	フォームパッド		1400g
171	エア・マットレス		500g
173	スリーピング・バッグ・カバー		500g
175	ピロー		150g
184	ホワイトガス・ストーブ		500g
191	ガス・カートリッジ・ストーブ		227g
188	ホワイトガス・ボトル		113g
191	スペア・カートリッジ		262g
189	ファンル		30g
187	ウインドスクリーン		114g
220	プラスティック広口ボトル1ℓ用	2	340g
222	ウォーター・コンテナー		240g
204	クック・ポット	2	500g

207 ポット・グリッパー		85g	305 ポンチョ		600g
207 コーヒー・パーコレーター		190g	308 カグール		570g
208 バックパッカー・グリル		113g	309 グラブス，ミトン		150g
210 シェラカップ		90g	315 キャップ，ハット		70g
212 スプーン		35g	319 バラクラーバ		90g
214 フォールディング・ナイフ		250g	430 サングラス		60g
516 ナイフ・シャープナー		250g	321 バンダナ	2	60g
216 ソルト & ペッパー・シェーカー		15g	258 スイムパンツ		250g
217 スクイーズ・チューブ 　（マーガリン・コンテナー）	3	60g	413 バケット		120g
196 マッチ		15g	348 フラッシュライト		80g
199 マッチ・ケース		42g	350 スペア・バッテリー単3	8	160g
199 メタル・マッチ		50g	354 スペア・バルブ	2	2g
200 フリント・スティック		10g	355 キャンドル・ランタン		110g
229 カンオープナー		4g	355 キャンドル	4	120g
218 スカウアリング・クロス		10g	327 マップ		10g
			342 マップ・メジャラー		50g
259 ストリング・シャツ上下 　（フィッシュネット・シャツ）		410g	332 コンパス		140g
			361 トラベルソープ		21g
263 ロングジョン上		240g	363 タオル		150g
267 コットン・シャツ（ラグビー）		540g	362 歯ブラシ，ペースト		15g
268 ウール・シャツ		700g	363 トイレット・ロールペーパー		150g
280 ショートパンツ		350g	365 ハサミ		28g
283 ロングパンツ		900g	366 フライ・ドープ	2	80g
287 ベルト		120g	368 サンタン・ローション		5g
484 ゲーター		270g	370 リップ・サーブ		20g
293 ダウン・ベスト		400g	372 ファースト・エイド・キット		300g
288 ダウン・スェーター		460g	378 スネークバイト・キット		28g
288 ダウン・ジャケット		670g	386 シグナリング・ミラー（メタル）		15g
294 ダウン・パーカ		1800g	389 ホイッスル		5g
297 マウンテン・パーカ		900g	392 ロープ		1000g
301 レインジャケット，パンツ		900g	288 シグナリング・フレアー		30g
285 レイン・チャップス		150g	397 サバイバル・キット		180g

406 リップストップ・リペアテープ		― フィルム	6 170g
407 ソーイング・キット	110g	473 XC スキー, バインディング	3000g
405 スペア・パーツ		478 XC ツーリングブーツ	800g
211 ベルト・クリップ		486 マウンテニアリング・スキー, バインディング	4050g
396 スペース・ブランケット	340g		
421 フライ・フィッシング・タックル	800g	488 兼用靴	3000g
432 ビノクラー	310g	498 キャンプ・アックス	525g
458 キューバン・ヒッチ	190g	502 スヴェン・ソー	350g
441 カメラ	720g	506 シース・ナイフ	300g
449 スペア・レンズ	1330g	523 ウォッチ（腕時計）	80g
		― ノートブック, ペン	170g

LIST1. ベーシック・エッセンシャル（オール・トリップ共通）
マッチ
キャンドル, ファイアー・スターター
ポケットナイフ, フォールディング・ナイフ
ファースト・エイド・キット
フラッシュライト, スペア・バッテリー
予備食料, 水
予備衣類（ダウン・ベスト or ジャケット）
マップ, コンパス
トイレット・ペーパー

LIST2. ワンデーハイク（日帰り）
（LIST1 にプラス）
ブーツ
デイパック
ランチ
サングラス, ハット
マウンテン・パーカ, ウインド・ブレーカー

LIST3. オーバーナイト・トリップ（1 泊以上）
（LIST1, 2 にプラス）
バックパック
スリーピング・バッグ, エンソライト・パッド
フーズ
グラウンド・クロス, テント
ストーブ, フュエル
クッキング・ギアー

LIST4. ウィルダネスーツーリング, マウンテンクライミング, その他状況に応じて以上のリストに各種エンターテイメント用具をプラスする。

RECOMMENDED READING
ブックス・マガジン・リスト

　アウトドアーライフ全般にわたってブック，マガジンをとりあげると膨大なものになります。
　ここではバックパッキング，バックパッカーに直接，あるいは基本的にかかわりのある最少限の文献をリストアップするにとどめました。
　なお海外書のうち翻訳されているものは，日本語版出版社を記してあります。

エコロジー，ニューライフ・スタイル

『ラスト・ホール・アース・カタログ』(LWEC), Random House Inc.（18頁参照）The First New England Catalogue, Canadian Whole Earth Almanac などの類似ソースブックも出ている。

『マザー・アース・ニューズ』(TMEN), Mother Earth News.（49頁参照）

『ライフ・スタイル』(Life Style)（49頁参照）

『フォックスファイアー・ブック』(Fox Fire Book), The Southern Highlands Literary Fund.（48頁参照）Fox Fire 2, Fox Fire 3 も出版されている。

『森の生活（上・下）』『市民としての反抗』ヘンリー・ディビッド・ソーロー（Walden, or Life In the Wood, Resistance to Civil Goverment. H. D. Thoreau）岩波書店（岩波文庫）（26頁参照）

『ソースブック』(Source Book, The Explorers Ltd.), Harper & Row Publishers.

『ロビンフッド・ハンドブック』(The Robin Hood Hand Book. Bill Kaysing), Links Books.（37頁参照）

『ゆたかな社会』ジョン・ケネス・ガルブレイス（The Affluent Society. John Kenneth Galbraith）岩波書店（36頁参照）

『生と死の妙薬』レイチェル・カーソン（沈黙の春 Silent Spring. Rachel Carson）新潮社

『マラバー農場』L. ブロムフィールド（Malabar Farm. Louis Bromfield）家の光協会

『ワンマンズ・ウィルダネス』(One Man's Wilderness. Sam Keith), Alaska Northwest Publishing Co.

『リビング・ライク・インディアン』(Living Like Indians. Allana MacFarlan), Bonanza Books.

『自然保護ハンドブック』J.W. ブレイナード（Nature Study for Conservation. J.W. Brainerd）地人書館

『國立公園』国立公園協会，月刊

『山と博物館』大町山岳博物館，月刊

『北アルプス博物誌（I, II, III）』大町山岳博物館編，社団法人信濃路

『自然保護の父ジョン・ミュア』東良三，山と渓谷社（31頁参照）

『自然と生命のパレード』ジョン・H. ストアラー（The Web of Life. J. H. Storer）白揚社

『定本・柳田國男集（第4巻）』筑摩書房

『日本山岳研究』今西錦司，中央公論社

『ナショナル・ジオグラフィック』(National Geographic), National

ブックス・マガジン・リスト 551

Geographic Society 月刊

『鳥の渡り』ドナルド・R・グリフィン（Bird Migration. Donald R. Griffin）河出書房新社

『鮭サラの一生』H.ウィリアムスン（Salar the Salmon. Henry Williamson）至誠堂（至誠堂新書）

バックパッキング

『バックパッカー』（Backpacker），Backpacker Inc. 季刊

『ウィルダネス・キャンピング』（Wilderness Camping），Wilderness Camping. 隔月刊

『ベター・キャンピング』（Better Camping），Woodall Publishing Co. 月刊

『コンプリート・ウォーカー」（The New Complete Walker. Colin Fletcher），Alfred A. Knoph. (140頁参照) コーリン・フレッチャーの著書はほかに，The Man Who Walked Through Time, The Thousand Mile Summer, The Winds of Mara がある。

『プレジャー・パッキング」（Pleasure Packing, How to Backpack in Comfort. Robert S. Wood），Condor Books.

『バックパッキング』（Backpacking : One Step At a Time. Harvey Manning），Recreational Equipment Inc. Press.

『ハイカーズ&バックパッカーズ・ハンドブック』（The Hiker's & the Backpacker's Handbook. Bill Merrill），Winchester Press.

『ザ・バックパッカー』（The Backpacker. Albert Saijo），101 Productions.

『バックパッキング・イクイプメント』（Backpacking Equipment. W. Kemsley Jr. and the Editors of Backpacker Magazine），MacMillan Publishing Co. Inc.

『ハイ・アドベンチャー』エリック・ライバック（The High Adventure of Eric Ryback）日本リーダーズダイジェスト社。ライバックの著書はほかに The Ultimate Journey がある。(218, 236, 341頁参照)

『コンプリート・ブック・オブ・キャンピング&バックパッキング』（Complete Book of Camping & Backpacking. Thomas. F. Patty），Petersen Publishing Co.

『登山手帖」山と渓谷編集部，山と渓谷社，年刊 (538頁参照)

『バックパック・クッカリー』（Backpack Cookery. Ruth Dyar Mendenhall），La Siesta Press.

『フード・フォア・ナップサッカーズ 』（Food for Knapsackers. Hasse Bunnelle），Sierra Club Totebook.

『ビー・エキスパート・ウイズ・マップ&コンパス』（Be Expert With

Map & Compass. Bjorn Kjellstrom), Charles Scribner's Sons.

『新版・登山者のための地形図読本』五百沢智也, 山と渓谷社（331頁参照）

『雷の科学』畠山久尚, 河出書房新社（534頁参照）

『ユア・ウエイ・ウィズ・マップ＆コンパス』(Your Way With Map & Compass. John Disley), American Orienteering Service.

サバイバル

『アウトドアー・サバイバル・スキル』(Outdoor Survival Skills. Larry D. Olsen), Brigham Young University Press.

『ブック・オブ・サバイバル』(The Book of Survival. Anthony Greenbank), Harper & Row Inc.

『メディシン・フォア・マウンテニアリング』(Medicine for Mountaineering. James Wilkerson, M. D.), The Mountaineers.

『ウィルダネス・ポケット＆パック・ライブラリー』(Wilderness Pocket N' Pak Library), Life Support Technology Inc.（400頁参照）

『わかりやすい救急法』小森栄一, 二宮書店（376頁参照）

『マウンテニアリング・メディシン』(Mountaineering Medicine. Fred T. Darvill Jr., M. D.), Skagit Mountain Rescue Unit Inc.（375頁参照）

『雪崩』アメリカ林野局編 (Snow Avalanches, the Snowy Torrents, Modern Avalanche Rescue. U. S. Department of Agriculture Forest Service) 北海道大学図書刊行会

ガイド＆テクニック

『フライ・フィッシャーマン』(Fly Fisherman), Fly Fisherman Magazine Inc. 年7冊刊

『セレクティブ・トラウト』(Selective Trout. Doug Swisherand Carl Richards), Crown Publishers Inc.

『フライ・フィッシング・ストラティジー』(Fly Fishing Strategy. Doug Swisherand Carl Richards), Crown Publishers Inc.

『フライ・キャスティング・ウィズ・レフティー・クレイ』(Fly Casting With Lefty Kreh. Lefty Kreh), J. B. Lippincott Co.（430頁参照）

『トラウト・フィッシング』(Trout Fishing. Joe Brooks), Popular Science Publishing Co.

『ウエスタン・トラウト・フライ・タイング』(Western Trout Fly Tying Manual. Jack H. Dennis Jr.), Snake River Books.

『ウエイ・オブ・ア・トラウト』(The Way of a Trout. R. P.Van Gytenbeck), J. B. Lippincott Co.

『クリエイティブ・フィッシング』

(Creative Fishing. Charles Farmer), Stackpole Books.

『日本の野鳥―生態の記録』小笠原暠, 毎日新聞社

『水生昆虫学』津田松苗編, 北隆館

『アドバンスド・ロッククラフト』(Advanced Rockcraft. Royal Robbins), La Siesta Press.

『ベーシック・ロッククラフト』(Basic Rockcraft. Royal Robbins), La Siesta Press.

『ロープ・ノット・スリング・フォア・クライマーズ』(Ropes, Knots and Slings for Climbers. Walt Wheelock), La Siesta Press.

『アシュレイ・ブック・オブ・ノッツ』(The Ashley Book of Knots. Cliford W. Ashley), Doubleday & Co. Inc.

『パラダイス・ビロウ・ゼロ』(Paradise Below Zero. Calvin Rutstrum), The MacMillan Co. (41頁参照)

『スノーシューズ・ブック』(The Snowshoes Book. William E. Osgood and Leslie J. Hurley), Stephen Greene Press.

『ニュー・クロスカントリー・スキー・ブック』(The New Cross-country Ski Book. John Caldwell), Stephen Greene Press.

『ウィルダネス・スキーイング』(Wilderness Skiing. Lito Tejada-Floresand Allen Steck), Sierra Club Totebook.

『山スキー』神前博・西安信, 成美堂出版

『ウィルダネス・ギアー・ユー・キャン・メイク・ユアセルフ』(Wilderness Gear You Can Make Yourself. Bradford Angier), Collier Books.

『キャンプ・カウンセリング』(Camp Counseling. A.V. Mitchell and I. B. Crawford) ベースボールマガジン社

DIRECTRY Of OUTDOOR STORES
メーカー・ディーラー・リテイラー・リスト

　ここに掲げたのは，国内のメーカー，ディーラーで従来の登山用具店のほか，バックパッキングをはじめとするニューライフのアウトドアー・スポーツに直接関係あると思われる会社をリストアップしたものです。また，リテイラーも，全国の登山用具店を全部収めることはできませんので，直接的な店のみをあげるにとどめました。アメリカのリテイラーは，メーカーを兼ねたものに限りました。つまりカタログを出していて，メールオーダーが可能な会社だけです。郵便でカタログを取り寄せられ，個人的に商品を発注できるストアで，扱い商品のクオリティーの高いものだけをリストアップしたわけです。なお，特にイクイプメントの表示をしていないリテイラーは，バックパッキング用品を総合的に取り扱っているメジャーストアです。
〔当リストは 1976 年当時のものであり，資料として元版のまま掲載しました。なお，2018 年現在も事業を継続，またはブランド名を継承し，web ページを持つものについては，行末に＊を付し，アドレスを記載しましたが，住所は変更しておりませんのでご注意ください。〕

ヴァン・ジャケット　東京都渋谷区神宮前 3-1-25（ウール，ダウン・クロージング）　＊ www.van.co.jp

エバニュー　東京都江東区木場 6-4-38（バックパッキング，マウンテニアリング，オリエンテーリング・イクイプメント）　＊ www.evernew.co.jp

三信製織　東京都豊島区高田 3-6-10（バックパック，テント）
　＊ sanshin-seishoku.co.jp

ザンター　東京都世田谷区野沢 2-20-1（ダウン・クロージャー，スリーピング・バッグ）　＊ www.zanter.co.jp

シアーズ・カタログ・センター　東京都渋谷区宇田川町 15　渋谷パルコ 5F（バックパッキング，クロージング，ほか）　＊ www.sears.com

シャトー貿易　東京都千代田区神田東松下町 17（クロスカントリー・スキー）

スミス　東京都渋谷区恵比寿 4-4-11（バックパッキング，フライ・フィッ

シング・イクイプメント） * www.smith.jp

ダイワスポーツ　東京都渋谷区千駄ガ谷 2-2-6（マウンテニアリング, ロッククライミング・イクイプメント）

ダイワ精工　東京都久留米市前沢 3-14-16（フライ・フィッシング・タックル） * www.globeride.jp

ティムコ　東京都港区西麻布 3-24-17 霞ビル（ヘンウィック・フライロッド） * www.tiemco.co.jp

東京トップ　東京都台東区東 1-37-7（バックパッキング, マウンテニアリング・イクイプメント）

日本キャンピング・ガス　東京都港区芝 4-11-1 中外ビル 9F（ブルー, ガスカートリッジ・ストーブ） * ガスカートリッジ, マントルはコールマン・ジャパン（www.coleman.co.jp）が取り扱い。

日本ダンロップ　神戸市葺合区筒井町 1-1-1（テント） * ダンロップテントは株式会社エイチシーエス（www.hcsafe.co.jp）が販売。

日本用品　東京都千代田区外神田 3-11-11（バックパッキング, マウンテニアリング・イクイプメント） * www.nippin.net

ニチレイスポーツ　東京都台東区駒形 2-1-11（バックパッキング, マウンテニアリング・イクイプメント）

フェザー産業　東京都荒川区荒川 7-19-10（ダウン, ポリエステル・スリーピング・バッグ, クロージング）

ベルテック商事　東京都品川区東五反田 5-2-4 日交五反田ビル（コールマン） * コールマン製品はコールマン・ジャパン（www.coleman.co.jp）が販売。

ラングラー・ジャパン　東京都品川区上大崎 2-12-2（クロージング） * ラングラー・ブランドはリー・ジャパン株式会社が保有。wrangler-jeans.jp

リーベルマン・ウエルシュリー　東京都西新宿 2-1-1 新宿三井ビル 7F（ブーツ, ストーブほかバックパッキング, マウンテニアリング・イクイプメント）

リーバイス（リーバイ・ストラウス）　東京都港区六本木 3-16-26 ハリファックスビル 8F（クロージング） * levistrauss.co.jp

渡辺化学工業　東京都港区西芝浦 4-16-13（スポーツオイル, ワックスほか）

アウトドアーズショップ・アシザワ　山梨県南巨摩郡鰍沢町（バックパッキング，フライ・フィッシング・イクイプメント）

欧州山荘　東京都新宿区新宿 4-4-3（マウンテニアリング・イクイプメント＆クリニック）

秀岳荘　北海道札幌市北区北 13 条西 4 丁目（マウンテニアリング・スキー）　＊ www.shugakuso.com

スポーツトレイン　東京都港区西麻布 2-7-5（バックパッキング，フライ・フィッシング・イクイプメント）　＊ sportstrain.sakura.ne.jp

タマキスポーツ　東京都千代田区神田 3-12-9（スノー・ツーリング，クロスカントリー・スキー）　＊ www.tamakisports.com/

シャモニ　東京都港区新橋 3-20-4（マウンテニアリング・イクイプメント）

東京銃砲火薬店　東京都新宿区歌舞伎町 18（バックパッキング・イクイプメント，ナイフ）

ミウラ　東京都渋谷区道玄坂 2-28-10 野津ビル 1F（ブーツ，ウール，ダウン，クロージング）

レモン　神戸市生田区三宮町 2 丁目生田筋（フライ・フィッシング・イクイプメント，ウール・クロージング）

アルパイン・ハット　Alpine Hut, 4725 30th N.E., Seattle, Washington 98105

エディーバウアー　Eddie Bauer, 1737 Airport Way South, Seattle, Washington 918134　＊ www.eddiebauer.com

L. L. ビーン　L. L. Bean, Main St., Free Port Maine 04032　＊ www.llbean.com

トーマスブラック＆ソン　Thomas Black & Sons, 930 Ford St., Ogdensburg, New York 13669　＊ blacksofgreenock.co.uk

コープ・ウィルダネス・サプライ　Co-op Wilderness Supply, 1432 University Ave., Berkeley, California 94702

イー・エム・エス　Eastern Mountain Sports, 1041 Commonwealth Ave., Boston, Massachusetts 02215　＊ www.ems.com

クラス 5　Class 5, 2010 7th St., Berkeley, California 94710

キャンプ＆トレール・アウトフィッター　Camp And Trail Outfitters, 112 Chambers St., New York, New York 10007

ジェリー　Gerry（Colorado Outdoor Sports Corp.）, P. O. Box 5544, Denver, Colorado 80217　直接メールオーダー小売はとりやめ。

ゴーキー　Gokey Co., 21 West 5th St., St. Paul, Minnesota 55102　＊ orvis にブ

ランド売却。www.orvis.com

ハーター　Herter's Inc., Rural Rt. 1, Waseca Minnesota. 56093

ハイランド・アウトフィッター　Highland Outfitters, 3379 University Ave., P. O. Box 121, Riverside, California 92502

ホルバー　Holubar, 1915 30th St. P. O. Box 7, Boulder, Colorado 80302　＊ブランド売却。http://www.holubar.it

ケルティー　Kelty, 1801 Victory Blvd., Glendale, California 911201　＊www.kelty.com

ムーア＆マウンテン　Moor & Mountain, Concord, Massachusetts 01742

ノースフェース　The North Face, P. O. Box 2399, Station A, Berkeley, California 94702　＊www.thenorthface.com

レイ（コープ）　Recreational Equipment Inc. (A Cooperative), 1525 11th Ave., Seattle, Washington 98122　＊www.rei.com

シェラデザイン　Sierra Designs, 4th and Addison Sts., Berkeley, California 94710　＊sierradesigns.com

スキー・ハット　The Ski Hut, 1615 University Ave., Berkeley, California 94703

ノーム・トンプソン　Norm Thompson, 1805 N. W, Thurman, Portland, Oregon 97209　＊ブランド売却。normthompson.blair.com

アドベンチュア16　Adventure 16, 656 Front St., El Cajon, California 92020（バックパック）　＊www.adventure16.com

アルペンライト　Alpenlite, P. O. Box 851 Claremont, California 91711（バックパック）

アルパインエイド　Alpine Aid, 3920 Beechwood Pl., Riverside, California 92506（ファースト・エイド・キット）

エアリフト　Airlift, 2217 Roosevelt, Ave., Berkeley, California 914703（エアマット）

ベック・アウトドアー・プロジェクト　Beck Outdoor Projects, P. O. Box 3061, South Berkeley, California 94703（ネオプレンナイロン・スノーシュー・バインディング，クランポン・ストラップ）

ブラック・フォレスト・エンタープライズ　Black Forest Enterprises, P. O. Box 1007, Nevada City, California 95959（アルミニウムフレーム・スノーシューズ）

バガブー・マウンテニアリング　Bugaboo Mountaineering, 170 Central Ave.,

Pacific Grove, California 93950（オーダーメイド・ダウン・ジャケット，スリーピング・バッグ）

ブーテッド・シェファード　The Booted Shepherd, 101 Main St., Francestown, New Hampshire 03043（ブーツ，モカシン）

バークリー　Berkeley & Company Inc., Highway 9 & 71 Spirit Lake, Iowa 51360（フライロッド型リール，リーダー）　＊ www.berkley-fishing.com

ブローニング　Browning Arms Company, P. O. Box 500 Morgan, Utah 84050（フライロッド，リール，ブーツ，ナイフ，バックパック，テント）　＊ブランドは Zebco に売却。www.browning-fishing.com

コートランド　Cortland Line Company, 61E. Court Street, Cortland, New York 13045（フライライン，リーダー）　＊ www.cortlandline.com

キャンプ・トレール　Camp Trails, 4111 West Clarendon, P. O. Box 14500, Phoenix, Arizona 85063（テント，バックパック）　＊ www.camptrails.eu

キャノンデール・コーポレーション　Cannondale Corporation, 35 Pulaski St., Stanford, Connecticut 06902（バックパック）

フロストライン・キット　Frostline Kits, P. O. Box 9100-F, Boulder, Colorado 80301（Do-It-Yourself-Kit）

フリーマン・インダストリー　Freeman Industries, Tuckahoe, New York 10707（Trak のスーパーソープ）

ヘンウィック　Fenwick-Sevenstrand, 14799 Chestnut St., Westminster, California 92683（フライロッド）　＊ www.fenwickfishing.com

グレートパシフィック・アイアンワーク　The Great Pacific Iron Works, P. O. Box 150, Ventura California 93001（ショイナードブランド・クライミング・イクイプメント）　＊ www.patagonia.com / blackdiamondequipment.com

マウンテン・スポーツ　Mountain Sports, 821 Pearl St., Boulder, Colorado 80302（Gerry の製品を中心としたバックパッキング，クライミング・イクイプメント）

リベンデル　Rivendell Mountain Works, P. O. Box E, Snoqualmie Washington 98065（ルックサック，テント）　＊ www.rivendellmountainworks.com/

スノー・ライオン　Snow Lion, 1330 9th St., P. O. Box 9056, Berkeley, California 94710（ダウン・クロージング，スリーピング・バッグ）

ステファンソン　Stephenson's, 23206 Hatteras St., Woodland Hills, California 91364（ウォームライト・テント，スリーピング・バッグ，バックパック）

＊www.warmlite.com

サンバード　Sunbird Industries, 5368 N, Sterling Center Dr., West Lake Village, California 91301（バックパック）　＊創業者の Wayne Gregory は，その後 Gregory Mountain Product を創業。www.gregorypacks.com

スポーツメン・プロダクツ　Sportsmen Products, P. O. Box 1082, Boulder, Colorado 80302（プラスティック・スノーシューズ）

ボワイヤージャー　Voyageur Enterprises, P. O. Box 512, Shawnee Mission, Kansas 66201（Camp-Pak のウォータープルーフ・プラスティック・バッグ）

トルー・テンパー　True Temper Corp., Cleveland, Ohio 44115（フライロッド，リール，ウッドクラフト・ツール）

ライト＆マクギル　Wright & McGill Company, 8720 East Colfax, Denver, Colorado 80220（イーグルクローブランドのバックロッド，リール）

＊www.eagleclaw.com

INDEX 索引

あ

アーカンソー・ストーン 516
アースシューズ 29
アイスアックス 465
アイスランディック・ハンドニット 279
アイリッシュ・フィッシャーマンズ 279
アイレット 65, 72
アウターガーメント 256, 260, 275, 288, 296, 297, 492
アウトドアーズマンズ・ストーブ 520, 521
アウトドアーズマン・ブーツ 57
アウトドア・フェローシップ 545
アクセサリー・コード 395
あご紐 317
東良三 31, 33
アタックザック 93
アタッチメント 113
アッズ 465
アディーシブ・テープ 116, 404
アニマル・ストーキング 430
アノラック 297
アバランシュ・コード 493
アメリカ・インディアン 39, 42
アメリカ的実存主義者 23
アメリカ・ボーイスカウト 43
『アメリカ・ルネッサンス序説』 29
アラスカン・シャツ 255, 274
アラスカン（スノーシューズ） 471
アラスカン・テント 130
アルカリ電池 350
アルピニズム 464
アルミニウム・クッキング・キット 204
アルミニウム・チューブ 107
アングラーズ・クリップ 364
安全靴 73, 74
アンダイド 279

い

EE 443
五百沢智也 331
イクィヴァレント・チル・テンペラチュア 291
1日に歩く時間や距離 536
1日に使う水の量 247
イナートガス・アーク溶接 107
イワナ 420, 427
インジェクション・モルデッド 64
インスタントコーヒー 243
インスタント食品 230
インセクト・リペレント 366, 367
インソール 87
インターナルXステイ 97
インターナル・Vステイ 99
インダストリー 21
インディアン・パックボード 107
インディアン・モカシン 86
インディゴ 283
インディビデュアルフォーカス 435
インナー・グラブス 311
インナー・ソックス 315
インフレイタブル・エア・スプリント 382
インフレータ・テント 128
インレイド・ストリップ 478

う

ヴァーサタイル・ガーメント 307
ヴァージン・ウール 272
ヴィスクランプス 125
ウィック・ドライ 314
ウィップコード 283, 287

索引　561

ウィルダネス・トリップ・イズ・クリーンナップ・トリップ 545
ウインドスクリーン 186
ウインド・チル・チャート 289
ウール・ソックス 410
ウエイトの問題 530
ウエイトフォワード・フローティング 425
ウェーディング・シューズ 81
ウェーディング・スタッフ 542
ウエスタンシャツ 265
ウエスタン・フライ 429
ウエスタンベルト 287
ウエスト・ベルト 92, 539
ウェッジ・ソール 74
ウェッジ・テント 140
ウェルト 64
ウォーキング・スティック 542
ウォーター・コンテナー 221
ウォーター・バッグ 221
ウォーター・ピュアリフィケーション・タブレット 247
ウォータープルーフ・マッチ 198
ウォーター・プロテクター・フラップ 67
warm and dry 155
ウォームライト 133, 137
Walden 26
ウォッチ・キャップ 318
ウッズマンズ・エマージェンシー・キット 401
ウッズマン・パル 519
ウッド・クラフト 39, 172
Woodcraft Indians 43
Woodcraft League 43
裏出し革 67, 409
ウルトラライト・カラビナ 395
ウレタン・コーテッド・ナイロン 133

え

エアクラフト・ボンデッド・ジョイント 110
エア・ピロー 171
エア・マットレス 171
A型テント 147
Aフレーム 148
『エコブック』 37
エコロジー 20, 26, 38
エコロジー・マインデッド・ピープル 253
エコロジー・マインデッド・ピープル 25, 41
SLRカメラ 447
エスキモー 40, 46, 297
XC 474
エナージー・バー 237
エマージェンシー・ビバーク 308
エマージェンシー・ブランケット 396
エンソライト 168

お

オイル 408, 410
オイル・ストーン 517
オイル・タン 74, 75, 86, 410
オイルトリートメント・マテリアル 301
オイル・フィニッシュ 275
オートルート 491
オーバーラッピング・チューブ・コンストラクション 294
オーバーラッピング・Vチューブ 158, 166
オーバーラップ・フラップ 67
オープンセル・フォームパッド 170
オフ 366
オリエンテーリング 333, 344
オルタネイティブ・キャンピング 39,

498, 532

か

カーゴポケット 282
カーブド・チップ 481
カーボランダム 516
ガイドブック 343, 536
ガイライン・タイトナー 137
『顧みれば—2000年より1887年』 36
カグール 308
ガシット 68
ガス・カートリッジ・ランタン 357
価値観の転換 17, 26, 39, 49
カッターシャツ 268
カッター・トレールパック 373
カッター・ラボラトリーズ 366
カット・エンド・サック・メソッド 379
カットオフ・ジーンズ 265
カナディアン・ウィルダネス 31
カヌー・ツーリング 546
カヌー・モカシン 85
雷 534
『雷の科学』 534
カメラ 441
カラビナ 395
ガルブレイス，ジョン・ケネス 36
カワチン 279
「川と人間」 48
寒気 256
環境生態学 431
環境問題 14, 48
カンダハー・タイプ 480
罐詰 228
カンティーン 221

き

ギアー・プレースメント 531

キールフライフック 429
飢饉 35
擬餌 421
季節 533, 534
北アルプス 536
キャンドル・ランタン 355
キャンパーズ・キャンドル 357
キャンピング・ガス 191, 358
キャンピング・セット 205
キャンプ・アックス 498
キャンプサイト 246, 327, 543
キャンプストーブ・トースター 520
キャンプ・ソー 502
吸水性 255
救難信号筒 388
キューバン・ヒッチ 458
共生 15, 19, 47
居住性 132
距離測定目盛 337
ギルバート，ビル 228, 532
キルビメーター 342
ギンズバーグ，アレン 22, 26

く

グースダウン 158, 161, 292
下り 542
靴下 313
靴擦れ 313
グッドイヤー・ウェルト 64
『グッド・メディシン』 41
靴の手入れ 408
靴紐 64, 71
クライミング・スキン 489
クライミング・ニッカーズ 286
クライミング・ブーツ 58, 65
クライミング・ロープ 394
クラフト 21
グランドバラ 483

索引　563

クランポン 465
クランポンケース 469
クランポン・ストラップ 469
グリース 408
クリーン・クライミング 546
グリーンバンク，アンソニー 46
クリップ 127
グリル 208
クルーザー・アックス 498
クルーザー・コンパス 334
クルーザー・ジャケット 275
クルーザー・シャツ 270
グレーシャー・クリーム 369
クレート・パッド 172
クレープ・ウェッジ・ソール 75
クレッターシュー 58,67
クローズドセル・フォームパッド 168
クローム加工，クローム・タン 75
クローム・タン 86
クロスカントリー（XC）用ブーツ・グラブ 484
クロスカントリー・スキー 473
クロスカントリー用ブーツ 478

け

計画書の提出 538
軽シュラフ 155
ケイシング，ビル 37
ゲーター 484
『ケープコッド』 29
ケーブル・バインディング 480
ゲーム・シューズ 57
ゲーム・フィッシュ 422
ケラワック，ジャック 22
ケルン 543
県警察本部外勤課 538
現行のシステム 17,21
現在位置確認法 334

建設省国土地理院 328
兼用靴 488

こ

高温乾燥 410
広角 445
甲革 61
交換レンズ 449
高山病 371,540
合成繊維 255
合成洗剤 361
行動食 235
コーテッド・ナイロン 102,256
ゴートスキン 311
コード・テンション・アジャスター 137
コードロック 117,163
コーリアン・ブーツ 77
コール 437
ゴールデン・フリース 220
コーンカップ 377
コーンパッド 377
コーンフレイク 236
国際緊急色 121
国産のナイフ 515
骨折 381
コットンスエード 282
5万分の1地図 329
コミュニケーション 21
コミュニティー 21
米 227
小森栄一 376
『コンコード川とメリマック川での一週間』 27
コンターライン 329
コンテナー（フュエル） 188
コンパクト・ビノクラー 436
コンパス 332
combination eating utensil 213

コンビネーション・ナイフ 215
コンビネーション・ロッド 423

さ

サーキュラー・デプレッション 477
サーマル・アンダーウェア 168
酒本雅之 29
サクション・カップ 378
サケ科 420
サドル・ショルダー 295
サニテーション 545
サバイバル 39, 40, 44, 386, 397
サバイバル・キット 397
サバイバル・ナイフ 510
サバイバル・マッチ 199
サバイバル・マニュアルブック 400
サファイア・ジュエル・ベアリング 335
サファリ・ハット 316
三脚 454
3C 104
35mm カメラ 444
sun swept 369
サンスクリーン 369
sunstick 370
サンタン・ローション 368
サンバーン 368
サンバイザー 317
「散歩」(walking) 29

し

GLM スキー 486
CG (center of gravity) 542
シース・ナイフ 511
CWD システム 100
cds 露出計 443
シートン,アーネスト・トンプスン 43
CPO シャツ 268
シール・スキン 489

シェーバー 365
シェットランド 280
シェブロン・チューブ 166
シェラウエスト・ファースト・エイド・キット 373
シェラカップ 34, 210
シェラ・クラブ 33
『シェルター』 37
シェルター 21, 307
シェルター・パブリケーション 37
ジェンセンパック・タイプ 99
塩 244
塩の錠剤 244
ジオメトリック・パターン 477
自家製キット(ファースト・エイド) 374
地下足袋 83
シグナリング・ミラー 386
磁石 332
磁針方位 337
自然科学の立場からの旅 33
自然食品 29
『自然と生命のパレード』 38
『自然保護の父ジョン・ミュア』 31, 33
湿原 544
ジッパーを痛める 408
シティー・ブーツ 73
自動露出 442
シネカメラ 459
ジフィーズ 230
磁北 337
指北磁針 337
磁北線 337
磁北線偏差 338
磁北点 337
指北矢印 340
視野 (field of view) 432
シャープニング・ツール 518

索引 565

シャープ・ファイアーライター 200, 392
射出瞳 434
シャドー・ブレイド 271
シャフト 465
シャモア・シャツ 266
シャンプー 362
銃砲刀剣類取締法 506
16mmカメラ 461
16mmミニチュア・カメラ 444
シュガー 242
縮尺 329
ジュラルミン・ペグ 136
背負子 103
ショーツ, ショートパンツ 280
食事 227, 533
食糧のデポジット 533
食糧不足 35
ショルダー・ストラップ 93, 101, 104, 110, 260, 540
ショルダー・ヨーク 273
シリコン 408
シリコン・ドレッシング 409
シルバ 335, 341
ジルブレッタ 480
白ガス 184, 189
シンキングライン 425
シンクチップ 425
シングル・テント 132
『信号交信辞典』 43
人口増加 24, 35
進行法 334, 341
『新版・登山者のための地形図読本』 331
シンプル・ライフ 29
進歩 15, 20
真北 337
森林 496

人類と環境 15

す

炊事用具 204
スイス・アーミー・ナイフ 215, 508
水棲昆虫 421, 425
水分のロス 541
スープ 239
ズームレンズ 437, 453
スェーター 278
スェット・シャツ 280
スカイブレイザー 388
スカウアリング・クロス 218
スカウト・ケトル 206
『スカウト・ハンドブック』 43
『スカウト・フィールド・ブック』 43
スカチェット 500
スキー・クランポン 491
スキーチップ 481
スキーフラップ 69
skirun 491
スキムミルク 241
スキン・プロテクション 368
スクイーズ・チューブ 217
スクリーガード 69
screen 369
スクロール 501
スタッグ・シャツ 273
スタッフ・バッグ 175, 537
スタンダード・アイレット・システム 65
スティール・シャンク 73
スティール・バー 518
スティールUフレーム 101
スティレット 364
ステッチ 64, 116, 163
ステップライク・パターン 477
ストラーラ, ジョン・H. 38
ストーブ 179

ストーム・ウェルト 64
ストームカフス 295
ストームカラー 277
ストーム・キット 399
ストリング・シャツ 259
ストリング・パンツ 261
ストレート・Vトゥース 503
ストレートハンギング 284
ストレッチツイル 282
スナイダー・ゲーリー 25
スナップボタン 291
スニーカー 87
スネークバイト・キット 378
スノー・シール 409
スノーシューズ 470
スピニング 423
スプーン 212
スプリングカメラ 457
スプリント 381
スペア 123 184
スポーツ・ブーツ 73
スモーク 389
スモーク・フレアー 388
スモール・タオル 363
スラントウォール 158,166
スリーピング・バッグ 155,412
スリーピング・バッグ・カバー 173
スリーピングバッグ・キャリアー 102
スリーピング・バッグ・ライナー 174
3ループ・レース・ロック 71
3-layer 261
スワードフィッシュ・キャップ 317

せ

生態学 20
生物学 431
西偏 337
セーフティー・リリース 487

石鹸 361
セットイン・スリーブ 295
雪洞 492
セメンテッド・ウェルト 64
セルフ・ビレイ 395
セレイテッド・パターン 477
センターフォーカス 434
洗濯 413
全天候水陸両用カメラ 452
ゼンマイ道 330

そ

ソーイング・キット 407
ソーイン・フロアー 133
ソーラー・パネル 29
ソール 59
ソーローの『日記』27
ソーローへ帰ろう 26
ソーロー，ヘンリー・デイビッド 26,41
ソーン・スルー 166
ソフトクレンザー 219
ソフトニッテッド・コットン 259
ソルト＆ペパー・シェーカー 216

た

タータン・プレイド 270
ダービーツイード 287
ダイキャスト 456
対物レンズ有効径 434
タイム 537
ダイヤゴナル 273
太陽のリフレクション 388
ダウン 159,161
ダウン・ジャケット 288,294,296
ダウン・パーカ 294
ダウン・バッグ 160
ダウン・パンツ 296
ダウン・ブーティー 314

ダウン・ベスト 293
ダウン・ミット 312
焚火 181, 201, 208, 497, 519
ダクロン 255
ダクロンファイバー 492
脱水症状 541
ダッチ・オーブン 209
煙草 522
旅の長さ 532
ダブルテーパー・フローティング 425
ダブル・レイヤー 62, 314
タワシ 219
タン (tongue) 69
ダンガリー・シャツ 265

ち

チェック 268
地球 15
地形図 327
地図の読み方 331
体感気温 290
チップ・プロテクター 467
茶 243
中部山岳地帯 536
チューブ・テント 127
チューブラー・スティール 500
超望遠 449
チョコレート 242

つ

ツイスト・スキューワー・ペグ 136
通気性 256
ツーマン・テント 132
ツーリング (XCスキー) 474
ツーリング・バスケット 481
ツーリング・ブーツ (スキー) 478
2-layer 261
爪切り 364

ツリー・ステップ 437

て

ティアドロップ・スタイル 93
Tシャツ 258, 264
TTL 444, 446
TTL.EE 444
TTL方式 446
ティーピー 50
Dリング 65
ディガー・ハット 316
ディキー,ジェームズ 25
ディスゴーガー 364
デイトン・タイプ 499
デイパック 93
ティンダー 200
デコイ 437
テトロン 82
デバイドレイテッド・フード 230, 533
手袋 309
テフロン加工 204
duracell 348
デラウェア・タイプ 499
『デリバランス』『わが心の川』 25
テレスコープ 432
テレスコピック 422
テンガロン 316
デンタル・フロス 363
天然繊維 255

と

トイレ 545
トイレ・ギアー 360
等高線 329
等高線間隔 330
『動物記』 43
東北 534
トーチ 483

ドーム型 147
『ドームブック』37
『登山手帖』538
徒渉 541
土壌 21
トポグラフィ 246
トポグラフィー 328
ドライ・クリーニング 412
ドライフライ 425, 428
ドライフルーツ 232, 236
トラッド・ブレイド 266
トラッパー・ネルソン 103
ドラフト・チューブ 159
トラベルソープ 361
トランスヴァース・チューブ・スタイル 166
トリーテッド・ナイロン 256
トリマ 489
トルソー 259, 293
トレール・キット 397
トレール・ケア 532
トレールコード 544
トレール・タープ 125
トレール・ブーツ 58, 68
トレール・ヘッド 538
ドローコード 176, 299
ドローストリング 100, 305
ドロップシート 302
トンキンボール 481
トンネル・ドアー, トンネル・ホール 134, 146, 147

な

ナイフ 214, 506
ナイフのシャープニング 516
ナイロン6 255
ナイロン66 255
ナイロン・コード 72, 401
ナイロンシェル 291
『なぜぼくらはヴェトナムへ行くのか?』25
ナチュラル・シェルター 124
ナチュラル・ライフ 29

に

ニジマス 420
西丸震哉 35
二重靴 66, 488
ニトリル・コート 301
2万5千分の1地図 329
ニムロッド 523
ニュートロジーナ 361
ニューライフ・スタイル 26, 30, 36, 41, 49
人形型 156
ニンフ 426, 428

ね

ネックバンド・スタイル 272
寝袋のクリーニング 412

の

鋸 502
ノットレス・テーパード・リーダー 427
ノブエンド 501
登り 542
ノマズ 40, 46
ノマディクス 21, 23, 25, 39
ノマディクスへの回帰 14
ノルウェージアン・フィッシャーマン 279
ノルウェージアン・ウェルト 64
ノンスリップ・チェイントレッド 80
ノンファットミルク 241

は

パーカ 297

パーカ・サバイバル・キット 401
バード・ウォッチング 254, 430
ハード・レイ 394
ハーブ 29
ハーフ・バッグ 309
パールスナップ・ボタン 266
『ハイ・アドベンチャー』218
梅雨 533
バイオデグレイダブル 361
ハイカロリー・スナック 228
ハイキング・シューズ 57
ハイキング・ハット 317
ハイキング・ブーツ 56
バイク・パッキング 546
ハイトップレース・シューズ 57
パイプ 522
倍率 432
バインディング 478, 486
バクフレックス 305
バケット 223, 413
パケット 361, 400
場所 535
バスケットウィーブ 288
バター 244
畠山久尚 534
裸足 29
ハチェット 498
8mmカメラ 459
パッキング・システム 530
パッキングベルト 245
バックサポート 111
バック・ソー 502
バッグの材質 116
バックパッカー・グリル 209
バックパッカーズ・テント 131
バックパッキング・クローズ 253
バックパック・レインカバー 119
パックロッド 422

撥水 409
撥水性 74, 256, 280
パッチポケット 272, 276
バッテン・ヨナス 222
バッフル 166
パニック 44
pabafilm 369
バブアー 301, 318
歯ブラシ 362
バラクラーバ 319
パラシュート・コード 72
ハラゾン・タブレット 247, 510
『パラダイス・ピロウ・ゼロ』41
ハルシュアイゼン 491
バルブ 350
ハンターズ・ベスト 294
バンダナ 321, 322
ハンティング・ナイフ 511
ハンティング・ブーツ 57
ハンドウォーム・スラッシュポケット 290
ハンド・タン 76
ハンド・ローション 370
バンプ 74
ハンマーポケット 287
ハンモック・テント 130

ひ

ピーター・ストーム 301
ビート・ジェネレーション 22
ビーフ・ジャーキー 237
ヒールストラップ・ツーリング・バインディング 480
ビタミン剤 245
ヒッピー 24
ヒップ・サスペンション・タイプ 103, 113, 539
ヒップスター 23

ヒップハガー　90, 288, 540
ヒップ・ベルト　93, 97, 102, 104, 111, 288
ビネルサ・タイプ　490
ビノクラー　432
ビブラム　58, 59, 60
vibram kletter sole　61
標識　543
ピンオン・リトラクター　365
ヒンジソング　473
ピン・フェルール　110
ピン＆ロッド・システム　115
ピンを失う　408

ふ

ファー・ジャケット　297
ファースト・エイド・キット　372
ファイアー・スターター　196
ファイアープレス　544
ファイバーフィル・バッグ　160
ファニーパック　91
ファンル　189
フィッシュアイ　449
フィッシュスケール・パターン　478
フィッシュネット・ベスト　259
フィリング　472
フィルソン　275
フィンガーフリー・ミット　310
風車　29
フード　290, 294, 300
封筒型　155
Food for Knapsackers　235
フェースマスク　320
フェラライト・パックイン・ロッド　423
フェルト　81, 101, 222, 316
フォートゥースン・レイカー　503
フォールダキャリア　223
フォールディング・グリッド　520
フォールディング・シザース　365
フォールディング・ソー　504
フォールディング・ナイフ　215, 507
フォールディング・ランタン　357
フォーン・フート　501
『フォックスファイアー・ブック』　48
布巾　363
ブタン・カートリッジ・ストーブ　191
フック　65
『ブック・オブ・サバイバル』　46
ブックマッチ　197
ブッシュ・コート　270, 277
ブッシュマン　503
プッシング・ジョイント　110
冬テン　147
フライ　421, 428
『フライキャスティング・ウィズ・レフティー・クレイ』　430
フライシート　134
フライ・ドープ　366
フライ・フィッシング　419
フライ・フロント　295
フライ・ボックス　428
フライライン　425
フライロッド　422
プラスティック・カンティーン　221
プラスティック・キャンプバケット　412
プラスティック・クリッパー　218
プラスティック・コイル・ジッパー　119
プラスティック製マッチボックス　199
プラスティック・タープ　125
プラスティック・ハウジング　332
プラスティック・ペグ　136
プラスティック・ボトル　222
フラッシュライト　348
フラットフォールディング・トースター　209
フラップ　119
フリースタンディング　142, 144, 147

索引　571

フリーズドライ 228, 232, 235, 241, 533
フリーロフト 162
ブリスター 371, 376, 411
フリント・スティック 200, 392
ブルージーンズ 283
フルーツ・ドリンク・ミックス 243, 248
フルフレーム・パック 103
ブレイド 394
ブレーデッド・ピック 465
フレームレス 96
フレキシブル・スプリット・レザー 74
フレキシブル・トラクション・グリップ・ソール 74
フレキシブル・フレーム 96
フレッチャー, コーリン 140, 281, 473
プレヒート 189
フローティングライン 425
フロストライナー 151
フロント・オープニング・ジッパー 299
フロント・ベスティビュール 146
分度器 337
文明人は自然を人間化するが, インディアンは逆に自分を自然化する 42

へ

ベアボウ 471
ベイト・キャスティング 424
ベイトソン, G. 37
ペグ 136
ペグ・バインディング 480
ヘッドカバー 467
ヘッドストラップ・フラッシュライト 352
ヘッドネット 367
ペミカン 240
ベラミー, エドワード 36
ヘリアーク溶接 109
ペリメーター・フレーム 100

ベルクロ 68, 287
ベルクロ・クロージャー 174
ベルト・アックス 498
ベルト・クリップ 211
ペルロン 393
ベローズ・タイプ 79
ヘンウィック 423
ベンタイル・コットン 299
ベンチレーション 113, 130, 136, 140, 147, 151
ペンドルトン 268
ペンドルトン・ウーリン・ミルズ 269

ほ

ホイッスル 389
ポインテッド・ショルダーヨーク 266
ポイントカバー 469
方位盤 332
帽子 315
防水 409
防水性 256
ボウ・スプリング・バッテン 99
包装 245, 530
ボウ・ソー 503
放浪 21
『放浪』 22
『吠える』 22
『ボーイスカウト・ハンドブック』 43
ポーター, エリオット 27
ボーティング・モカシン 85
ボート・フロアー 144
ホール・アース 19, 35
Whole Earth Catalog 19, 140
ホール・システム 21
ポール (スキー) 480, 487
ポールソック 430
ホールター 258
ポール・テント 131

『ぼく自身のための広告』23
ポケット・インスタマチック 441
ポケットソープ 361
ポケットナイフ 401, 405, 510
ポケット・レスキュー・ストロボ 389
歩行 540
ボタン・ファスナー 295
北海道 25, 536
ボックス・コンストラクション 166
ポット 204
ポット・グリッパー 207
ポリウレタン・パッド 171
hollow handle 510
ホワイトガス・ストーブ 184
ポンチョ 305

ま

マーガリン 244
マイルド石鹸 411
マウンテニアリング・テント 131
マウンテニアリング・ブーツ 59
Mountaineering Medicine 375
マウンテングロウン・ウール 276
マキノー・コート 275
「マザー・アース・ニュース」49
『マサチューセッツ博物誌』27
マシーンド・ジョイント 108
マス類 420
マップ・ポケット 121
マップ・メジャラー 342
マップ・リーディング 331
マテリアル 255
マフポケット 276
マミー・スタイル・バッグ 156
マムシ 378
丸太小屋 29
マロリー 348
マンガン電池 350

み

ミート・バー 240
水 246
水着のパンツ 258
南アルプス 536
ミニストーブ MK II 195
ミュア，ジョン 31
Muir Trail 33
ミラー・ミット 310
ミリタリー・コンパス 341

む

蒸れ（ブレス）298

め

ノーマン・メイラー 25
メイラー，ノーマン 23
メイン（スノーシューズ）471
『メインの森』29
メイン・ハンティング・シューズ 80
メイン・ブーツ 80
メス・キット 204
メタル・カプリング 110
メタル・マッチ 199, 390
メタル・マッチボックス 199
メタル・ミラー 386
メニュー 234

も

モーガン 301
モールスキン 372, 377, 386
モカシン・シューズ 85
モカシン・タイプ 86
モスキート・ネット 133, 140, 143
モスキート・ヘッドネット 368
モノクラー 432
モノコック 99

索引 573

モノポッド 460
『森の生活』26, 50

や

野菜 241
山火事 496
山刀 519
山スキー 485
ヤマメ 420, 427

ゆ

US ウェルト 64
USGS topos 328
遊動リング 467
遊牧 21
『ゆたかな社会』36

よ

ヨーロピアン Y フレーム 99
ヨセミテ・キャニオン 31

ら

ラージマウスバス 420
ラーニング 21
ライター 523
ライトウエイト・ダウン・ジャケット 288
ライトツーリング (XC スキー) 474
ライバック, エリック 218, 236, 341
『ライフ・スタイル』49
ラグ 59
落書き 543
ラグビー・ジャージー 267
落雷 534
ラグランスリーブ 299
ラットストラム, カルヴィン 41
ラップアラウンド・ヒップ・ベルト 98
ラバライズド・ファブリック 307

labiosun 370
lubriderm lotion 369
ラミネート・チューブ 361, 363
ラムウール 263, 270
ラムの毛 312
ラングラー 285
ランド・ユース 21, 35

り

リアキャリングポケット 276
リー 285
リール 424
リキッド 332
リキッド・フィルド・ハウジング 335
リギング 473
陸棲昆虫 421, 425
リジット・タイプ 103
リジット・タイプ 539
リップ・サーブ 370
リップストップ・ナイロン 133, 138, 166, 174, 404
リップストップ用アディーシブ 405
リノストン・エッジ 474
リバーシブル 294
リバイス 284
リフレクター・オーブン 520
リペア・キット 304
リペア用アディーシブ 404
リリース 421
リンス 411
リンフ・コンストリクター 378

る

ルアー・フィッシング 423
ルート・ファインディング 332
ルックサック 96, 492

れ

レイカー・トゥース 503
レイヤー 61
レイヤー・システム 256, 288
レイン・チャップス 285
レインパーカ 301
レインハット 303, 318
レイン・パンツ 285
レインパンツ 303
reinforced seat 283
レインフォースドポケット 285
レインボー・トラウト 420
レーシング（XCスキー）474
レーシング・メソッド 65
レースアップ（編み上げ）スキー靴 488
レースなしの靴 73
レクタングラー・スタイル 155
レザー・シール 409
レザー・パームド・ニット 311
レスキュー・ブランケット 397
レンザティック・コンパス 335
レンジ・パーコレーター 207

ろ

ローディング・システム 100
ロープ 392
ローラー・クラッシャー 316
ロールペーパー 363
60/40クロス 256, 298
ロケーター 493
露出計内蔵カメラ 443
ロッククライミング 393, 394
『ロビンフッド・ハンドブック』37
ロフト 161
ロングジョン・タイプ 261
ロング・スパッツ 485
ロングスリーブ 266
ロングテール 266

ロングパンツ 283
ロンジチューディナル・チューブ・スタイル 166

わ

ワーク・ブーツ 57, 73
ワイヤー・ソー 504
ワイヤー・ブリッカー 188
ワイルドライフ 431
『わかりやすい救急法』376
ワカン 470
ワックシング 482
ワックス 408, 477, 482
ワックスレス・ベース 477
110判カートリッジカメラ 442

ACKNOWLEDGMENT ──おわりに

17年ほど前，深い感銘を覚えた一冊の写真集がありました。ロバート・フランクの『アメリカ人』(Robert Frank, The American) がそれです。

そこに映像となって定着されたアメリカの土地と人間に対する興味が，今日このあとがきを書くことになった最初のファクターだった気がします。初めの考えでは，この本はバックパッキング，ロッククライミング，バイクパッキング，カヌー・ツーリング，XCスキー・ツーリングなどの，新しいアウトドアースポーツを基盤としながら，ニューライフ・スタイルのすべてに触れるつもりでしたが，結果は，これらの原点にある考え，ノマディクス指向とそのための前駆運動ともいうべきバックパッキングだけでまとめられることになりました。ログキャビンづくりまでのトータルな生活に，また機会があれば挑戦したいと思います。

この本ができあがるまでに，多くの方々の協力を得たことはいうまでもありません。ファンデーションを形成して下さった坂崎坦先生，村尾力太郎先生，重森弘淹先生。またバックパッキングやニューライフ・スタイルについて，取材したり発表したりする機会を与えて下さった各雑誌編集部やTV局。わけても常に適切

なアドバイスとインフォメーションを提供して下さった木滑良久氏，石川次郎氏，寺崎央氏，沢田博之氏，進藤久氏，Charles Farmer夫妻，Jack Dennis氏など，古くからの〈友〉たちに深く感謝いたします。また，バックパッキングをはじめ，カヌーやXCスキーをとおして常に激励と好意を与えつづけて下さった新しい〈友〉たちにも，心からの感謝を捧げます。数えあげればきりがないほどに，多くの方々のおかげを受けてこの本をまとめることができました。

　また，遅々として進まぬ原稿を辛抱強く最後までお世話下さった山と渓谷社の村上尚武氏，浜川悠さん，三橋節子さん，高橋弓子さん，そして山と渓谷編集部，スキーヤー編集部の皆さん，写真家の新妻喜永氏，森林書房の渡辺志郎氏の協力に深く感謝いたします。この本は，小林泰彦，近藤辰郎という得がたいタレント二人との協同で作業が進められたことを，心から幸せに思っています。

　　　　　　　　　　　　　　　　　　　　　　　芦沢一洋

芦沢一洋（あしざわ・かずひろ）
1938年3月15日，山梨県南巨摩郡鰍沢町に生まれる。早稲田大学卒。新聞，雑誌，TV，ラジオでフライ・フィッシングやバックパッキングを中心に著作活動を行なう。カリフォルニア，コロラド，ワイオミング，アラスカ，カナダ，ニュージーランドを歩く。
〔1996年逝去〕

小林泰彦（こばやし・やすひこ）
1935年1月3日，東京都中央区日本橋に生まれる。武蔵野美術大学卒。イラストレーター。ヨーロッパ・アルプス，ヒマラヤ，北米カリフォルニアからニューイングランドまで幅広く歩く。著書に『イラスト・ルポ世界の街』『イラスト・ルポ若者の街』がある。

近藤辰郎（こんどう・たつろう）
1935年9月22日，東京都新宿区牛込納戸町に生まれる。東京綜合写真専門学校に学び，以後フリーランスの山岳写真家として活躍中。アラスカ，ニュージーランドを取材。日本写真家協会，日本スキー写真家協会会員，日本山岳写真集団同人。
〔2015年逝去〕

略歴は原本刊行当時のものです。

文庫版発刊にあたって

本書の原著『バックパッキング入門』は1976年に山と渓谷社から刊行されたものです。

本書は当時のアウトドアの概念や、バックパッキングの思潮を知るための貴重な文献であり、文庫化にあたっては、その価値を重んじ、明らかな誤植の訂正、〔〕内の編注以外は原本の文章に忠実に復刻しました。

用具や商品、素材、製造メーカー、販売店などについての記載は更新しておらず、現在と大きく異なります。使われている用語・技術なども現在とは異なることがあることをご了解ください。

また、現在の野外活動の環境や社会通念にそぐわないと考えられる部分もそのままとしました。

なお、著者名・芦沢一洋の漢字表記は原本刊行時のままとしました。

編集部

WE NEED THE TONIC OF WILDNESS

日光国立公園尾瀬沼〔現在は尾瀬国立公園〕

[文庫版の解説にかえて]

父・芦澤一洋のこと

芦澤 牧

　2018年8月のある日，中野の某書店に立ち寄った母は，文庫本で復刊された父の著書がきれいに並んでいたと嬉しそうに話していました。『遊歩大全』(ヤマケイ文庫・2012)，『山女魚里の釣り』(ヤマケイ文庫・2017)，『アウトドア・ものローグ』(『自然とつきあう五十章』を含む，ヤマケイ文庫・2017)，『アーバン・アウトドア・ライフ』(中公文庫・2018)。そしてこの『バックパッキング入門』が刊行されました。父はアウトドア・ライターとして多くの雑誌に国内外の紀行やコラムを寄稿していましたが，その割に著書は少なく，しかもそのほとんどは絶版となっていました。そのため，エコロジー&プリミティブを根底に置く父の自然志向は，同じ時を過ごし慕って下さった仲間の方々と家族の中だけの思い出となり，それさえも年月とともにモノクロームになりかけていたのかもしれません。そのような中で，今一度父の著書を読み，その思想を見つめ直してみたいとおっしゃる熱心な編集者の方々とのやり取りは，若い頃の父の写真やプロフィールを見返すこととなり，幼い頃の家族との思い出をも鮮やかに色づかせる機会となりました。

　父が最初に家を建てたのは1967年，29歳の時です。故・林雅

子先生の設計で,丸太柱を中央に四方に広がる2階建ての木造吹き抜けの住まいには,浴室とトイレ以外は間仕切りがなく,しっかりとした玄関もありませんでした。山小屋や昔の日本の民家を思わせるオープンすぎるこの家は,いかにも自然を愛するアウトドアマンの住まいという風情でしたが,実はフリーのグラフィック・デザイナーであった父はローンを組む勇気が持てず,経費削減のためにやむなくとった手段だったそうです。私が興味深かったのは,林先生はこの家をあくまでも家具,調度,装飾品に関心が高いグラフィック・デザイナーの住まいとして設計していたことです。完成当時の写真を見ると,黒く塗られた壁に設けられた本棚に彩り豊かなカバーがかけられた蔵書が並ぶ以外に特別なインテリアもなく,アウトドアマンの気配を匂わすものは見られません。とはいえ,林先生に設計を依頼した時点で,父がどのような世界を愛し,どのような暮らしを夢見ていたのかは容易に想像できますから,彩り豊かなカバーがかけられた蔵書がネイチャー関連の洋書やカタログに変わるには,さして時間はかからなかったはずです。

父の名刺の片隅に〝アウトドア・ライター〟の肩書きが刷り込まれたのは1972年頃のことです。当時父と仕事を組んでいた編集者の故・寺崎央さんは,「アウトドア・ライターなんてどれほどの人が理解できるんだ」と大変心配してくださっていたようですが,1973年4月号から1977年12月号まで表紙構成を担当していた『山と渓谷』のコラム「表紙のことば」他,さまざまな雑

誌に記された記事を読んで、その思いは熱望だったのだろうと後におっしゃっていました。申し訳ない事に、父がアウトドア・ライター一本を職業とするのは、私が大学を卒業するまで待つ事になってしまうのですが。

　コリン・フレッチャーが新しい発想での自然回帰、ウォーキング哲学を提案しベストセラーとなった"The Complete Walker"の改訂版"The New Comprete Walker"が刊行された1974年は、わが家族にとっても刺激的な年でした。まずは7月初旬、平凡出版（現マガジンハウス）の編集者だった西木正明さんご夫妻、松田典之さんご夫妻とともに両親がアラスカへ川下りの旅に出かけた事です。「ラスト・フロンティア──本当の野生を残している最後の土地。自然という言葉を何の抵抗もなく使うことのできるこのウィルダネス」（『私の出会った心の川』小学館文庫・1999）。そう夢見た10日間は、途中でボートがバーストして着替えや食料の大半が流されてしまうという大ハプニングをハイライトに、いまだに語られる忘れられない旅となったようです。

　さらに9月には、TBSのテレビ番組『大自然への賛歌』の撮影のため、やはり2人でデンバーからグランド・ティトン国立公園までを自転車で巡る、約40日間のアメリカン・ロッキー取材へ出かけます。本の虫だった父がスポーツタイプの自転車に乗る姿は娘的にはハラハラしましたが、それはさておき、この長期ロケで出会った自然を愛するバックパッカーたち、眼を輝かせずにはいられないグッズの数々、カリカリに焼かれたベーコンを挟ん

だBLTサンドイッチ,そしてスプリング・クリークで釣ったカットスロート・トラウトの美しさの衝撃が,のちに『遊歩大全』として刊行される"The New Complete Walker"の本格的な翻訳活動へのエネルギーにつながったのは間違いありません。

一方,この間留守番組だった姉と私は,同じ敷地内に暮らす母方の祖母に面倒を見てもらっていました。今と違って国際電話もままならない時代ですから,小学生の孫二人の世話は大変だったに違いありません。ですが私は祖母のおかげでさしたる不便を感じなかったのか,留守中の記憶は特に無く,覚えているのは両親がお土産を渡してくれた場面となります。留守を守ってくれた感謝もあって祖母には洋服やアクセサリーがたくさん,姉にも同様のもの。どれもアメリカらしくカラフルでオシャレなものに思いました。ところがワクワクと待つ私に「ハイ」と渡されたのは,ロケ中に使用していた蛍光オレンジのサイクリング・フラッグとビーフジャーキーで,アクセサリーを期待していた私は少なからずショックを受けたのでした。

そのサイクリング・フラッグがテラスに飾られ,フルフレーム・パックやフライ・ロッドがリビングに立て掛けられ,鱒のシールやカウボーイ柄の泥拭きマットが無機質だった玄関を飾るようになった頃,我が家にはたくさんの方々が夜な夜な集まるようになっていました。雑誌関連の方,クライマー,フィッシャーマン,スキーヤー,なぜかきれいなCAさんもいらっしゃいました。とにかく皆さんタフで楽しそうで,時には庭にテントを張って寝泊

まりする方もいらっしゃいました。

　そして父は，初めての著書『バックパッキング入門』に取り掛かります。本来ならば"The New Complete Walker"の翻訳本を出版したかったのでしょうが，諸事情によりなかなか難しく，その予習版として作られたようです。そのためこの2冊の構成はとても似ていて，冒頭が山歩きの精神論，続いて用具の紹介と使い方の解説，巻末にショップや書籍，カタログのチェックリストとなっています。この手法は 1988 年に発行された『フライフィッシング全書』(森林書房)にも継承されていて，「この本はフライフィッシングの入門書の形態をとってはいるが，その技の部分，つまりノウハウ (know-how) については，特に深く触れてはいない。用語をはじめとする基本的な知識と用具を通して，そのフィールハウ (feel-how) をまずは身につけたいと考えるからだ。ノウハウは実際に野を歩き，川に浸って，鱒から伝授されるのがいちばんだと私は考えたい」と書いています。まさにこれが"The New Complete Walker"から父が学んだ入門書に対する考え方でした。『バックパッキング入門』,『遊歩大全』,『フライフィッシング全書』のいずれも，用具などをあえて読みにくいオリジナルのままのカタカナ表記としたのも，当時の日本語ではカバーしきれなかったという理由と同時に，これから実際に英字の書物やカタログを読み，いずれは国内外のフィールドに出かけていく読者へのエールであり，だからこそ『バックパッキング入門』には，日本のアウトドア環境に適応できる詳細な解説と 885 点にも及ぶ写真が必要

だと判断したのでしょう。

『バックパッキング入門』に掲載されているグッズのほとんどは父の私物で、多くは我が家の庭で撮影されました。テントやフットギア、バックパックなどはわかるとして、歯ブラシやハンドクリーム、タワシまで一品一品よくもご丁寧に撮影したものだと思いますが、もともとカメラマン志望でしたので、とても楽しい作業であったことでしょう。その撮影風景はよく覚えています。リビングと庭沿いのテラスには大量のグッズが並べられていて、父はリストを見ながら一点ずつ芝生の上に置いては撮影しを繰り返し、母はそのたびに服を畳んだり小物を片付けたりと大忙しでした。私はというと、モデルとして頭にバンダナを巻き、Tシャツを着て、ケルティのスリーピングバッグ・キャリアーを背負ったり、ケトルやフライパンについた黒こげを落としたりしました。こうして振り返ると、最新のアメリカのアウトドア・グッズに囲まれた楽しい子供時代のようですが、実際には内気で横並びが好きな子供だったもので苦労もありました。遠足では友達はかわいいキャラクターが描かれたリュックサックを背負ってくるのに、私はアルパインデザインのデイパックで、水筒には白湯かお茶だけど言われているのにゲータレードが入っていてジュースだと思われないかとドキドキしました。また冬場に着せられていたダウンジャケットは色が焦げ茶だったこともあり、「ゴリラ」とずいぶんとからかわれたものです。けれど小学校高学年になる頃には、父がアメリカの国立公園についての講演をしたり、〝釣りクラブ〟

の講師をしに頻繁に学校に来てくれたおかげで、特に男子の間ではTシャツやダウンベスト、スニーカーはかっこ良いアイテムとなり、彼らの助言によって遠足や合宿でのスポーツ飲料の持ち込みも許可されるようになったのでした。

アウトドアという言葉は今では日本でも当たり前に使われていますが、残念ながらそれはビートニクやヒッピーカルチャーに源流を持つ概念とはずれて、単純に〝外〟を意味する言葉になってしまいました。特にバブル期のアウトドア・ブームの際には、父は「これはアウトドアではない。アウト・オブ・ドアだ」とよく言っていました。後に肩書きをアウトドア・ライターからネイチャー・ライターへ、そして『アーヴィングを読んだ日 水と空

の文学誌』(小沢書店・1994)の出版をきっかけに作家とだけ表記するようになったのは，そんな反発心からだったのだろうと思います。

　このたび，『バックパッキング入門』が復刊され，リアルタイムで父に会う事はなかった方々の読み知る機会となることは嬉しい限りです。各グッズのマニアックにも思える詳細な写真と解説には，60年代，70年代のアメリカのヴィンテージともいえるグッズやショップ，雑誌を見る楽しみも多いかと思います。けれどこの本を手にする真の意味は，バックパッカーの精神を綴った冒頭の一章にあります。山を歩き，川を歩き，自然を考え，人間を考える。父が長年語り続けていたその意義を，私ももう一度ていねいに読み直し，父の言う〝叡智〟を確かめてみたい，そんな風に思っているところです。

　本書の復刊を思い立ってくださったヤマケイ文庫の米山芳樹さんの熱意に，心よりの感謝を申し上げます。

　2018年8月

バックパッキング入門

2018年11月25日　初版第1刷発行

著　者　　芦沢一洋
発行人　　川崎深雪
発行所　　株式会社　山と溪谷社
　　　　　郵便番号　101-0051
　　　　　東京都千代田区神田神保町1丁目105番地
　　　　　http://www.yamakei.co.jp/

■乱丁・落丁のお問合せ先
　　山と溪谷社自動応答サービス　TEL.03-6837-5018
受付時間／10:00〜12:00、13:00〜17:30（土日、祝日を除く）
■内容に関するお問合せ先
　　　　　　　山と溪谷社　TEL.03-6744-1900（代表）
■書店・取次様からのお問合せ先
　　山と溪谷社受注センター　TEL.03-6744-1919
　　　　　　　　　　　　　　FAX.03-6744-1927

印刷・製本　　株式会社暁印刷

定価はカバーに表示してあります

©2018 Kazuhiro Ashizawa All rights reserved.
Printed in Japan ISBN978-4-635-04861-3

人と自然を考えるヤマケイ文庫

既刊

加藤則芳
森の聖者 自然保護の父 ジョン・ミューア
「アメリカの自然を救った男」の生涯をたどる

コリン・フレッチャー著/芦沢一洋訳
遊歩大全
1970年代の「バックパッカーのバイブル」を復刊

長尾三郎
サハラに死す
単独横断に挑み、消息を絶った上温湯隆の名作

本山賢司・細田 充・真木 隆
大人の男のこだわり野遊び術
型破りで正しい、個性派アウトドア教則本

小林泰彦
ヘビーデューティーの本
70年代に大ブームとなったライフスタイル図鑑

ケネス・ブラウワー著/芦沢高志訳
宇宙船とカヌー
交わることない父子の生き方からアメリカを描く

小林泰彦
ほんもの探し旅
"ほんもの"を探したイラスト・ルポ四十二編

既刊

伊沢正名
くう・ねる・のぐそ
ポスト・エコロジー時代への問題提起となる奇書

羽根田 治
パイヌカジ 小さな鳩間島の豊かな暮らし
八重山地方の島の暮らしや人間模様を綴る

小塚拓矢
怪魚ハンター
二三ヵ国四五三日を駆け抜けた青春怪魚釣行記

土屋智哉
ウルトラライトハイキング
シンプルで自然なハイキングスタイルを紹介

芦澤一洋
山女魚里の釣り
風土を見つめ、自然を想う十五編の釣り紀行

芦澤一洋
アウトドア・ものローグ
"もの"から見える自然と向き合う心と思想

近刊予定

小林泰彦
イラスト・ルポの時代
1968～71年、世界の街と若者風俗を活写